唐僧写给观音的36封信

辛 可/著

九州出版社
JIUZHOUPRESS

图书在版编目（CIP）数据

唐僧写给观音的36封信 / 辛可著. — 北京：九州出版社, 2010.9
ISBN 978-7-5108-0639-1

Ⅰ.①唐… Ⅱ.①辛… Ⅲ.①西游记—文学评论②人生哲学—通俗读物 Ⅳ.①I207.419②B821-49

中国版本图书馆CIP数据核字(2010)第169956号

唐僧写给观音的36封信

作　　者　辛可 著
出版发行　九州出版社
出 版 人　徐尚定
地　　址　北京市西城区阜外大街甲35号（100037）
发行电话　（010）68992190/2/3/5/6
网　　址　www.jiuzhoupress.com
电子信箱　jiuzhou@jiuzhoupress.com
印　　刷　北京燕旭开拓印务有限公司
开　　本　880毫米×1230毫米　32开
印　　张　11
字　　数　230千字
版　　次　2010年9月第1版
印　　次　2010年9月第1次印刷
书　　号　ISBN 978-7-5108-0639-1
定　　价　29.80元

目录

尾声：

再解读：

编辑手记：

代序：故事从玩笑开始

整理、翻译唐僧的信件，是一件颇为不易的事。这些信件都是用梵文书写的，如今精通梵文的大师，海内寥寥无几。一是北大教授季羡林先生，另一个就是我。季先生老了（本书出版时，季先生已经仙逝了。），又是国宝级的人物，现在的主要任务是修身养性，没有精力完成这项繁杂的工作。至于有些所谓的文坛黑马也跃跃欲试，恕我直言，所谓“黑马非马”，黑是可以了，马倒未必，他们更适合在好莱坞发展。也有人说，为什么不找我，我外语过了十六级，大师笑了！

作为一个大师级的人物，我的时间很紧张。要带研究生，不但要指导他们如何巧妙地抄论文，还要教他们怎么走门子发表；要到处演讲，四方布道，拿了人家的钱，焉有不卖命的道理；要出席各种讲座，为神经衰弱的男人空虚寂寞的怨妇做开化工作，也算是经世致用、普度众生；要应付报社与电视台的记者，回答各种似是而非的问题，尽可能用最绚烂的无聊来娱乐大众；作为社会名流，少不了还要经常发表一些微言大义。再忙还得留出时间，应付我老婆。我老婆是前跆拳道全国冠军，功夫好生了得，稍有不慎，便招来家庭暴力。她经常训导我：别以为屁眼上插几根鸡毛，就拿自己当凤凰了。一次她在电视上看到著名学者余先生说他老婆是亚洲第一美人，就回来跟我急，要我表态。我说：非常客观地讲，你就是当代的阿弗诺蒂特！她没听懂，马上拎起我往楼下扔，幸亏我赶紧说：宝贝，阿弗诺蒂特就是维纳斯，世界小姐啊！她才饶了我。唉，个中滋味，愿与苏格拉底、胡适之诸先生共勉。苏圣人被老婆泼洗脚水，味道当然不能与鸡尾酒媲美。江冬秀女士的菜刀要是再麻利点，胡老师早就成中国文化界的重大损失了，用不着麻烦我们来批倒批臭。在江女士的调教下，胡老师成了好男人的典范，并总结出所谓“三从四德”，为我等指明了奋斗的方向。胡老师谆谆教导我们：

太太外出要跟从

太太的话要听从

太太讲错要盲从

太太化妆要等得

太太发怒要忍得

太太生日要记得

太太花钱要舍得

众所周知，像我这样的大师，在选择科研题目时，是非常刁钻的。我不妨举个例子，大家就知道厉害了。前几日有位北大历史系的才子(现在的北大只出才子不出人才)修书于我，言语颇为得意，说自己经过严格考证，发现了武则天的两个胸部体积迥异。看完后本大师做拈花微笑状，吩咐他去拜读我十年前发表在《古史研究》上的文章。他看完我的文章后小便失禁、精神恍惚，立马转到了光华管理学院。原来十年前我已用雄文五万考证出武则天的左胸体积为 326.5 毫升，右胸 365.6 毫升，并系统论证其成因，盖武则天惯于向左侧睡，留右边给薛怀义张宗昌等小帅哥玩也。小子不知天高地厚，以为大师是随便就能做的。想填补学术界的空白，怎么也得等我成为重大损失后再说。

尽管我博大精深、博古通今、博学多才、著作等身、雄迈千古、标榜史册，就算如王荆公所言：不畏浮云遮望眼，只缘身在最高层。正所谓大丈夫当如是也。可想起后继之人，也不免顾影自怜、心境凄凉。既然我对研究的题目要求这么高，这次出牛大的力气整理、翻译唐僧的信件，其中必有他人所不知的深意。凡事总有个源头，这事需从《西游记》这本书说起。

《西游记》是一个叫吴承恩的家伙写的。他爸是个体户，应该说家境还不错，那时在江南一带，生意人比种地的要有钱一些。吴承恩原本是不打算弄文艺的，他想做官，可惜息是名在孙山后。中国历史上很多文化界的大明星，其心路历程大抵如此。比如说冯梦龙、唐伯虎、蒲松龄、关汉卿等等，要是能考上官做，谁也不会跟小姐们混在一起爬格子。对这个问题我曾经做过研究，发现中国古代的知识分子基本上有四种：第一种是科场得意，飞黄腾达，成为民之父母；第二种是科场失意，流落江湖，等着天下大乱，跟一些不要命的家伙去造反；第三种是科场失意，放浪形骸，去搞文艺；第四种是科场失意，要么教书或当风水先生，要么变成神经病。显然，吴承恩是第三种。要是吴承恩不写《西游记》，我至少对他的遭遇会表示同情，因为中国的知识分子都想“学而优则仕”，“仕”不了真的很可怜，一辈子趴在被窝里看月亮数星星，听“忍把浮名，换了浅斟低唱”的小曲，垂泪到天明。但作为一个严肃的历史学大师，同情归同情，在大是大非的问题上，我向来是岿然不动的。

《西游记》是写唐僧先生的故事。唐僧一直是我心中为数不多的几个大丈夫之一。吴承恩肯定是被整怕了，所以把自己的本意藏得很深很深。结果很糟糕，大家在《西游记》中看到的东西跟本意完全颠倒了。唐僧本来是不辞艰辛、万里求法、至情至性的奇男子，却成了外强中干的孬种、黑白不分的小白脸。流弊所及，有人甚至把他跟洋人伯恩斯坦相提并论，说是走修正主义的混蛋。出身黑道胡作非为的孙悟空，居然是敢作敢为、顶天立地的大丈夫，成了万民景仰的偶像。机会主义者猪八戒也被美化，成了人见人爱的宝贝蛋。虽然孙悟空是个才子，业务出类拔萃，取经路上也兢兢业业，但就思想品质而言，实在不敢恭维。吃喝玩乐，挥霍无度，彻头彻尾的享乐主义者；暴力倾向严重，杀人放火，可入选世界十大刽子手；跟所有粗糙的造反者一样，自以为是把世间万物简单地分成好和坏，然后对立起来，总觉着自己站在真理一边，把凡他认为不好的东西全灭掉；信口雌黄，我行我素，蔑视社会秩序，黑道作风严重。猪八戒业务平平，也就会肚脐眼上插根葱，装装幽默。整天吃喝玩乐，甚至色胆包天，要吃神射手后羿老婆的豆腐，看见异性就流哈喇子，搞些下流的小情调，比如偷偷地摸人家的屁股，等等。可悲的是这种人竟然成了大众情人，可见流毒之深，新女性已堕落到何种地步。

《西游记》自面世以来，因为误读或被误读，最终被彻底异化，变成了中国文化界的一株大毒草，教坏了一代又一代的青少年。让这种局面继续下去，最终会产生非常严重的后果。作为一代宗师，我岂能置若罔闻？而制止谬误的最好方法就是让真相大白于天下，使广大民众，特别是年轻人有一个正确的取舍。要把吴承恩潜藏的本意彻底曝光出来，还历史以真相。在我看来，最有说服力，最能把这个冤案翻过来的证据，就是唐僧在西天取经路上，写给观音的私信。这就是我为何抽出自己宝贵的时间，整理出版这本书的真意所在。当然，如果这本书能挣一笔钱，也是意外的收获。尽管像我这样的大师基本上由国家养着，可以视金钱如粪土，可我老婆没有这种觉悟。她说自己的最高理想是有足够多的钱，跟我一起过类似西门庆和潘金莲一般荒淫无耻的生活。作为大师，我完全应该对这种下三烂的价值观大加鞭挞，可我不敢，因为她是前跆拳道全国冠军。林语堂偕夫人游览希腊卫城，林老站在废墟上，正在抒发千年一叹，林太太却在一旁大发牢骚："啊呦，我才不要住在这地方！买一块肥皂都要下山，多不方便！"如果你能理解林大师当时的感受，就会明了我为什么不敢公开视金钱如粪土了。

我差点忘了告诉大家，本大师不但博古通今，还精通上百种语言。能跟我相提并论的，也就是已故的赵元任、陈寅恪诸先生。本来我准备翻译《莎士比亚全集》、《人间喜剧》以及歌德、托尔斯泰还有太平洋上许多土著的经典作品，最后发现已经有人干了，才悻悻作罢。尽管对他们的译作我不太满意，但还是没有重译，算是放他们一马。作为大师，我怕别人说我不厚道，落个"学阀"的骂名。说这些话的意思是，在翻译方面我也堪称不世之才。但在整理、翻译唐僧这些信件时，还是遇到了麻烦。当然技术上是没问题的，问题出在用何种方式，也就是所谓的硬译或软译。当年因为软和硬的问题，文坛上曾掀起轩然大波。以鲁迅先生为首的一派主张硬，以梁实秋先生为首的一派主张软，彼此水火不容、口诛笔伐。可到底是硬还是软，至今也没有结论。在我为这个问题抓狂，疯狂掉头发时，我老婆给了我莫大的启发，她说：无所谓软和硬，舒服就行。所以为了读者在阅读这本书时感觉舒服，我基本上是采用了现代的辞藻。如果一定要排队，可能靠"资本家的乏走狗"梁实秋多一些。当然采用现代辞藻容易引起误会，希望大家不要对号入座。如果发生这样的悲剧，损失的只有你们自己，因为本大师会焚毁重印，重印时就是硬译的版本，让你们去猜，大肆消灭你们处于亚健康状态的脑细胞。

这本书得以出版，首先要感谢高歌先生。在我写作期间，他天天带着我老婆出没于茶馆、酒吧、夜总会等各种娱乐场所（在此期间我很少见她的面，省去了听她训示、给她洗脚等等麻烦），为我赢得了宝贵的时间。当然高先生也付出了惨重代价，听说已经濒临破产。就这我老婆还不满意：那个死胖子真抠门，要的红酒都是公元后的。我只好安慰她说：宝贝，你就别生气了，公元前的红酒怕是王母娘娘也经常喝不到呢！另外要特别感谢云小姐，她送给我的三瓶什么初乳补品，原来都是泻药，使我片刻不得离开家门，只好埋头写作。一来怕形容狼藉，有失大师道貌岸然的风度；另外我老婆嫌我臭，给了我难得的自由。

诚如我在怕老婆方面的导师胡适先生所言：情愿不自由，也是自由了。

最后我要郑重声明：希望读了这本书，我的广大女粉丝千万别做非分之想，我跟我老婆是青梅竹马，情投意合，情深似海，如漆如胶，天作之合，在天愿做比翼鸟、在地愿为连理枝，不求同年同日生、但求同年同日死。我虽然敬重孔夫子，但坚决反对“唯女子与小人为难养也，近之则不孙，远之则怨”这种反动言论。尽管孔夫子身手不错，是一米八零的壮汉，可如果碰见我老婆，我真的很替他老人家的性命担忧。

辛可于北京东厂胡同

第一封信

西天取经引发的争议

贞观十年　春正月　庚辰

人活在世上会遇到两种人，一种人让你成长，一种人让你成全。让你成长的人教给你游戏的法则；成全你的人给你一个梦，你沿着梦往前走，看见了自己和整个世界。是您让我走在梦的路上，这个梦使我在虚妄的人世间找到了生命的依托，我因为它得以存在。

亲爱的观音老师：

您还好吗？您回去有些时日了。长安城的市民们还在谈论您，少不了许多流言蜚语。您的知名度这么高，显然跟我皇有很大关系。陛下不但接见了您，还跟您进行了深入的思想交流。尽管关起门来都是怕老婆，但面子上大唐的男人们都很自大，不拿女人当回事，就连孔夫子也认为“唯女子与小人为难养也，近之则不孙，远之则怨”。陛下作为我华夏最有种的男人，能跟一个“洋女人”促膝长谈，真是前无古人的罕事。据我朝的御用作家们讲，怕是娘娘们也未必有这样的恩典。当然，娘娘们的功能也不是用来谈心的。国学院的教授们正在整理您与陛下的谈话记录，说是要编辑出版，供大唐的臣子与学者们做内部交流。凡此种种，我也是道听途说，不足为证。其实您的到来让国学大师们很丢面子。因为据他们的考证，您原本是个留着八字须的男人。遵照他们的研究成果，有些庙宇也供着一个刚猛的男人，说是您的法身。为此，不少谏官已经开始准备奏本，准备弹劾国学院院长，并要求大幅削减国学院的预算。其实一切相都是空相，塑成男人或女人又有多大区别，对不对？想想只是个不怎么高明的笑话而已。

您的到来不只是为长安市民增添了茶余饭后的谈资，也让有些人很不舒服。您知道，我讲的有些人就是大唐的道士。自佛法传入中土以来，道士跟和尚的关系一直很紧张。道士以本土宗教自居，认为外来的和尚念不好经，最重要的是影响就业，抢了他们的饭碗。道教有个致命的缺陷，就是白日成仙。可很多人修炼了一辈子，到底也只是一堆白骨，这件事严重影响了道教的品牌。

尽管不少道士很努力，希望炼出长生不老的丹药，可不幸得很，炼丹的也死了。有些帝王和权贵因为服了道士的丹药一命呜呼，这种例子比比皆是。佛法传入中土以后，虽然在经营管理方面遭遇到不小的困难，但整体发展势头很好，占有了中土香火产业相当的市场。南北朝时期的梁武帝笃信佛教，还跟达摩祖师进行过交流。尽管两人谈不拢，不欢而散，但广告效应很强。在皇帝与社会名流的带头下，民间的香火也很旺。当然，庙里的香火越旺，道士们的心就越烦，非但六根清净不了，还动不动找茬跟和尚打架，甚至闹出过命案。当然，打架的原因也不能全怪人家，和尚也有责任。出家人为了世俗的利益斗得你死我活，真让人情何以堪。

大唐王朝建立以后，道士们终于等到了扬眉吐气的一天。因为大唐皇帝姓李，反正官方舆论就是这样宣传的，说是道教祖宗李耳的后裔。其实这件事的真实性非常可疑。我有位研究历史的朋友曾私下里做过一番考证，他的结论是李唐王室跟李大耳朵根本没有任何关系。姓李的人多了，怎么可能都是李大耳朵的后代。李大耳朵是民间戏语，据说李耳先生生而异相，从他妈妈肚子里出来时就白眉白胡子，是个小老头，而且耳朵是正常人的好几倍。当然，这都是传说，生个老头出来，至少从科学上讲有点匪夷所思。如果能有李耳的 DNA 样本就好了，可以让国学院比对一下。当然，谁也不敢公开质疑，除非嫌自己的脑袋是个累赘。尽管大唐的法统规定学术自由，但自由的前提是必须让权贵们满意。其实我皇这样攀亲也可以理解，历史上的帝王，都要找个八竿子打不着的大明星当祖宗。连汉朝的立国者刘三，也说自己是我华夏人文始祖黄帝的后代。其实大家都明白，刘三不过是沛县丰邑中阳里农民的儿子（在史书上，他老爸连个正儿八经的名字都没有），血统并不高贵。他们之所以要造个新祖宗出来，这跟我华夏的宗法文化有很大关系。所谓老子英雄儿好汉，老鼠的孩子会打洞，如此而已。我朋友曾写过一篇《论出身》的文章，发表后引起了轩然大波，等于是揭了老底，撕下了大家的面具。面具是什么，面具就是饭碗，这不等于要别人的命吗？如果不是皇后陛下说点好话，更重要的是陛下也是怕老婆，我朋友怕是早就找不见自己的脑袋了。

事实上大唐天子也很给道士面子，道教终于有点国教的架势了。特别是陛下老爸统治的时候，因为有了皇室的支持，道士们对和尚很不客气，比如和尚在大街上被他们吐口水，那是很正常的事。有的和尚受不了，出门还戴上假发。一次佛学会上，有人甚至提出应该与时俱进，光头已不合时宜，大家应该留起一头秀发，与道士们一争高低。结果表决时少了一票，被否决了。幸亏那一票，总算保住了我们的特点。到陛下君临天下的时候，气氛好了很多，因为他主张百花齐放的文化政策，禁止向和尚吐口水，所以我们的日子好过了许多。当然，道士们依然把持着香火产业的最大份额，形成了一定的市场垄断。所以您的造访，特别是得到陛下的垂青，完全出乎他们的意料。

自您走后，道士们就一直没有消停，开什么学术研讨会，还编了小报，从学理上把和尚批得一无是处，最有名的就是《异哉所谓光头荣华论者》。他们还联络了不少人，其中不乏社会名流，搞“万人齐心救大唐”签名联署活动，向陛下表示严正抗议。据说他们还写了万言书给陛下，说什么“中学为体，西学为用”、“不能忘了自己的祖宗”等等。在他们看来，既然陛下的老爸已经认了李大耳朵做老祖宗，大家就不能做不孝的子孙。假如任由“秃驴”们（他们向来就是这样抬举我们的）散布异端邪说，怕是有亡国灭种的危险。听手下的小和尚说，道士们为了阻止这件事，还跟长安的黑社会勾结，组织了“捍卫国学诛灭玄奘行动小组”，准备对我下手，活动代号为“光001行动”。现在能活着给您写信，是因为他们就劳务费无法达成一致。既然干掉的是个名人，风险不言而喻，黑老大自然要开出个好价钱。

这件事搞得陛下心里很烦，他以为没必要这样兴师动众。据宫里的太监说，陛下还是觉着您的理论很有道理。尽管朕即天下，但也不能一点不顾及社会舆论。以为皇帝可以为所欲为，那是对大唐政治文化的无知。上面有祖宗的法统，下边有一堆文武大臣，哪一个都需要摆平。道士们既然以自家人自居，就算是陛下不高兴，也未必下得了重手。为此陛下在大明宫召开了一次特别会议，在京的正五品以上长官都参加了。根据我朋友的研究结论，大唐的长官基本上分五种，一是自太原起兵跟陛下一起玩过命的，二是从对立阵营中投诚过来的，三是所谓社会贤达用来装点门面的，四是跟陛下有裙带关系的，五是考试及格经平康里集训选拔上来的。这些人又进行排列组合，结成各种团伙，各怀鬼胎斗得你死我活。据我朋友的研究，这就是所谓的政治黑洞效应。在政治黑洞效应作用下，整个官僚体系变得非白非黑，而是货真价实的“灰性社会”。是否真是这样，我没有兴趣研究这些，也就不甚了了。

据说当时大家在朝廷上吵得很厉害。大唐就这点好，基本上让人说话。让人说话听起来没什么，但有这种雅量的帝王和朝廷真不多。大部分帝王和朝廷是禁止讲真话的，弄不好要杀头。在我华夏，因为大家都不讲真话，所以讲话从来就是一门艺术，或者说很后现代的艺术。朝会刚开始，陛下按照惯例让群臣先发表意见。有人坚决反对陛下派人西天取经，更激进的主张是索性把全国的庙都拆了，把和尚们赶到乡下去，每人由朝廷发个婆娘，让他们为国家养鸡。也有人主张取经是可以的，但不要以官方的名义，全当是民间文化交流活动，取来取不来，算是给观音菩萨一个面子，所谓“敬鬼神而远之”。“敬鬼神而远之”是孔夫子在《论语》里讲的话，原文是“务民之义，敬鬼神而远之，可谓知矣”。这老头真逗，反正自己弄不明白，扔在一边不管就是了。当然持赞成态度的也不少，说只要不危害大唐的江山，应百花齐放百舸争流云云。不过当陛下表示自己坚定支持西天取经时，大家的意见很快取得了高度一致——吾皇英明，万岁万岁！不用再费太多口舌，全部通过。

随后，他们把我请了过去。大明宫是大唐皇宫，在长安城的最北面，地势比较高，远远望去宫殿巍峨，令人生畏。大明宫我是第一次去，这话等于是废话，如果没有您的面子，我等草民怎么可能去那种地方，毕竟不是旅游区或招待所。没想到里边更加奢华，超过了我住过的任何一家五星级寺庙。据我朋友讲，大多数帝王在位时都会大兴土木，一是为了享尽人间富贵，二是他们怕死后被人忘掉，抓紧拿国家的票子为自己修纪念碑。就算死了，也要把能带走的全带走，准备在下一个世界里挥霍。据说秦帝国始皇帝的坟墓，黄土下面埋着一座奢华无比的宫殿，人间万象，日月星辰，无所不备。我朋友说，所有的帝王在爬上龙椅后首先把他老爸喜欢的帝国栋梁们干掉，接下来马上给自己修坟墓。在地下他们也不是特别寂寞，除了金银财宝，陪葬女人的朽骨，经常也有头上戴着长筒袜的盗墓贼进去陪陪他们，帮助他们活络一下筋骨，待遇比老百姓高多了。

在大明宫我受到空前的欢迎。自进门开始，全身的鸡皮疙瘩就没有消失过。那些准备让和尚去养鸡的人，也夸我相貌堂堂，国之栋梁。陛下显然对部下们的领会贯彻能力很满意。幸亏有这些明白人，如果都是魏征，天天找茬，那做皇上还有什么劲？当年刘三干掉项羽当了皇上，可弟兄们散漫惯了，还是踢他的屁股开他的玩笑，刘三坐在龙椅上感觉跟泡澡堂子没什么两样，因此浩叹：做皇帝有什么鸟劲！可经儒生叔孙通一番折腾，他就找到感觉了——今天总算过了把皇帝瘾，知道皇帝的富贵了。这可能是历史上最成功的一次投机，对我华夏政治思想文化发展产生了决定性影响。孔夫子今天能大吃冷猪肉，真的要好好感谢叔孙通他们。据我的朋友研究，多少年来，很多读书人几乎把所有的精力和智慧都用来研究怎么当个好奴才。好奴才的本事就是不但到处宣扬主子的屁是香的，而且能够引经据典来证明为什么这么香。当然说主子屁臭的人也有，但说这话以前，他们已经在家里准备好了棺材。我的朋友向来比较偏激，是否真如此，我也不清楚。

陛下拉着我的手讲了一堆很煽情的话：陈师父，观音菩萨这次到大唐来，我们之间进行了良好而富有建设性的会谈，大家在很多方面都取得了共识，我们有理由相信，通过大家的努力，对佛教的健康发展，特别是我大唐的文化建设将起到巨大的推动作用。文化建设非小事啊！我向来主张要博采众长、多元化地发展。

我跟观音菩萨也达成了一些初步的合作意向，其中一项很重要的内容就是国际文化交流。我们不但要把大唐文明传出去，还要把别人先进的文化引进来。决定派你到天竺取经，就是出于这样良好的建设性目的。具体的事情我想观音菩萨已经跟你谈了，你自己就表个态吧。我赶忙表示绝不会辜负陛下和大唐上千万子民的重托，一定会鞠躬尽瘁、死而后已。陛下还特别鼓励了我几句：干事业嘛，哪有不牺牲的，受点苦没什么，当年我也是这样过来的。有件事不知当讲不当讲，陛下私下里竟然托太监向我传达口谕（其严肃性与权威性有时候凌驾于天理人情国法之上）：听说天竺的姑娘不错，回来的时候顺便给朕带几个！唉，我是和尚啊，亏他老人家想得出来。

大臣们也从不同的角度就西天取经的重大价值发表了评论。基本观点为：西天取经是陛下做出的前无古人后无来者的伟大决策，这种政治眼光恐怕连周公也自叹不如，这充分证明了陛下不但是伟大的政治家，也是伟大的军事家、伟大的思想家、伟大的社会学家。凡陛下讲的，都是真理，凡陛下要求的，我们必须执行，万死不悔！中书省的大臣把这些东西总结为“四不一没有”，就是不能用常人的眼光来看陛下的决策，陛下是最大的圣贤，超过了孔子；不能用今天的眼光来看陛下的决策，陛下的决策跨越了所有的时间；不能用中华的眼光来看陛下的决策，陛下的决策是全人类的福音；不能用一般的眼光来看陛下的决策，陛下是真理的化身，他的理论永远正确、绝对正确；没有陛下，我华夏甚至全人类将生活在黑暗的深渊中，少了指路的明灯！其实对这些东西我没有一点兴趣，不就是派个和尚取经，用得着这样上纲上线吗？

但我也能理解，上纲上线是他们的工作，也是他们的饭碗。我感兴趣的是国学院院长的发言，他认为西天取经将有助于环境保护，原因是光头多了，就可以节省大量淡水，保护水资源；和尚吃素，排泄物不会太臭，可以有效降低CO_2排放；光头在夜里有照明作用，可以节省大量能源，等等。更有人认为西天取经对维护帝国稳定具有非凡的价值，因为现在男女比例严重失调，很多男人憋不住了就会生事，如果把他们转化为和尚，就可以有效平衡帝国的男女结构。

显然，陛下对群臣的发言非常满意，并要求大家把各自的发言写成论文，由国学院与大明宫皇家书局联合出版，书名暂定为《西天取经与大唐气象》。陛下也答应到时候亲自撰写序文并出席新书发布会。也许是受了大家的感染，陛下非要把面子给足，或者说把我抬举到无以复加。特别赐我国姓唐，就这样还嫌不过瘾，要跟我结成把兄弟。基本仪式跟民间结伙一样，唯一的区别就是少了在手腕上拉一刀，喝的是西域贡品葡萄酒而不是鸡血，所谓"葡萄美酒夜光杯"。在别人看来，这是天大的荣幸，就像是中了六合彩，感谢祖坟埋对了地方。可我没丁点激动。我爹姓陈，我姓唐，这算什么事？！至于给皇帝当把兄弟，确实有点让人不寒而栗。根据我朋友的研究结论，历史上给皇上当兄弟的，没几个有好下场。江山往往是男人踩在女人的胸脯上用人头堆积的光荣的荆棘路，包括他兄弟姐妹的。隋文帝之死杨广是首席嫌疑犯，并矫诏杀兄，淫其后母。陛下发动玄武门政变，杀死哥哥与弟弟，逼迫老爸退位，纳弟弟的小老婆入宫。虽有不少学者为其掩饰，终脱不了违背人伦的骂名（王夫之有言："太宗亲执弓以射杀其兄，疾呼以加刃其弟，斯时也，穷凶极惨，而人心无毫发之存者也。”辛可注）。陛下还特意写了诗送我，后来发表在《大唐朝报》头版上。大臣们都说，自盘古开天地，未曾有这样惊天地泣鬼神的大手笔。

其实这些都没有什么，我向来对名利兴趣不大。重要的是，西天取经的方案通过了，我可以按照您的召唤，去实现人生的梦想。人活着终归要踏踏实实地去做一件自己想做该做的事，我想这就是我想做该做的，这是您的心愿，我的归宿！无论在这条路上经历怎样的艰难，不管是否能走到辉煌的终点，我都要感谢您。人活在世上会遇到两种人，一种人让你成长，一种人让你成全。让你成长的人教给你游戏的法则；成全你的人给你一个梦，你沿着梦往前走，看见了自己和整个世界。是您让我走在梦的路上，这个梦使我在虚妄的人世间找到了生命的依托，我因为它得以存在。

还特别要感谢您送的袈裟，非常合身，就像是给我量身定做的一样。据说长安的商家已经推出了很多款类似的时装，现在满大街都是穿着新款袈裟光脑袋（上面还有各种刺青）的时髦青年，连平康里的性工作者也穿着改良的袈裟接客，当然料子要透一点。其实衣物的美丑本是虚幻，因为这是您的一份真意和温情，总让我感动。为了显示大唐气象，皇恩浩荡，陛下特意安排我穿着新袈裟在朱雀大街上游行。朱雀大街是长安城的中轴线，宽度达150米，长5020米，号称是天下第一街。尽管很多人羡慕不已，在我看来，这跟很多性工作者站街拉客、死刑犯游街示众没什么两样。但这就是人世间的游戏规则，帝王们时刻都忘不了告诉他的子民，他的决策明并日月，他的光芒无处不在，大家生活在尧舜之世，对他的英明神武应该感恩戴德，何况他为大唐塑造了这么一个千年不遇的人间尤物。

游街活动取得了空前成功，长安城万人空巷。有人说，当时长安城少说有一半的人，也就是50多万市民参加了这场嘉年华会。大家如蚂蚁般挤到朱雀大街，鉴赏陛下的把兄弟到底是何等人物。据说朝廷为此动员了首都所有的巡捕，外加若干卫戍部队。但由于人实在太多，造成了交通严重堵塞，据说还踩伤了不少。唉，真是罪过！大街上的人都说我穿上您的袈裟很帅，很有气质，是当代的潘安、宋玉，当和尚实在有点可惜。潘安、宋玉是古代最有名的小白脸，虽然长得很帅，走在街上女人看见就口水流个不停，但人品与能力马马虎虎，或者说很被有骨气的人所不齿。尽管巡捕保驾护航，但也有忍耐不住的男人们用番茄和鸡蛋轮番袭击我，发泄他们心头的妒火。街上的女人(据说皇后陛下和公主们也来了)又哭又闹，鼻涕横流，尖叫声让人以为长安城发生了地震。她们把一堆堆的花往我身上砸（花店的老板发了），更有甚者，扬言如果我找别人，她们就废了我。为了显示她们的诚意，还特意向我晃动着各种款式的水果刀、从国医院借来的手术刀、剔腋毛的小李飞刀、净身房用来制造宦官的圆月弯刀。总之，盛况空前，苦不堪言。这种事比较适合荷尔蒙分泌过旺的男人，而我是个不大喜欢热闹的出家人。

护照（通关玉牒）已经办好了，这次不用托关系，办得挺快。看来什么事只要一把手关心，就很容易搞定。平常可不是这样，有孕妇申请去扶桑探亲，直到她生下的儿子年老寿终，护照还没有办下来。由于等不及，很多人选择偷渡，结果引起高丽、扶桑等邻国的强烈抗议，威胁说要停止上贡。抗议归抗议，该上贡的还是要上贡，毕竟大唐是老大嘛！

护照是由礼部尚书亲自送来的。据说礼部为这事召开了一个规模宏大的发布会，把它列为今年礼部十件大事之首。由礼部尚书亲自挂帅，动员会开了好几次，还成立了一个特别工作委员会。其实就是屁大的一点事。礼部尚书在寺里召开现场办公会，高度评价了本寺的各项工作，并授予本寺“大唐一级芙蓉勋章”。礼部尚书还当场下令由礼部拨出专款修缮那间破烂不堪、臭烘烘的厕所。尚书大人义正词严地指出：能不能保证广大和尚师傅在一个典雅的地方出恭，不是一个简单的工作问题，这关系到我大唐的面子，面子重要啊，一定要抓紧、抓好，不能辜负了陛下的期望。听说礼部为此成立了一个由礼部长官及国学院专家组成的专门委员会，正在就寺院厕所的修缮问题进行项目论证，并向全社会重金征集设计方案。看来大家的鼻炎快要好了，隔壁的老百姓再也不会时常扔板砖过来。

至于我的身体，您就不要过于担心了。自从上次吃了一位洛阳老中医开的药，前列腺炎再没有严重犯过。我也搞不清楚，什么时候得了这么个怪病。折磨人好些年了，中西医也看了不少。现在偶尔有点不适，据大夫说在我这个年龄，也属正常。怎么说呢，我自幼出家，真气还是比较足的。为了圆满完成取经大业，这半年来我也特别加强了有氧运动，比如游泳、跑步等等。有时候也跟朋友们打打马球，不过技术还是很次。据说，很多人就是因为马球打得好，经常陪陛下或娘娘们玩，被提拔到一品大员了。跟以前相比，我现在感觉三角肌和腹肌都强壮有力了很多。有人还怂恿我参加来年春天在乐游原举行的一年一度的大唐超级猛男秀

（简称“超男秀”），也就是全国健美先生选拔大赛，说不定会拿个好名次。哈哈，我又胡说了，出家人不打诳语，我有点像个臭嘴的和尚，莫怪！

太多的话要说给您听，今天就到这里了，所谓春困秋乏，我的确有些困了。相信我会常写信的，因为我只能把心里的话讲给您！您宽宏大量，至少跟您讲不怕因言获罪，被人特别照顾。

希望您保重身体，上次看见您有点咳嗽，需要我给您带点我大唐的止咳糖浆过去吗？茫茫尘世间最真挚的遥远的祝福！

玄奘夜于长安僧舍110房

第二封信

做个明星和尚也苦恼

贞观十年　春二月　辛亥

就算权力是可以放下的，财富是可以放下的，但心中的人影却不能轻轻抹去。据说后来如来也回过家，见到了日夜思念他的妻子，不知面对自己曾心爱的女人寂寞而憔悴的眼神，如来心里作何感想，是不是心头刹那间（我是说刹那间），也会掠过一丝悲凉？

亲爱的观音老师：

夜很深了，从被窝里爬起来给您写信。

喧嚣的长安城终于变得死一般沉静，剩下单调的更声在夜色中飘来飘去。窗外正下着雨，雨落在树枝上，满耳是雨打树叶的声音。明天就要上路了，本来想早点睡，可怎么也睡不着，想好多乱七八糟的事，但理不出一点头绪。或许是明天要走的缘故吧，毕竟这是在长安的最后一夜了。

《般若波罗蜜多心经》中说："观自在菩萨，行深般若波罗蜜多时，照见五蕴皆空，度一切苦厄。"所谓色、受、想、行、识，本质上就是无常、苦、空、无我。尽管出家人五蕴皆空，不该有这么多牵挂（这个道理我是明白的），但要真正说服自己没那么容易。活在人世间，不是凡事想放下就能放下的，也许一切终归要放下，但这需要时间。您可能要笑话我了，笑我的修为实在太浅。是啊，我的修为怎么能跟您比，超脱一切烦恼，达到清静无为之地。不过我想观音老师您在修行的路上，也有过这样的烦恼吧。关于您的故事，我也读过相关文章，了解一些。但那些书都是书商们找人攒的，大概其中有不少的谬误。我想，当年我佛如来放弃属于自己的王位，告别熟睡中的老婆孩子，孤独地穿越那原本属于他的奢华城市，他的心里也应该有几丝苦痛、些许不舍。就算权力是可以放下的，财富是可以放下的，但心中的人影却不能轻轻抹去。据说后来如来也回过家，见到了日夜思念他的妻子，不知面对自己曾心爱的女人寂寞而憔悴的眼神，如来心里作何感想，是不是心头刹那间（我是说刹那间），也会掠过一丝悲凉？

白天有许多应酬，长官们都来送行，包括中书、门下、尚书省的大人，以及各个衙门的头头。跟陛下的把兄弟搞好关系，也是重要的工作之一，至少可以证明自己政治正确，这是我大唐的游戏规则。在陛下见我前，就算跪在衙门前，脑袋在阳光下闪闪发光，大人们也未必会看我一眼。有一年，为了修僧舍，我去找太平坊办公室主任，结果被臭骂一顿赶了出来。战国时有位很有名的政治家叫苏秦，鬼谷子的学生。他年轻时穷困潦倒，连最亲的家人也很不待见他，包括爸爸妈妈、老婆和兄嫂，所谓“妻不下织，嫂不为炊，父母不与言”。苏秦悲凉地说：“妻不以我为夫，嫂不以我为叔，父母不以我为子，皆秦之罪也！”因为受了刺激，苏秦发奋图强，悬梁刺股，最终身佩六国相印，名重天下。苏秦发达后回到家乡，发现所有的游戏规则都变了，连当年不给他饭吃的嫂嫂，也恭敬地跪地相迎，不敢抬头。苏秦惊问前后变化何以如此之大，嫂嫂说那是因为现在小叔子地位高又有钱，只能这样。难怪苏秦感慨地说，人活在世上，名利富贵真的很重要啊。苏大嫂的话虽然有点糙，可揭露了人的本质。有多少英雄豪杰、古圣先贤，就是在苏大嫂式的鞭策下成功的啊。大将军韩信年轻时，也钻过街上小混混的裤裆。后来韩信发达了，有人绑了那个小混混献给韩信。小混混吓得尿裤裆，如果知道韩信后来能做三军统帅，当年他早就钻人家的裤裆了。出人意料的是，韩信非但没有砍他的头，还送他100金，把他放了。也许在韩信看来，多亏了当年小混混的裤裆，他才奋发图强有了今天。这是大丈夫的胸怀，如果换了暴发户，小混混的麻烦就大了，不是死不死的问题，而是怎么死的问题，比如喂狗等等。类似韩信这样的人，时下应该很少了吧，大多数是睚眦必报的家伙。

喝了一天的茶，说了一天的屁话，写了一天的字，条幅、中堂、行书、草书等等。搞得我四肢无力，有些魂不守舍。国学院的学生会来请我去做报告，我说实在太忙就拒绝了。可学生会的黄会长不依不饶：唐老师，作为公众人物，您不能这样对待大唐的希望，早上八、九点钟的太阳吧？！我说我真的不知道该讲什么。他从皮包里掏出一堆纸条，说是大家迫切需要我给予解答的问题，诸如"我叫小李飞刀，请问唐老师，为什么别人有钱，而我没有""您的光头好可爱，亲一口，请问您怎么看待婚前同居""我是小龙女，请问唐老师，您一般用什么牌子的内衣""青蛙，男，这一年我打牌老是输，唐老师有没有绝招""我是百分百女孩，可为什么男生说我是恐龙""我好讨厌我的舍友，我想知道如果宰了她们，会不会下地狱""请问，我们为什么不消灭扶桑国""为什么和尚是光头，而道士不是""我叫泰斗，请问唐老师，孔子也玩极限运动吗，你呢"等等。

看完后我很上火：你们他妈的八九点钟升到天上就琢磨这些东西吗？！黄会长耸耸肩说：唐老师，我们是新青年，要紧跟时代的脚步，你是不是太衰了点？我说你们应该好好读圣贤书，大唐的将来就指着你们呢。黄会长说读那些东西有什么用，圣人自己不也是混得跟狗一样。看来黄会长还是有点学问的。所谓"惶惶如丧家之犬"是《论语》里的故事。孔子出游，不小心和学生走散了。后来子路找到了他，孔子问子路是如何找到他的，子路说他到处打听，有人告诉他东门下有一个像丧家狗一样的人，我就知道一定是您了！在孔子的学生中，子路的年龄比他大，性格也豪爽，说话比较随便，年轻时还揍过孔子呢。孔子是有水平的人，笑着说是啊是啊我就像个丧家狗一样啊。因为话不投机我打发黄会长他们走，黄会长说既然唐老师忙，就写几句话勉励同学们。我只好写了“好好学习，奋发图强”给他们，他们说这不够深刻，有点羞辱了他们的智商。我只好又写了“奋发图强，好好学习”才算过关。黄会长说：到底是大师，很正点啊，翻云覆雨之间就点石成金。

好不容易送走了黄会长一行，又来了长安超级女性联合会（简称“超女会”）的代表。这个组织成立于开皇元年，创始人是隋文帝杨坚的老婆。独孤皇后为北周重臣独孤信之女，以修理男人闻名。史载独孤氏对杨坚管理极严，杨坚在发迹前曾立誓只跟她上床，后来忍不住偷偷找了两小姑娘，结果被独孤氏发现立刻处决。杨坚闻讯惊恐万分，逃出长安，皇帝也不当了。大臣们苦苦劝阻，杨坚两股发抖泪流满面道：吾贵为天子，不得自由！杨坚老婆真算得上前所未有之超级母老虎。“超女会”的成员不分种族贫富，但都是长安城顶级的悍妇，连黑社会也惧她们几分。据内部消息，这个组织的后台就是陛下的结发妻子长孙皇后。她们的口号是“让全世界的男人在我们面前发抖吧”。其中骨干人员的丈夫基本上都遍体鳞伤，为数不多幸免于难的几个，整天也是过着生不如死的生活。她们穿皮衣、贴胡子、抽大烟，反正就是要比男人还男人。甚至提出让男人像海马一样生孩子，可惜技术上不成熟，这个计划才得以搁浅。据说当时长安的葡萄酒抢购一空，男人们抱头大哭，感谢上苍在最后时刻没有抛弃他们。女代表说她们正在召开一个关于整容手术方面的研讨会。我说对整容这个问题我没有研究，她们就准备向我动手：唐老师不会是大男子主义吧。我慌忙解释了一番，您不知道，被她们定性为大男子主义的严重后果。最后我写了条幅相送——“宁可千刀万剐，也要美艳如花”，她们才勉强放我一马。

最头疼的是黑社会组织大唐博爱会也派人来添乱。来人说他们老大，也就是总裁请我有要事叙谈。我推说忙婉言拒绝。来人立马拉下脸，拔出砍刀插在我面前的桌子上：不给我们老大面子是不是？！其实我根本就不吃他这一套，比他狠的我也见多了。可寺里的和尚吓得尿裤裆，哭着求我：师父，咱可惹不起大唐博爱会啊，他们的老大是刘公公的干儿子、刑部尚书的妹夫，见谁砍谁啊。长安城大的娱乐中心都是他的，不少朝廷大臣是其中的股东。师父您走了一了百了，可我们怎么办？没办法，只好跟他去了。

他们的老大姓李，办公室就在平康里。李总裁的办公室很大，挂满了名人字画和各种旌旗奖状，比如现世菩萨当代华佗等等。他说找我来有两件事，第一是请我给他的手下做个报告，提高一下他们的思想素养。我说你们主要的工作是砍人，学这些东西干什么。李总裁说：唐老师有所不知，我们早就不砍人了，我们现在主要是搞实业，以实业报效朝廷嘛！比如说娱乐业、国际贸易、金融业、劳务输出、能源工业等等，我这个人对钱看得很淡，有了钱就想回报给社会，我们做了不少公益事业，比如说支援边防、维护社会治安等等，累是累一点，可这样活得比较充实，比较有价值！据我朋友考证，大唐博爱会经营的产业包括娱乐业，如妓院、烟馆、赌场等；国际贸易，如贩毒、走私、倒卖批文等；金融业，如制作贩卖假币、高利贷、洗钱等；劳务输出，如拐卖妇女儿童、贩卖奴婢、偷渡等；能源工业，如私开金银铜矿、盐场等；房地产，如抢夺民宅、承包公共工程等。从事的主要公益事业有：组织随军慰安妇（营妓）、抢地盘征收保护费等等。

我说我真的很忙，等取经回来再说。他说：既然唐老师忙就算了，但麻烦唐老师帮我们带点货出去，到了西域有人接应。他说的货就是毒品，我这不是成毒贩子了嘛（**唐朝以至更早的东汉，就有了毒品，但其成分、样式已不可考。辛注**）。他见我拒绝很不高兴，没等他发作，他的手下就冲了上来：老大，剁了他！李总裁给了手下一个耳光：混蛋，谁让你叫老大的？！不得对唐老师无礼！按照规矩，当着外人的面应该叫他李总。李总裁到底没有砍我、纠缠我，是因为他知道我现在是陛下的红人，弄不好吃不了就要兜着走。黑社会再狠，也没有衙门狠，没有衙门的支持，他们什么也不是。

热闹了一天，黄昏时总算安静了下来，一个人在屋子里收拾上路的行头。除了随身要带的一些佛经，其他的图书只好送给寺里的僧人。这几年省吃俭用，购置了一屋子书，现在人要走了，只好送人。还有那一堆情书，是必须要处理掉的，留下来肯定是个祸害。大唐的民众又要说我是个花和尚，经常乱找女人，或者突然冒出来一大堆私生子，其实我根本就不知道他妈是谁。流言就像瘟疫，蔓延起来不可收拾，之所以这样，因为它是大唐民众最青睐的娱乐方式。

关于这一点我必须向您解释一下。按理说出家人酒色财气，四大皆空的，怎么会有一堆情书？可据我研究，这种情况非常普遍。从佛法进入中土，和尚们在这方面一直问题很大，目前也没有找到一种有效的药物可以让他们彻底断绝念想。曾经有人建议像太监一样做外科手术，但遭到人权组织的严重抗议，只好作罢。听宫里的人说，其实太监也照样乱来，很多有权势的太监更是妻妾成群。至于怎么乱来，我就不清楚了。您应该知道的，后秦时期，来中土弘法的鸠摩罗什大师，虽然博通古今，但在这方面也管不住自己。大唐皇室是混血，有胡人的血统。陛下的奶奶独孤氏、妈妈窦氏都是鲜卑族。所以在这方面比较开放，完全不把孔夫子的教条当个东西。一些贵夫人和富家小姐经常到寺里来，瞄上俊俏的，就三下五除二拿下。一来图个新鲜刺激，换换口味；另外在她们看来，这也是一种时尚，呼之即来，挥之即去，省了很多麻烦。有的贵夫人包括陛下的千金干脆就住到寺里来，说是修行，其实不过是图个方便而已。

世风如此，戒律是无用的。有许多贵夫人和富家小姐对我也有兴趣，或者说有些人特别感兴趣，提出要跟我搞一夜情什么的（所谓“天亮以后就分手”），甚至以赞助维修寺院厕所的名义来诱惑我。坦率地讲，我一直让她们很失望，所以她们一方面不停地写情书骚扰我，一方面到处传播流言，说我其实是个废物。女人就是这样，得不到的就要毁掉。平心而论，我不敢说我自己从来就没有心动过，之所以没有同流合污，一是因为出家人应该自觉地约束自己；二是自己的身体确实也有一点问题。最重要的是，我总会想起她。

我们曾经在巴山蜀水间相识，在巴山蜀水间分离，我们只是彼此的故事，或者说一滴眼泪。在漫长的旅途中，她的眼睛如星星亮在我的天空，给我活着的理由和勇气。在求法的路上，她是我给上苍的祭品，连同我自己。我知道，她还活着，徘徊在那方让我们伤心的山水之间。她一直等着我回去，可我永远也不回去了。

这是我的宿命，她的宿命！

把她的信一页一页丢在炉火里，燃烧的火焰就像蓝色的玫瑰花。"蓝色的玫瑰花"不是我的创造，是的，是她说的。在我们分手的那个黄昏，围坐在篝火边，她把自己的诗稿扔到火里，流着泪问我：你看，这火焰像不像蓝色的玫瑰花？！我无言以对，只是默默承受着她的悲凉，我的无奈。今夜，我又忍不住为她的蓝色的玫瑰花流下了冰凉的眼泪。也许，在茫茫尘世间，江湖上某个萧瑟的旅店里，在寂寞的烛光下，她能感受到我内心的悲苦。眼泪落在火里，我听见它燃烧的声音，那声音让我心碎。我能感觉到她内心的绝望与哀怨，是我烧碎了她的心、我的心。从今天开始，所有的故事将变成真正的虚妄。一切都结束了，我必须听从命运的安排，任风雨模糊她的背影，直至忘却。是的，我们都需要在命运中忘掉彼此，仿佛我们的故事从来也没有发生。

原谅我，原谅我的脆弱与浮躁，我本不该如此。是的，真的不应该如此。一切都会过去，既然选定了要走的路，我就决不后悔。当明天的阳光照耀大地，我将在新的阳光中忘掉自己，走上您指向的救赎的旅途。

祝福您，在遥远的地方！

唐僧夜于长安僧舍110房

第三封信

大唐官场的游戏规则

贞观十年　夏五月　丁丑

现在的权贵喜欢丰满女人，于是很多女人使劲增肥，吃了睡，睡了吃，结果都弄成了“三高”。实在不明白，好好一个女子，弄得肥头大耳，到底美在哪里。可为了讨大有为男人的欢心，只好搞成这副尊容。所谓时尚或潮流经常就是大家被某种畸形的审美价值绑架，或全体起哄而已。

亲爱的观音老师：

您好啊！离开长安有些时日了，一路风雨兼程，时间过得真快。路上的事太多，耽误了给您写信，希望您能见谅。

同行的加上我一共4人，其他有两个是从大内侍卫中挑出的壮小伙，另一个是寺里的和尚。礼部原计划是组织一个考察团随行的，由礼部侍郎带队，包括各部抽出的长官若干、翻译若干、国学院博士若干、保镖若干、厨师修脚师等杂役若干（说是害怕吃不惯西餐）、歌舞演员若干、平康里女伎若干、书画家若干、接生婆若干（怕随员路上生孩子）、保健医生按摩师若干，另外加上长官们的老婆、小姨子、大舅子、孩子的干爹干妈等等，规模相当庞大，估计在1000人左右。不过被我回绝了。据说为这事很多人要找我麻烦，因为这违反了大唐的外事纪律。其实他们的愤怒我也理解，大家希望借由这个机会公费旅游一番。在我大唐，公费旅游是一笔很大的财政开支。当然这些活动都要冠以出国考察、培训或参加学术研讨会等各种名义。有一年在扶桑召开环球妇女胭脂大会，我大唐就派出了数千人的代表团，由陛下的老婆长孙皇后带队。结果其中有几位大臣的老婆不小心上了扶桑武士的床，引起了朝廷众臣的公愤，险些酿成了一场战争。最后是扶桑国王把自己的女儿送来给陛下做了小老婆，算是赔罪，总算平息了这场国际风波。

按理说像这么重要的国际文化交流活动，4个人的确少了些。我之所以坚持这样，一是怕招摇过市找骂，更重要的是落个清净。其中两个随从原是大内的带刀侍卫，陛下特意给我选的。之所以选他们，是觉着他们身体好，组织纪律性强。至于那个小和尚，开始我是不同意的，可他跪在庙里又哭又闹，说自己品学兼优，梵语过了六级。我这样做是剥夺他追求进步的权利。并威胁说如果不带他走，他将效仿扶桑国的武士，把肠子挖出来给我看。尽管在我看来，扶桑国武士动不动挖肠子的传统，实在是输不起的孬种表现，但考虑到他如此执著，就勉强答应了。

一路上还算顺利。离开长安时，郊野景致旖旎，青麦茵茵，桃花正开，风意清新，阳光柔和地撒满大地。开始我们走的是官道，也就是大名鼎鼎的丝绸之路。我华夏的丝织业向来很发达，相传黄帝的老婆嫘祖就是丝织业的老祖宗。您来长安时，应该已经了解长安妇女衣着的华丽了（大唐长安城被时人称为"世界时尚之都"）。据我朋友研究，红头发、大鼻子的西方人也非常喜欢丝绸，一个个见了心花怒放，大叫"比特否"，就是特美的意思。在西方世界，谁家要是没有几件我华夏的瓷器和丝绸衣物，简直就算不了上等人。因为上等人都需要这种奢侈品，所以价格很高，比黄金还贵。市场决定一切，于是乎就有了所谓的丝绸之路，把丝绸从长安运到西方去。最早开辟丝绸之路的是汉武帝，当然他的初衷不是做生意，而是找朋友合伙对付匈奴蛮族。因为这个商路的开通，长安多了来自中亚的红头发、白头发的洋人，包括洋姑娘。在长安城，有很多洋姑娘开的酒吧，所谓酒家胡，很多王公大人、文人学士都是其中的常客。当然，吸引他们的不只是葡萄酒，更重要的是姑娘们的腰。她们的腰都比较结实，上面还挂着一圈铃铛，跳起脱衣舞来，铃声悠扬，非常动听。包括中书、门下、尚书以及其他机构的年会，也经常在那里举行。有一次大家喝多了，有位洋姑娘还摘下宰相大人的帽子小解，一时在大唐帝国传为美谈。陛下也幽默了一把，在朝会上特意赏赐了宰相大人一顶帽子，上书：御制香壶。

一路上看见很多前朝留下的宫殿遗迹，掩映在凄凄青草间。不免让人想起我华夏最有名的民歌集《诗经》中的句子："彼黍离离，彼稷之苗。行迈靡靡，中心摇摇。知我者谓我心忧，不知我者，谓我何求。悠悠苍天，此何人哉。"尽管大多是断壁残垣，但可以想见当年的繁华。可惜都在战火中毁了。不停地修，不停地毁，这就是世人的逻辑。听我朋友说，这一切都是必然，如果不毁了，帝王们到哪里去修纪念碑？长官们找什么理由来贪污国库里的银子，额外向百姓征税呢？那些保存比较好的被开发商改造成别墅，供长安城的阔人们度假之用。其他的被乡下人用篱笆围了起来，在里边养鸡。烦恼的是路上还是挤满了人，干什么的都有，对着我大呼小叫，好像是欢迎长安来的怪物。其实这都是借陛下的光，他的把兄弟自然很受关注。不过也有人很不客气：哥们算是哪根葱，普度谁啊？！听口音就知道不是乡下人。

路过的州府衙门照顾得也很周全。州府衙门是我大唐的基层行政机构，重要工作有三：一是向百姓抽税；二是镇压百姓造反；三是迎奉上级。在他们看来，照顾好上级，是他们做好本职工作为大唐服务的首要任务，大唐的官员在这方面造诣很深。何况我现在这么红，是陛下的把兄弟。他们组织了数万百姓离城十里迎候，敲锣打鼓，载歌载舞，特别是把私塾的小学生们组织起来，摇着小红旗，乱七八糟地唱着赞歌。据说为了欢迎我，全城还进行了大扫除，连公共厕所也粉刷一新，当然，里边依然是屎尿横流。

另外找了个不见天日的牛圈，把满大街的乞丐都关了起来，怕影响州府衙门的形象。本来想让所有的妓院关门歇业，禁止娱乐数日，但遭到各级长官和商界领袖们的坚决抵制，只好作罢。我住的寺庙也修缮一新，由衙门拨款，给僧人们重新购置了行头。街上的和尚似乎也很多，感觉已到了天竺。不过听一位老者说，那些和尚都是假的，临时招募了一批人，刮个光头充数。

当天州府衙门举行了盛大的欢迎宴会，标题是"欢迎我大唐高僧西天取经酒会暨大型歌舞晚会"。酒会暨歌舞晚会都在州府宣礼堂举行，宣礼堂类似山寨版的大明宫，规模宏大，前边还有一个占地 50 多公顷的巨大广场，名曰爱民广场。广场上有陛下巨大的镀金青铜雕塑，单一个鼻孔就藏得下一架马车。据说为了修这个宣礼堂，花掉了全州一年的财政收入。州府首席师爷说为了招呼好陛下的把兄弟，花这点钱算不了什么，上次陛下的舅舅来，他们把半年的财政收入都花了。他说回头向老百姓多收点不就行了。听说在这里女人生孩子都要抽税。至于原因，有位官场上的朋友给我分析过：他们的帽子是上面给的，谁给帽子就为谁卖命。几乎全城的达官贵人、老爷太太都参加了酒会，当然包括那些真假和尚。

酒会由知州大人亲自主持。知州大人是个大胖子，我在长安时，早就听过他的大名。知州大人原本是西市一个肉贩子，后来因为某个机缘，在酒吧里跳胡旋舞，被某位娘娘发现了，就经常招到宫里陪娘娘公主们玩。因为哄得娘娘公主们很开心，吏部以特殊人才破格任用，当上了百里侯。知州大人在酒会上发表了长篇讲话，从政治、社会、经济文化各个方面高度评价了西天取经的历史意义，说这是在英明神武的陛下领导下，前无古人后无来者的壮举，号召全州民众要大力发扬西天取经的精神，实现本州历史性跨越式发展。接着由其他的州府官员按照级别陆续发表重要讲话，随后是社会各界代表，包括学界代表、道士代表、和尚代表、小朋友代表、妇女代表、商人代表甚至娱乐界的代表发表演说。大家都结合本行业的特点从不同角度深刻挖掘西天取经的意义和重要价值。其中娱乐界的代表是个半老徐娘，她演讲的题目是"西天取经与情色产业的国际化之我见"。演讲结束后，还忘不了撅着屁股来上一圈飞吻，真是礼数有加！由于持续时间比较长，很多人体力不支，一位老先生突发心肌梗，被抬了出去。轮到我致辞时，很多人已饿昏了过去。

酒宴也很丰盛，据说厨子是特意从长安、高丽、扶桑、大食（一个老是跟大唐在西边打架的中亚国家）请来的，中西合璧，异彩纷呈。因为是素菜，但为了不至于倒大家的胃口，名字都很特别，比如：红烧素王八、火爆素鸡、回锅素肉等等。我曾经研究过大唐僧人的食谱，上面写满素鸡、素鹅、素驴肉等等，看完后无言以对，口中实在是有一口痰想吐到他们的脸上。虽说都是米面、豆腐、萝卜等做的，可心中已经荤得不行了。虽然口中没有杀生害命，可心中已经杀过无数回了。所谓心魔是魔、心佛是佛，素王八与真王八又有多大的区别？说是为了表示对我的尊敬，当晚破例不喝酒，喝茶。不过有几位实在手痒，一边喝茶一边在大声猜拳，真难为这些成天山珍海味的朝廷栋梁了。

照例，饭后是大型文艺演出。据主持人介绍，为了这台晚会，他们特意请了京城的大牌来执导。由于这位大牌曾培养了好几个小姑娘经常在大明宫给陛下唱小曲，很得陛下的赏识，娘娘还赏赐御用的胭脂给她，所以架子大得厉害。据说全身的行头都是进口的，穿前必须高温消毒七七四十九天。光跟班就有几百名，助理中有不少是刚考中进士还没有安排工作的青年才俊。助理们自然希望她在陛下或娘娘面前美言几句，能捞个好差事。晚会在雄壮的"吾皇万岁进行曲"（**大唐国歌，此曲已失传。辛注**）中拉开序幕，由来自京城的皇家乐队演奏了"秦王破阵乐"，来自妇女界的代表表演女声小合唱《十里相送》，一群和尚演唱了高丽民歌《手拉手》，道士文工团表演了歌舞《我们本是一家人》，州学的生员们特别为我创作了时下流行的摇滚乐《和尚，我为你疯狂》。

最受欢迎的显然是一群袒胸露背的女孩表演的肚皮舞，一边跳一边脱，最后身上所剩无几，真的很凉快。她们的表演惹得会场上的绅士淑女们狂呼乱叫。连我身边那两个大内侍卫也不停地感叹：今天才知道了什么是真正的高雅艺术！州府长官说这是为了欢迎我特意从西域请来的舞蹈艺术家。后来我才知道，这些所谓的西域艺术家其实都是临时从城里的娱乐场所弄来的，所谓艺伎，排练她们的，是京城里一个很有名的造型艺术家。这个造型艺术家的名字我也听过，因为她给我写过信。

晚上下榻在州府招待所的帝王套间，其奢华程度让人瞠目结舌。连马桶也是纯金打造。出恭完有人帮你用最上等的丝绸处理干净，然后喷上进口的香水。据酒店的值班经理说，睡的床先由精选出的女孩若干提前暖热，枕头下放满我不认识的奇形怪状的东西。看着这些奇形怪状的东西我怕做噩梦，就让他们清理干净，因为消受不起。州府首席师爷来找我，说要不要安排一些特殊服务，以便舒缓精神，强身健体。据他说，作为州府的首席师爷，他最重要的工作就是安排这些事情。为什么很多人削尖了脑袋争这个位置，就是因为可以跟知州大人零距离接触。既然跟长官在一起什么都干过，什么都见过，那感情自然非同一般，升得也比较快。他还说在太平盛世，大家都比较注重保健，而最好的保健就是在屋子里做有氧运动。我说免了吧，我已经崩溃了。我的态度显然让首席师爷很沮丧，他说自己工作这么多年，还没见过像我这样难伺候的上级。

后来随行的和尚偷偷告诉我，那两个大内侍卫跟州府首席师爷走了，找那几位真正的艺术家讨论高雅艺术去了，言语间不免透露出失望和不满的情绪。第二天我把他们叫到跟前，训了几句。他们反倒比我还有理：唐老师，我们不能凉了人家的一片热心啊，尽管很累也得配合人家的工作是不是？不能高高在上搞官僚主义嘛！我们俩也没干什么，不过是跟她们交流一下高雅艺术罢了，孔夫子不是说"三人行，必有我师焉"，处处留心是学问嘛，唐老师！见他们这样说，我也没办法。唉，只好入乡随俗、姑妄由之吧。

本以为离开长安会少一些烦扰，没想到却是有过之而无不及。诚如《孟子·滕文公上》所言："上有好者，下必有甚焉者矣"，亦所谓"楚王好细腰，宫中多饿死"。楚灵王喜欢苗条腰细的宫女，众宫女为了得到楚灵王的宠爱纷纷节食，结果饿死不少。现在的权贵喜欢丰满的女人，于是很多女人使劲增肥，吃了睡，睡了吃，结果都弄成了"三高"。实在不明白，好好一个女子，弄得肥头大耳，到底美在哪里。可为了讨大有为男人的欢心，只好搞成这副尊容。我朋友说，所谓时尚或潮流经常就是大家被某种畸形的审美价值绑架，或全体起哄而已。

您说，凡此种种，到底是何苦呢？就算心里多么厌恶，看着这些作为多么违背自己的良心和道德原则，面子上还得应付。也许这就是人世上的生存之道，游戏规则吧。真的，好烦，好苦闷。后面还有更多安排，看单子您就明白了：

赴州府衙门参加知州大人家宴并为其死去的老妈超度；

参加学术界举办的"鸡蛋长毛非长毛"学术交流会；

为"翠花楼"开业剪彩并讲话（其为欢迎酒会赞助商）；

参加龙善寺法会并主持州年度最佳和尚颁奖仪式；

参加州"超女会"的"刺绣艺术研讨会"，并出任新款皮衣代言人；

参加小学生还应不应该吃母乳研讨会；

接受州府衙门授予我荣誉市民仪式并发表演讲；

……

我实在太累了，就写这些吧，本来有很多话要给您说。随行的小和尚已经睡了。至于那两个侍卫，大概又去研究高雅艺术了吧。

尘世间遥远的祝福！

玄奘于秦州衙门招待所001房

第四封信

当唐僧遇上齐天大圣

贞观十一年　夏四月　癸未

人为了摆脱恐惧，疯狂地获取支配权，可他们最后发现，拥有的支配权越大，其实恐惧并没有减少，而是成几何倍数增加。一个人官做得越大，胆子就会越小，膝盖就会越软，神经就会越衰弱。朝廷中红得发紫的大臣，其实都患有严重的强迫症或抑郁症，花天酒地就像吸毒，求个片刻的麻醉与欢娱。

亲爱的观音老师：

最近还好吗？为了少一些烦扰，这段日子一直走偏僻小路。假如沿着官道，恐怕一百年也到不了天竺。光参加招待会与准备演讲稿，就足够把人搞垮。走山路的确很疲劳，还要在村舍古庙里过夜，伙食也差，经常寻不到斋饭只好临时找一些野果充饥。那俩大内侍卫有时偷点乡民的老母鸡解馋，或烧点麻雀田鼠什么的，也似乎于事无补，他们的胸大肌已经瘦了好几圈，完全失去往日门神一般的风度。可我觉着心里清净了许多，只要心里清净，身体的苦实在算不了什么。

不过我的那三个手下却不这样认为。他们一路上骂骂咧咧，经常探讨我为何愚昧如此，放着有吃有喝被人抬举的好日子不过，偏要到这种偏僻荒凉的地方活受罪。他们经过反复讨论，最终得出的结论是：唐老师由于长期性压抑弄成了自虐狂（**把痛苦当幸福享受，并时刻准备推己及人的人。辛注**）。特别是那俩大内侍卫，公然对我表示不满甚至发出挑衅，似乎已忍无可忍，随时要对我使用暴力。我给他们努力做思想工作，说大家出来是为了工作，为的是西天取经普度众生，不是出来花天酒地的，比较我们的伟大理想，尘世上的任何苦难与诱惑实在不足挂齿。小和尚只是偷偷地骂了一声操，那俩大内侍卫却大义凛然地冲我举起中指（**中国人经常用这种动作来表达民族自豪感和对敌人的蔑视，参见《北京人在纽约》最后一幕。辛注**），我明白那是什么意思。

听小和尚讲，大内侍卫私下里还说，当初跟着这个臭和尚是希望能够吃香喝辣，升官发财，至少取经回来可以立个一等功，能在钢盔上多插几根鸡毛，封个将军什么的，没想到受这种洋罪，娱乐生活一片空白，拉出来的全是一股草味。倒不如宰了我，领着那几个舞蹈家去当土匪。我现在总算明白了，人真的不可貌相，很多肌肉发达的雄性灵长类动物，也不过是做土匪的材料。

后来那俩大内侍卫经过艰苦的思想斗争，终于下了决心，准备把我和小和尚剁了，奔向他们心中的自由天堂。他们把我俩绑在树上，需要说明的是，全部都扒光了。林子里蚊子很多，而且都是母蚊子，据我朋友研究，叮人的蚊子都是母蚊子，叮人吸血是为了交配的需要，不久就会死去。其实跟人相比，实在文明了许多，人为了交配何止叮人而已，动不动弄得人头满地。我朋友还有一个不雅的比喻，多少脑袋就是因为下边搬了家。六根不清净，什么事都可能干得出来。

母蚊子叮得我们几乎要休克！感觉屁股陡然增大了几倍，皮肤上盛开着一簇簇蓓蕾。他们向我晃动着明晃晃的刀子，研究从哪里下手效果更好。没想到才走了这么几步，我就要被自己人结果了。可回头想想，也不足为怪， 在这个世界上大多数死于非命的人，不就是被自己人结果了吗？就那些武装到牙齿的帝王们来说，至少一半以上也是死于非命，有被妈妈干掉的、有被儿子干掉的、有被哥哥弟弟干掉的、有被老婆小老婆干掉的、有被手边的奴子干掉的、有被叔叔舅舅干掉的、有被自己提拔的部下干掉的等等，死得质量都很低。真正被自己的敌人干掉的，真还不多。人们经常说“伴君如伴虎”，老虎不一定吃人，可老虎如果时刻觉着要被人干掉，难免不会得了强迫症，靠吃人求得心理的安稳与解脱。人为了摆脱恐惧，疯狂地获取支配权，可他们最后发现，拥有的支配权越大，其实恐惧并没有减少，而是成几何数增加。我朋友说，一个人官做得越大，胆子就会越小，膝盖就会越软，神经就会越衰弱。朝廷中红得发紫的大臣，其实都患有严重的强迫症或抑郁症，花天酒地其实就像吸毒，求个片刻的麻醉与欢娱，如此而已。

我告诉他们：如果你俩已经下了决心，就麻利点，不耽误你们找舞蹈家研究高雅艺术的时间。他们之所以最后没有宰了我，大概是动了恻隐之心或者怕陛下株连九族。所谓“法网恢恢，疏而不漏”，弄不好有一天走了背运，让陛下逮住，少不了要剐上几千刀。观音老师您可能不明白，我说的“剐上几千刀”指的是凌迟处死，这可能是人类历史上最精细、技术要求最高的杀人手段。优点是欲其死而不速，受尽折磨。一般是8刀，先切头面，依次为手足、胸腹、脑袋。实际远过此数，有24刀、36刀、72刀、120刀等。24刀为1、2刀切双眉，3、4刀切双肩，5、6刀切双乳，7、8刀切双手和两肘间，9、10刀切两肘两肩之间，11、12切腿肉，13、14刀切腿肚，15刀刺心脏，16刀切头，17、18刀切双手，19、20刀切两腕，21、22刀切双脚，23、24刀切两腿。在同类相残方面，人要比动物有智慧得多。之所以这么干，是因为它是一种表演，帝王们靠它吓唬群臣百姓，老百姓也靠它来发泄情绪。有时候，在某些人看来，杀人不见得就是坏事，而是一种集体的狂欢，就像吸毒一样。听我朋友讲，在古罗马，就有一种杀人的游戏，或者说运动。人们在死亡游戏中体会到莫大的刺激和满足，同时在别人的死亡中忘掉自己对生命的恐惧。当然，等这片刻的狂欢过后，更深的恐惧依然在等待着他们。美酒中掺和上人血，大概能调和出人间的极品佳酿。对于男人而言，杀人和玩女人，是最能展现其本能的方式。古罗马是这样，我大唐也是这样。

他们洗劫了所有的盘缠，包括您送的袈裟以及我的衣裤，然后打着口哨得意地离去。临走时还忘不了幽默一下，把我和小和尚的下边用草绳拴在一起，放了一只蚂蚱在上面翩翩起舞。我们被绑在树上整整两天两夜，期间只有几只狼和狐狸拜访过。它们大概是同情心作祟，不忍下手，放过了我们。其实我并不怕死，观音老师，我死过好多回了，只是想起您的托付与心中的理想，就有一种痛彻心扉的悲哀，所谓英雄出师未捷，身已先死。我不是英雄，也不想做英雄，不过就这样死了，多少有些遗憾。小和尚一直在旁边诅咒我，说是我祸害了他，即便是做了鬼，他也不放过我，要用师父的办法惩罚我。这种方法很奇特，我知道世上（包括东西方的任何地方）有火刑、水刑、斩刑、吊刑、鞭刑等等，没想到还有这种酷刑。我说当时我并不同意，是你自己要追求进步啊！他说自己是鬼迷心窍，而唐老师就是那个万恶不赦的鬼！

两天后我们侥幸获救了，获救时又看见了那两个大内侍卫，他们被扒光了，如牛羊一般被拴在一起，造型也不比我们在树林中风雅多少。救我们的是您送的袈裟。那俩大内侍卫扔下我们就去找了一家野店，在那里跟几个乡村女艺术家好好切磋了一下原生态艺术。酒足饭饱就去附近的一个土匪办事处应聘。办事处的工作人员把他们推荐给土匪头子。土匪头子见他们肌肉发达，又在大唐皇帝旁边做过侍卫，算是见过世面的人，就破格录取了他们。这兄弟俩为了显示他们是当土匪的好材料，就把洗劫我的丰功伟绩讲了出来，并拿出战利品袈裟献上。没想到那土匪头子居然是个居士，虽然无所不为，但对和尚从来很恭敬。据说他用做土匪弄来的钱修了不少寺庙，被和尚们誉为大善人，准备给他修一座金身，供乡民们瞻仰。所谓盗亦有道，流氓也有流氓的原则，一听自己的同仁遇难焉能不拔刀相助，所以就绑了他们来见我。

土匪头子长得很帅。他说自己本是农家子弟，也经历过十年寒窗，尽管成绩不好，但也混了个举人，当过某衙门的学政。但机关生活很不合他的心意，收入低，表面上是当官，其实也不过是奴才。后来实在觉着郁闷，没办法充分发挥自己的特长就下海单干了。因为有衙门里老朋友、老同事的支持，很快就成为当地最有实力的土匪。用他自己的话说，当地的长官要是不听他的，一天都别想在这儿干，弄不好还要被他送进刑部大狱。有位新科进士初来乍到，大搞社会治理，可结果呢，被他给彻底治理了，现在还被流放在西域放羊呢。进士当然是清官，但人总有缺陷，如果在他的周围挖满了坑，就算他再谨慎，最后还得掉进去。土匪头子叹息道：其实进士也是个好人，难得的好官，可我也没办法啊，错在他啊，敲打了好几回都不改，实在是太不懂事了！大概这也是我朋友所谓的政治黑洞效应吧。

难得他亲自为我们松了绑，并奉还了被抢走的衣物。为了表示自己是铁杆的佛教徒，他说要在我面前亲手宰了这两个人渣，为出家人出口气。那俩大内侍卫跪在我面前，哭得让天地动容：

唐老师，看在大家同事一场，您大慈大悲，就当我们是个屁给放了吧（长安小市民的口头禅。辛注），以后让我们天天当牛作马都愿意。出家人从不杀生，也不需要别人当牛作马。我求土匪头子放了他们，滚远点别再让我看见。不过，当我离开时，听见后边他们的哀嚎。显然土匪头子没把他们当个东西。呜呼哀哉！至于那些被抢走的盘缠，土匪头子模范居士提也没提。

侥幸活过来后我跟小和尚加紧赶路。小和尚不停地解释：唐老师，我是一时糊涂，实在不应该冒犯您，其实我本质上是一个追求进步的青年，今后将时刻准备着为理想献身，能跟唐老师一起共患难，是我祖宗八代的荣幸。他的话很快就兑现了。我们在一个山谷里遇到了一只老虎，以前在皇宫后苑里见过这玩意，都是各属国进贡来的，不觉得怎样，只是摇着尾巴过来舔王子公主拉的屎，然后志得意满地离去。以为那不过是个型号大一点的猫而已，其实娘娘们养的猫从来不吃屎的，至少我没有听说过。现在终于领教了它的厉害。小和尚看见老虎就跑，结果被老虎冲过去咬死了。就在我以为在劫难逃，等着它来干掉时，出现了一个剽悍的猎户。猎户杀死了老虎，我总算捡回一条命。说实话，尽管小和尚不时对我有不恭之处，对他的死我还是很难受。他还年轻，不管怎样，他是跟着我走上这不归路的，我对他的死有很大责任。如果不是为了对名利的虚妄，他不至于死，也许这是劫数。草草地掩埋了他，按照佛门的规矩，为他做了超度。希望他的灵魂能回到西方世界，或者他的家乡。

在姓刘的猎户家呆了一夜。原来猎户是秦州人，本在乡下务农，但由于苛捐杂税太多，日子实在过不下去，就逃到了山里来。猎户说：连生个孩子也要上税，谁受得了啊！原来浮华的所谓大唐盛世，到底也不过如此光景。国学大师们口口声声所谓自秦汉以来所未有也，可我目睹的一切，跟孔夫子感叹的“苛政猛于虎也”的乱世，又有什么区别呢？

第二天匆匆地穿越大唐的国界。站在界碑的这一侧，望着故国苍茫绵延的山水，心头有一种说不出的悲凉。离开长安已经好几个月，这几个月就像过了几十年，凡事逼迫着我不得不重新审视自己和这个世界，一切是那样的虚幻，一切又是如此真实。人世上的罪孽到底是因为人制造的游戏规则，还是人本身就是如此？我在心里寻找着它的答案，我找不到。故国只剩下最后的一瞥，前边的路不知又将如何？

小和尚死后我成了孤家寡人，尽管内心很空落，也只有匆匆赶路。没想到在一个叫五行山的地方，收了个猴子当徒弟。他姓孙，名悟空，号齐天大圣。初见他时，光景实在可怜，趴在一个石洞里，洞口很小，不时像黄鼠狼一般探出头晃来晃去。当地衙门为了发展旅游业，还在洞口树了一个牌子，上面写着这个稀有动物的特性，比如精通多门外语、擅长流行歌曲等等。为了创收，还有一项特殊服务，就是交一两银子可以向里边撒泡尿。据导游说，这样就能心想事成。尽管这一措施遭到了当地动物保护组织的强烈抗议，但由于现在是发展经济为纲，只好不了了之。把他放出来的时候，身上的臭味几乎让人窒息，费了几吨水才洗干净。开始当地衙门不同意我带他走，说这将严重打击本地旅游业，影响当地的财政收入。很多人来五行山旅游，就是为了看这个奇特的猴子，为了向洞里面撒泡尿求个好运气的。特别是听导游说，这个办法对治疗前列腺炎等男性疾病具有极好的效果，当地衙门正准备在这里建设一个男性病国际诊疗中心呢。可等我拿出了您写的条子和大唐皇帝的手谕，他们只好答应了。

从洞里出来，孙悟空似乎也不领我的人情。他说自己在五行山下已经压了整整五百年，论理说我应该叫他爷爷，既然这都是观音的安排，他权且吃个亏，给自己的孙子当几天学生。五百年，也许吧，反正他说话有点离谱，也就是挺能吹牛那种！他说自己如何混黑社会，如何在花果山快活，如何大闹天宫，如何在我佛如来的手上小便[1]。还说自己天下无敌，吐口唾沫也能淹死人，云云。对他的话我半信半疑，说实话，他不过就是个猴子，体格还没我健壮，就知道吹牛！我以为只有长安城里的人是这副德行，原来这年头连猴子也是如此。

我问他：既然你这么厉害，怎么会被压在五行山下五百年？他说那是因为在战术上犯了点小小的错误，被小人暗算。我说像你这种高精尖的人才，跟着我不是太委屈了？他知道我在讽刺他，就跳起来大骂：你这个臭和尚，要不是观音安排，我他妈的才不干这种鸟事！这几年老是走背运，碰见的都是些浑蛋。不用问，他所说的浑蛋当然包括我。我说那你走算了，观音老师那里我替你解释。这句话气得他龇牙咧嘴，准备扇我的耳光：你要是再说这种话，小心老子扒了你的皮，抽了你的筋！我只好闭嘴了，看得出，他不只是说说而已。把他惹急了，难保不会被一刀拿下。

观音老师啊，您怎么给我安排了这么一个徒弟？简直就是个恐怖分子嘛。看得出来，他跟长安大街上那些染红头发、衣服上

---

[1] 详情见《西游记》前几回，虽多谬误，但大致情状与事实相符。

挖个洞、腰里别把菜刀的亡命徒一样，是那种发育不成熟、脑子简单、无法无天、有严重暴力倾向、逮谁灭谁的家伙。要找这种家伙就不用麻烦您的尊驾了，到处都是。我被这种家伙整得还不够惨吗？您还是让他回他所谓的花果山吧，别再害我了！

祝好！

玄奘夜于五行山下某村舍

第五封信

齐天大圣的个人简历

贞观十一年　秋八月　壬辰

有人说，当流氓也没什么了不起，只要不突破基本的道德底线就行了，那么这个基本的道德底线又是什么？由谁来制定这个基本的道德底线？！杀一个人凌迟处死，杀千万人却供在庙里吃冷猪肉；耍一个女人是禽兽，被人用石头砸死，耍一堆女人却是风流，并写成文章四海传播。

亲爱的观音老师：

信已收到，谢谢您的点化与教诲。您说得对，我佛慈悲，慈悲就要宽容，宽容就是不能完全拿自己的标准判断别人、要求别人。这不叫普度众生，而是强奸民意。在很多方面，动物不一定比人差，起码动物不会同类相残，动物不会胡作非为后装成柳下惠[1]（中国的正人君子经常YY的对象。辛注）无论对于人或动物都不能求全责备，我佛的宗旨不是培养完人，而是有点人样的哺乳类动物。

悟空虽然有很多缺点，但至少业务能力过关，有本事的人都比较牛，喜欢玩点个性，这也没什么大不了的。至于"志同道合"，就不勉强了，只要"志不同道不合但为了一个目标能混在一起"，就应该谢天谢地了。对于悟空，我也不该期望他有太高的觉悟。您的话我明白，观音老师放心好了，我会照您的意思处理好的。

伯牙与钟子期的关系当然令人神往，但那只是个例，是人类最美好的昙花一现罢了。他们已经死了，人间再无伯牙与钟子期，也不再有管仲与鲍叔牙。管仲要是碰见现在的鲍叔牙，怕是小命早没了。在史太公《史记·管晏列传》中我读过管仲与鲍叔牙的故事，真的让人"虽不能至，然心向往之"。他们两个是我华夏春秋时代的人物。按照孔夫子的说法，那是一个礼崩乐毁、人心大坏的年月。可就在那样的年月里，我华夏民族不时闪现出人性中

[1] 春秋时鲁国大夫。据元陶宗仪《南村辍耕录》载，柳"夜宿郭门，有女子来同宿，恐其冻死，坐之以怀，至晓不为乱"，被孔、孟二夫子称为"圣之和者"，其弟为当世最有名的强盗首领柳下跖。

最璀璨的智慧光芒，就像流星划过，美得让人心醉。年轻时，鲍叔牙比管仲家富有，他们合伙做买卖，每次赚了钱，管仲总是多拿些，朋友都认为鲍叔牙糊涂，吃了大亏。可鲍叔牙不以为然，他认为管仲家境不好，有老母要奉养，多拿一些是应该的。管仲和鲍叔牙一同上战场，管仲总是躲在最后面，一点不勇敢，别人很不满，可鲍叔牙解释说，管仲家有老母，又是独子，他死了，老母谁管啊。后来管仲也曾几次为官，但表现不好，被免职，大家都耻笑他。而鲍叔牙为朋友辩解说，管仲并不是不能干，只是运气不好，这些小事不适合他来做，他能力很强，可以做大事。后来，管仲辅佐公子纠失败，而鲍叔牙辅佐的公子小白取得齐国政权，公子小白就是齐桓公。齐桓公即位后，请鲍叔牙当宰相，鲍叔牙不干，极力推荐管仲。齐桓公有点上火，因为在战场上管仲曾险些要了他的命，杀了还来不及呢。鲍叔牙告诉齐桓公，如果要齐国强大，称雄天下，非管仲不可。后来齐桓公拜管仲为相，齐国大治，成为霸主。没有鲍叔牙这样肝胆相照的朋友，怎么可能有伟大的政治家管仲？管仲当然心里明白，说过一句很深情的话“生我者父母，知我者鲍叔也！”平生如果能有一个鲍叔牙这样的朋友，就算一无所有，也无所遗憾了。

对于悟空，也许上次我说过的话有些重了，至少我不该怀疑他的业务能力。他已经向我展示了他在这方面多么优秀，真的，人才难得啊。前日碰见六个山贼，他不费吹灰之力摆平了，在我看来，简直就是天神下凡，绝非大内侍卫可比。看来他的那些英雄业绩，也不一定都是吹牛的。昨日我们又遇见了几只老虎，他上去三下五除二就收拾了，还扒下虎皮围在下边。这样也好，否则整天光着屁股也不太雅观，引来赶时髦的女人们围观，赞叹：大唐到底是开化的文明大国，连出家人也这么个性，这么酷。其实到目前为止，在大唐我还没见过像悟空这种酷法的出家人。据说，在我们路过的城市，各种型号的新女性正在就要不要男人彻底解放下半身展开大讨论。

就这个问题，我不妨啰唆几句。其实这也不是什么新鲜玩意，古希腊、古罗马的英雄雕像都是露着他们的下边。在我中华的远古，先民们就喜欢在庙里供一个硕大的男人下边，把它当神一般顶礼膜拜，所谓石祖。我大唐的政治教科书《周礼》中讲“镇圭，天子守之”“桓圭，公守之”“信圭，侯守之”“躬圭，伯守之”。意思就是天子在祭告祖先时，捧着一个1.2尺玉做的男人下边；诸侯见天子，拿一个0.9尺长的玉石男人下边，以此类推。自大汉以后，那些各种规格的玉石男人下边就变成了笏板，王公大臣们每天上朝时就捧着它坐而论道。唯一有所改良的是多了一个临时笔记本的功能。看来新女性们的时髦玩意，根本就没有一点新意。如西方的圣人所言，太阳下边没什么新鲜事[1]，如此而已。

可说实话，悟空的道德品德实在让人不敢恭维，最糟糕的是以下几点：

第一，我行我素，组织纪律性太差，谁也管不了他，他也不让人管，老子天下第一，我偶然说他几句，他就龇牙咧嘴，要把我废了；

第二，修养太坏，信口雌黄。他从石缝里挤出来就没受过什么教育，开始在花果山当土匪头子，整天跟一帮黑社会的流氓混，

[1] 参见《圣经·旧约》，传道书1-89“日光之下，并无新事”。

后来胡作非为抢了个齐天大圣的名头，但基本上还是街上小混混的禀性，动不动就骂娘，反正他没爹没妈，在这点上别人占不到便宜；

第三，这个家伙有严重的暴力倾向，逮谁灭谁。这种人老觉着自己永远在真理的一边，只要谁让他不舒服，就让谁消失，说好一点是流氓无产者，其实就是流氓习气！我朋友说，流氓一般有两种，一种是穿鞋的流氓，一种是光脚的流氓，穿鞋的流氓往往是社会名流，光脚的流氓往往是打黑的对象。比如说那六个山贼，人家已经缴械投降了，按照人道主义的原则，战俘是应该优待的，但他非要冲上去弄成肉泥不可。

我发现，他对杀人或毁灭有一种天生的快意。在这方面，悟空倒是一点也不会寂寞。据我朋友的研究结果，很多帝王将相、"造反领袖"、黑社会流氓以及恐怖分子都与他惺惺相惜。表面上看，他们的杀人是为了一个或高尚或龌龊的具体目标，其实很多人更享受杀人放火的过程。这就是强者的游戏，所获得的快感自然非赌博等可比（**不明白这一点，就无法读懂人类的历史。辛注**）。我对悟空说：悟空，我们是出家人，不能杀生的。他就冲我竖中指，意思我明白，他时时刻刻都以这种粗鲁的方式来体现他的尊严和对我的蔑视：唐老师，你一个小白脸懂什么！要是连这么点屁事都不能做，做人还有什么意思？

既然他这个态度，我也无话可说。反正只能用人所长，忍其所短了。这就是所谓的"曹操用人机制"[1] 或者"曹阿蛮人力资源

[1] 据陈寿《三国志·武帝纪》，曹操在用人上主张"举贤勿拘德行"，"举士勿废偏短"。

管理模式”，其实也是很无奈地选择，当正人君子只知道涂脂抹粉喝药酒把驴当老虎[1]的时候，也只有找些麻利的流氓来做事了。记得当年刘三造反时，有一个叫郦食其的读书人去他那里应聘，刘三正在洗脚做足底按摩，一听是文化人就让人家立马滚蛋。后来郦食其说自己是“高阳酒徒”，刘三兴奋得连鞋子也来不及穿，光脚穿着裤头冲出来拥抱，好不容易找到了个好兄弟。所谓“竹帛烟销帝业虚，关河空锁祖龙居。坑灰未冷山东乱，刘项原来不读书”。刘三是聪明人，“高阳酒徒”不就是大流氓嘛！只有大流氓才能一起干大事业。

这种逻辑听起来很混蛋，是不是，观音老师？可历史很多时候就是建立在这种混蛋逻辑上。尽管这是所有智者也包括您的困惑，可一个不混蛋的答案又在哪里呢？孔夫子和他的弟子玩了几千年的贤人政治或好人政治，可结果呢？不是说没有好人和贤人，可夫子梦寐以求的尧舜之世何曾出现过啊。有人说，当流氓也没什么了不起，只要不突破基本的道德底线就行。那么这个基本的道德底线又是什么？由谁来制定这个基本的道德底线？！杀一个人凌迟处死，杀千万人却供在庙里吃冷猪肉；耍一个女人是禽兽，被人用石头砸死，耍一堆女人却是风流，并写成文章四海传播。到底是怎么回事呢？我认同您说的宽容，可我们应该去宽容谁，或者说拿什么作为一个普世的标准？

有件事要特别向您报告，今天给悟空办了手续。他本来就来路不明，用大唐不雅的话说就是个野种，以后又一直混黑社会，

[1] 参见南朝·宋刘义庆《世说新语》、北宋李昉等编纂的《太平广记》、鲁迅先生的《魏晋风度及文章与药及酒之关系》等文献。

虽然做过几天长官，比如相当于从九品的弼马温，所谓齐天大圣只是荣誉称号而已。但一直没有注册，是个黑户。况且在五行山下关了500年，物是人非，早就弄不清楚他的身份了。没有档案、没有身份证和护照，一路上就会遇到很多麻烦，弄不好要被抓起来送到巡捕头子小舅子的银矿上去立功赎罪。

我找他们的礼部通融了一下，他们同意就近找一家衙门解决这个问题。在衙门接待我们的是一个类似典史的小官吏，见我们是外地人，又没有送礼，态度极其糟糕。在填表的时候，他问悟空的性别，我说男，他就嘲笑我：猴子只分公母。这话当然刺耳，我正想解释几句，在我大唐说公母是很不礼貌的。没想到悟空已经冲过去向人家挥舞着中指。咱求着人家，这种挑衅人家自然不会罢休。典史跳起来撕开上衣，指着身上的伤疤吼：孙子！想操爷爷的娘，知道爷爷是谁吗？爷爷参加过……显然每一个伤疤都代表着一段辉煌的历史，人们必须因为那些伤疤对他表示敬畏。

贞观三年，有位年轻的御史攻击一位跟陛下在太原起兵、一起打江山的老臣。陛下为了现身说法，为自己的兄弟开脱，就让那位老臣在朝堂上扒下裤子，然后指着屁股上的伤疤对全体大臣进行了一堂忆苦思甜的教育。据说效果相当好。那段时间整容院的生意特别火爆，主要工作就是在各级大臣的屁股上刻出各种款式的伤疤。大臣们在朝会的时候，动不动就假装不小心露出自己的屁股，以显示他们对大唐的贡献。平时聚首，也不再互相作揖磕头，而是脱下裤子、弓着腰彼此把屁股蹭一蹭。国学院为此还出版了很多理论专著，一时间非常畅销，特别是讲功勋屁股制作工艺的工具书，所有官员几乎人手一册。最后由于国际人权保护组织和老臣们的抗议，才不得已被禁绝了。老臣们认为这些盗版的功勋屁股严重侵犯了他们的权利，大唐的妇女们也游行集会甚至发生武装骚乱表示抗议，认为男人们的这种行为严重影响了她们正常的夫妻生活。

典史的话还没说完，悟空一个耳光就上去了。他的脸马上变了形，满口喷血像火山爆发。悟空还把他的牙挖出来，一个一个摆在他面前的桌子上，指着他笑骂：爷爷参加过黑社会，砍过几千个人，修理过阎王爷，大闹过天宫，爷爷还在如来佛的手上撒过尿，你干过吗？典史想夺路而出，结果又被悟空拎了回来，直到办完了手续。

那种血腥的场面让我恶心得想吐。而且他不管是见着谁，总是不停地炫耀他如何大闹天宫，在我佛如来的手上撒尿，实在浅得过分了点。那种胡作非为的行为算不上英雄壮举，就算是英雄壮举，也没必要天天想当年啊。在长安时，有个朋友告诉我，他从来不看历史书，因为上面有很多强盗在为他们的丰功伟绩沾沾自喜，动不动就是老子当年如何过五关、斩六将云云。

手续总算办好了，我给您附了一封在后边。特别要感谢您给的那个金刚圈，我骗他戴上，然后偷偷演习了一下，他痛得满地找牙，想一棍子打死我却没一点机会。后来总算是服了软，跪在地上向我表态：只要唐老师您不再念紧箍咒，我一定绝对听从唐老师的教诲，不说脏话，不随便打人骂人，爱护公共财产，严格要求自己，做一个有理想、守纪律的好青年。其实我又何尝愿意跟他作对，只是遇上这种欺软怕硬的家伙，只能用一些非常的手段罢了。

这是不是也算以暴易暴呢？我不敢想太多了，想多了神经会受不了的。我朋友说，一个人不开心，就是因为想得太多。也许是吧。祝您过得开心。

玄奘于鞑靼国王室招待所地下室

附：孙悟空个人简历

<table>
<tr><td>姓名</td><td>孙悟空</td><td>性别</td><td>男</td><td>政治面貌</td><td>群众</td><td colspan="2" rowspan="3"></td></tr>
<tr><td>成分</td><td>地主</td><td>身体</td><td>良</td><td>籍贯</td><td>敖来国</td></tr>
<tr><td>身高</td><td>1.50M</td><td>体重</td><td>40公斤</td><td>血型</td><td>ABC</td></tr>
<tr><td>婚否</td><td>否</td><td>年龄</td><td>550岁</td><td>学历</td><td>中专</td><td>学位</td><td>无</td></tr>
<tr><td>专业</td><td>武术</td><td>职称</td><td>高级技师</td><td>职位</td><td>从九品</td><td>毕业院校</td><td>民办三星洞学院</td></tr>
<tr><td>家庭成员</td><td colspan="7">父：石头　母：石头</td></tr>
<tr><td>基本经历</td><td colspan="7">从石缝里挤出来，发现水帘洞，组织黑社会；
赴民办三星洞学院求学，师从菩提老祖教授；
大闹东海龙宫与地狱，声名鹊起；
在花果山推动体制改革，为造反做准备；
受招安出任弼马温，相当于从九品；
大闹天宫，重返花果山自封“齐天大圣”，被通缉；
大败玉帝派出的武装到牙齿的正规军，威震四海；
再次受招安，获齐天大圣荣誉称号；
大闹蟠桃盛会，获罪玉帝老婆，再次成为通缉犯；
在如来掌中撒尿，被判刑压在五行山下；
为唐僧所救，拜其为师，共赴西天取经；</td></tr>
<tr><td>受过何种表彰处分</td><td colspan="7">从未受过任何表彰，没干过什么正经事，两次被通缉，
曾被判处有期徒刑500年。</td></tr>
<tr><td>海外关系</td><td colspan="7">有，菩提祖师，师父。</td></tr>
<tr><td>熟悉何种外语</td><td colspan="7">鸟语、兽语、汉语、大食语、天竺语、妖界语、魔界语等等，以及各种方言。</td></tr>
<tr><td>有何特长</td><td colspan="7">语言表达能力强，精通各种武艺，七十二变，筋斗云，火眼金睛等。</td></tr>
<tr><td>缺点</td><td colspan="7">文化素质比较差，文明修养差，组织纪律性不强，个性暴躁，有严重的暴力倾向，大男子主义，个人主义。</td></tr>
<tr><td>个人鉴定</td><td colspan="7">本人坚决拥护我佛如来的领导，坚持以先进的文化来武装自己，积极实践，加强学习，从以往的错误行为中吸取教训，努力提高自己的思想素质与业务水平，艰苦奋斗，戒骄戒躁，大力开展批评与自我批评，全心全意为天下苍生服务，在唐老师的领导下，为西天取经的伟大事业努力奋斗。</td></tr>
<tr><td>主管鉴定</td><td colspan="7">悟空品德端正，业务强，外语好，是难得的国际化人才。虽然过去政治上有污点，但本人已经幡然悔悟，本着治病救人的目的，没必要再追究。希望以后能够进一步改正自由散漫的习性，加强组织纪律性，特别是加强理论的学习，提高修养，使自己得到全面发展。</td></tr>
</table>

第六封信

白龙马的前世与今生

贞观十二年　春二月　丁卯

世上很多高尚的事其实是逼出来的，包括圣人很多都是这样制造出来的，如果给他们下流的机会、胡作非为的机会、当奴才的机会、堕落的机会，他们也许根本就不可能去成就所谓高尚的人生。有人说这是命运，命中注定有些人被迫成为圣人，万古流芳，其实他们更希望当个流氓。这说明圣人可以努力，但当个好流氓得有资格。

亲爱的观音老师：

先要感谢您救了我，我真是个废物，什么也搞不定，尽给您添麻烦。不过我也要抱怨您几句，实在是太不够意思了。听悟空说，您都亲自来了，怎么就不见我一面呢？是嫌我窝囊，让您失望？还是有什么得罪之处？可我一直很思念您的，如果下次来再不见我，我就要罢工了。当然，这是玩笑话。

听说悟空又惹您生气了。刚才我还训了他一顿，我说人家观音老师给咱们帮忙，从来都不收一毛钱的劳务费或出场费，你怎么能这么不懂事，给人家脸色看？看得出这个道理他是明白的，不过这个混蛋嘴上不饶人：唐老师，你闭上臭嘴好不好！如果不是因为你这个废物，我早飞到西天办完事，回花果山快活去了。我不想跟他理论，按照他的逻辑，我不就是个废物吗？最近我老在想，一个人是不是废物其实并不完全取决于自己的能力，更重要的是他的价值观和他所面对着一个怎样的游戏规则。如果你面对的是一个政治黑洞效应作怪的"灰性社会"，那么宽厚、诚实的人也只能是废物。要么你放弃，要么你被淘汰出局。这种游戏规则实际上为任何不道德的行为提供了某种合理性，起码过去的历史就是这样的。

希望您能够原谅悟空，他跟历史上那些大明星唯一的区别是，他丝毫不克制和掩饰自己的作为，因为他还没有学会给自己立牌坊。毕竟他受的教育少，从小就是个混混，让一个混混学得有礼貌、讲规矩，那不是一天两天的事。他这种人无时无刻都要证明自己最了不起，不会把任何人放在眼里，以为在这世上没有他搞不定的事，实际上很多事情他就是搞不定，搞不定他也不会承认自己没有想象得那么牛。希望以后能够多给他一些思想教育，帮助他多少转变一些，至于本质的变化不敢奢望。

原来那只孽龙是东海龙宫的老板敖闰龙王的太子，也是个贵胄子弟。用我朋友的话说，所谓贵胄子弟就是一种适应性差成活率低严重退化了的寄生虫，如李唐皇室的那帮公子哥儿。龙公子当年跟长安城的那些贵胄子弟一样，肯定也是作威作福、锦衣玉食，今天却沦落如此，真的是落架的凤凰不如鸡啊。

比较一下，龙公子和悟空都为所欲为，但也有本质区别。悟空虽然在花果山当过小老板，但出身贫贱，没几个人当他是回事，流氓无产者罢了，这种人想胡作非为就得靠自己。而像龙公子这样的贵胄子弟，靠着老子的权势就可以肆意妄为了。从危害性看，其实悟空这种家伙更可怕，因为他们什么都没有，所以为一己之私什么事都干得出。而贵胄子弟们起码会去维护自己制定的游戏规则，尽管这种游戏规则也很糟糕，但有总比没有强啊。悟空他们说是为天下苍生在奋斗，因此很容易被老百姓当作偶像供奉在庙里吃冷猪肉。其实那只是为自己的种种作为找一个借口，他们更享受的是破坏的过程。悟空和龙公子这两种人都是强盗，唯一的区别一种是穿鞋的强盗，一种是光脚的强盗，人世间就是被这两种强盗玩来玩去，永无宁日。

龙公子之所以被贬到凡间，是因为触犯了他们自己的游戏规则。他老爸之所以亲自收拾他，是因为作为一个优秀的政客（没有政治理想，为了一己之私以玩弄权术为乐的政治机器。辛注），连儿子、老婆经常也是他玩弄权术的筹码。据野史记载，战国时期的富豪兼政客吕不韦为了实现自己的政治目的，把自己的小老婆献给秦始皇的爸爸，生下嬴政，也就是后来很了不起的秦始皇。如果真是这样的话，那应该是我华夏历史上以女人为资本最成功的投资了。很多帝王把自己的女儿送给自己的政治敌人，也大致如此吧。在政治利益面前，任何感情和人伦似乎都必须投降。

话说回来，这也是一个非常高明的策略。假如玉皇大帝怪罪下来，龙王的位置不保，公子也要成草民。倘若迂回一下，表面上老龙王大义灭亲，实际上只要他的位置保住了，龙公子不过受几天罪，然后公子还是公子。人世上同类的游戏，也可做如是观。假如没有这层关系，龙公子会整天给我恭顺地当牛作马吗？这就是所谓“杀车保帅”的战法，很多大义灭亲的青天大老爷就是这样制造出来的。

不过虽贵为公子，跟长安城的贵胄子弟们相比，龙公子的手艺还算不错。至少把悟空搞得没一点脾气。说实话天上地下，能跟悟空干上几个回合的不会太多。长安城的贵胄子弟们除了拉帮结派，吃喝玩乐，下半身比较发达，上半身实在不敢恭维。普通人是自己的上半身养活下半身，他们是他老爸的上半身养活他的下半身，太平盛世，更是如此。这样也好，悟空就是欠修理，这种人欺软怕硬，性格很像某国人。也许这样说有点侮辱悟空，对他不公平。

据我了解，龙公子小时候是个很憨厚的孩子，不太说话，相貌堂堂，品行也端正。问题出在他是龙王的继承人，龙公子的品行直接影响着所有官员的将来。一部分人尽量给他灌输仁义道德，希望把他培养成有道明君，实现自己平天下的理想；而更多的官员则想尽办法把未来的继承人拉下水，一个有道明君对他们来说是一场灾难。他们更希望一个不务正业的混蛋主子，这样大家就可以过上好日子。

自龙公子出生起，这两股力量就展开你死我活的争夺，一般来说，后一种人会赢。原因有二：第一、人都有惰性，何况一个养尊处优的公子哥；第二、无论数量还是整体实力，后一种人远胜于前者。从这种意义上讲，贵胄子弟特别是龙子龙孙的堕落，实际上是手下奴才们的一场阴谋，能幸免的实在不多。他们的心声可以用一句口号来总结：就怕他不堕落！

在长安时，官场上秘密流传着一份未来接班人培养计划书。我的朋友曾私下让我看过。可时间长了，我记得不太清楚，但大概意思还记得一些。现抄下来给您看，附在了信的后面，您看了就知道我说的不是妄语。

现在又多了这么一个曾经养尊处优的公子哥，再加上悟空这个无法无天的家伙，观音老师，我的好日子可真是要来了。有位山神（**相当于大唐的村长。辛注**）说：唐老师您现在收了龙王的公子当部下，那可是攀了高枝，我们一辈子连龙王的毛都见不到，唐老师您要发达了。看得出他们羡慕得要死。我才不想攀龙附凤（**一笔投资少见效快，但风险最大的生意。辛注**），谁知道是祸是福，怕是拿着砒霜当蜂蜜吧。当年悟空大闹龙宫，打死了龙王不少手下，抢走他祖传的定海神针，现在我又把他的儿子骑在胯下，说不定是旧仇未报，又添新恨，他老人家正在谋划着过一阵子收拾我们呢！能够是非分明，不“秋后算账”的政客，全世界怕也找不出几个，比如韩信等。

听说悟空告诉您他不想跟我干了，您没说，我早就知道。悟空这种人要不是您逼着他，他早就一棍子办了我，回花果山过他的舒心日子了。所谓的西天取经、普度众生用他的话说是吃饱了瞎折腾，纯属有病。他这种人表面上大义凛然、侠骨柔情，事实上很现实，不可能为所谓的理想献身。在他的眼中我是神经病加孬种，幸亏您搞了一个紧箍咒制着他。有一天我睡得晚，看见他用金箍棒在撬头上的金刚圈，撬了整整一晚上，口里还不停地在骂娘。最后实在不解气，就拔出一根猴毛，吹了一口气变成“我”。他命令“我”脱光衣服，然后冲过来噼里啪啦揍得“我”鼻青眼肿。他让“我”跪在地上，然后把我当尿壶，说什么让你这个混蛋也享享老子当年的福。等尿完了，他又拿出一把猴毛，变成一群五官错位、奇丑无比的女人，有的还长着大胡子。在他的命令下，她们张着血盆大口呼啸而来。后来，他有些累了，不想玩了，就一刀干掉“我”的脑袋，让“我”自己拿着挂到院子里的树上去，院子里有两棵树，一棵是柳树，另一棵也是柳树……

我没有打扰悟空自导自演的这幕闹剧，也许他太需要这种发泄了。对于一个习惯了我行我素、老子天下第一的人来说，紧箍咒对他无疑是一种莫大的侮辱（紧箍咒的意义在于：即使牛B如齐天大圣，自由也得有限度。辛注）。望着他脸上得意的笑容和得意后边的绝望，我心里觉着很悲凉。我感觉自己是押着一帮犯罪分子去朝圣，时刻得提防他们杀了我逃跑。也许我想多了，可这是我心里的话啊。

我朋友曾说，世上很多高尚的事其实是逼出来的，包括圣人很多都是这样制造出来的，如果给他们下流的机会、胡作非为的机会、当奴才的机会、堕落的机会，他们也许根本就不可能去成就所谓高尚的人生。有人说这是命运，命中注定有些人被迫成为圣人，万古流芳，其实他们更希望当个流氓。这说明圣人可以努力，但当个好流氓得有资格。假如有一天悟空踏着七彩云朵，成了万世景仰的英雄，其实那不是他的心愿，他的心愿是在花果山快活地当土匪头子。

据我大唐经典《吕氏春秋》上记载，圣人戎夷和弟子到鲁国去，可赶到鲁国时城门已关闭，只能露宿城外。晚上冰天雪地，眼看两人都要冻死。戎夷骗弟子说："把你的衣服给我，我就能活；把我的衣服给你，你就能活。我俩只能活一个！我是个了不起的人，死了损失太大，你就无所谓了。所以把你的衣服给我吧！"但被他的弟子断然拒绝。戎夷只好脱下衣服给弟子，很快就冻死了。从此世上多了一个大公无私、舍己救人的大圣人。其实他老人家是死不瞑目啊，他的愿望本来是当个成功的骗子。

今天就到这里了，改日再说，祝您过得开心。

玄奘夜于上河塬古庙

东海龙宫接班人培养计划书（绝密）

	时间	目的	培养内容	案例（龙公子）
第一阶段	幼儿时期	为其创造一个堕落的环境	引诱他的爸爸、妈妈、奶奶、身边的奴才等等堕落	向龙妈和龙奶奶献上财宝与男色，引诱龙宫的宦官与宫女吃喝玩乐。
第二阶段	童年时期	培养其堕落的萌芽	教给他脏话、随便使唤人、欺负人、自私自利唯我独尊	指使宦官教给龙公子各种脏话，经常组织公子观摩各种堕落活动。
第三阶段	少年时期	使其具备堕落的基本素质	灌输读书无用论，避免接受仁义道德，对吃喝玩乐开始产生浓厚兴趣。	教龙公子逃课，替他抄作业，对其实施性骚扰，为其提供黄色小说。教会其各种赌法，使其认同声色犬马的生活方式。
第四阶段	青年时期	使其逐步开始堕落	帮他乱找女人，赔钱让他热爱赌博，鼓励他整天游山玩水，挥霍无度。	送美女蛇给龙公子。凑钱交给他身边的人陪他赌博，越赢越上瘾。陪着他到处打架斗殴，当瘪三。
第五阶段	成年当权	彻底堕落	只知道吃喝玩乐，被他们玩弄于股掌之间。	没来得及就被玉帝处置，不过将来还有机会。

第七封信

保一方平安的猪八戒

贞观十二年　夏四月　壬午

一旦有利可图，一切就变样了。所谓赴汤蹈火、两肋插刀，就成了把朋友扔进火坑，在朋友的两肋插上两刀。很多时候，朋友就是那种随时准备用来出卖的东西，或者说贪婪的本性使友谊成为人世上风险最大的投资，因为只有朋友最熟悉你，最明白怎么置你于死地。

亲爱的观音老师：

急着给您写信，是想就这几天发生的事，向您解释一下。供奉您法相的观音寺被烧得一干二净。虽然是悟空干的，但首先是我的责任。毕竟我是师父，我没有管好他。希望您千万要见谅。可话说回来，真正的始作俑者，是那些无良的僧人。我并不想为自己辩护，但为人要是非分明。我知道您不会追究这件事，这是爱护我，我心里感激不尽。至于悟空嘴上又骂您的娘，您就大人大量，千万不要记在心上，他毕竟当小混混惯了，一时半会改不过来！

一切都因为您送的那件袈裟，整个事情基本上分三个阶段：

第一阶段，我们在观音寺借宿，本来没什么事，睡一晚就走。出门人随遇而安，何必惹太多麻烦。可悟空硬要跟方丈斗富，跟长安城贩卖大力丸的暴发户完全一个嘴脸。所谓奴才变成地主，比地主还地主（**最著名的代表如晚唐的黄巢，明末的李自成、张献忠，晚清的洪秀全等等。辛注**）。没想到那个老家伙一见您送给我的袈裟就起了邪念，想据为己有。为此，他手下的两个智勇双全的小和尚出了个馊主意，要一把火烧死我等。

第二阶段，老家伙的阴谋被悟空识破，悟空就来了个将计就计，从天庭防火大队借来避火罩把我等护起来，然后等着老家伙来烧。火起时悟空故意制造了大风，火借风势，把观音寺烧成废墟。黑风洞的老板黑风大王是老家伙的哥们，见观音寺起火就过来帮忙，不想无意间发现了袈裟，雪中送炭变成了趁火打劫，偷了袈裟逃之夭夭。

第三阶段，大火彻底毁了观音寺，悟空又向老家伙索要袈裟，老家伙找不到，情急之下就撞死做个了断。通过小和尚悟空知道黑老板偷了袈裟，就去黑风洞兴师问罪，两人打了几百个回合难分胜负。最后还是靠您帮忙，收了黑风洞的老板，还回了袈裟。

仔细想想，所有这些其实都出在一个“贪”字上，世上的种种事端，都因贪婪而起，世间的悲剧，也是由贪婪而造。《八大人觉经》上讲“形为罪薮”，也就是这样的意思。是吗，观音老师？

第一，从老家伙看。面上是有道高僧，一大把年龄应该把世事看得云淡风轻。可事实上人是越老越贪。孔夫子有句话讲得好，“君子有三戒：少之时，血气未定，戒之在色；及其壮也，血气方刚，戒之在斗；及其老也，血气既衰，戒之在得。”[1]一个人活得太长而不自知，对自己是负担，对世界是祸害。至于他们之所以那么贪，是因为对自己的能力已不自信，不能像年轻时那样可以创造一切，既然创造不了，就只能用强盗的手段巧取豪夺。

第二，从小和尚看。他们年纪轻轻，却不学好，给老家伙出那种断子绝孙的坏主意。一方面是环境使然，从小跟着这么个师父，所谓“近朱者赤，近墨者黑”；另一方面心里大概本来就有坏种子。我朋友说，真正的坏人不全是后天教育的结果，从生出来就不是个好东西。他们给老家伙出馊主意，为的是拍老家伙的马屁，拍舒服了就会被提拔。老家伙为钱财不择手段，年轻人为机会不择手段，一个比一个来劲。

第三，从黑老板看。作为朋友就应该仗义相助，开始他的确是这样想的，可一旦有利可图，一切就变样了。所谓赴汤蹈火、

[1] 见《论语·季氏第十六》。

两肋插刀，就成了把朋友扔进火坑，在朋友的两肋插上两刀。很多时候，朋友就是那种随时准备用来出卖的东西，或者说贪婪的本性使友谊成为人世上风险最大的投资，因为只有朋友最熟悉你，最明白怎么置你于死地。

袈裟失而复得，观音寺可以重建，可人心呢？人心里的魔影能改变吗？假如这些魔影不能改变，袈裟与观音寺又有何用？假如人性本来如此，那么佛法真的有用吗？要让善成为世间的主流，起码在人的心中，应该有向善的种子啊。如我朋友所言，那些生来就坏的东西，到底怎么办呢？烧香时不可谓不虔诚，烧完香没出庙门就胡作非为，观音老师，这样的人真的少吗？

今天又收了一个徒弟，我给他起了个名字叫八戒。也许什么都戒不了，只是希望他能够适当控制一下下半身。八戒原本是天蓬大元帅，少说也是个将军吧。跟长安城里的那些将官们一样，他的荷尔蒙实在分泌得太厉害，下半身总是不听上半身指挥。可能那里没有类似"军中乐园"的编制，天蓬大元帅无法像长安的将军们一样随时得到发泄，总是处于亢奋状态。我朋友说，在我华夏的历史上，女人为国效力的方式，有两种比较特别，一种是给自己人睡，如营妓、军妓等等；另一种是送给敌人睡，比如王昭君、貂蝉、西施等等。"军中乐园"就是女人精忠报国的重要舞台之一。最后天蓬大元帅竟然色胆包天，要吃嫦娥的豆腐。

嫦娥以前是神射手后羿的老婆。据《淮南子 · 本经训》中讲，尧当权时，天上出现了十个太阳，草木都被晒死了，老百姓没有粮食，几近绝命。于是尧派后羿射掉了其中的九个，生灵才得以苟存下来。后来，后羿向玉皇大帝的老婆王母娘娘讨得不死之药，本来夫妻俩准备吃了一起长生不老，可嫦娥偷吃了所有的药，可能是药量太大，结果丢下老公飘到月亮上去了。但我朋友不这样认为，他认为这实为老公事业性太强、怨妇私奔的经典之作。嫦娥基本上属于那种胸大无脑的女人，背着自己的男人偷吃灵药，飞到了月亮上。据说嫦娥长得很美，所以很受玉帝喜欢，不时被招到宫里唱家乡的小曲。作为部下，八戒敢动这种女人，这不是找死吗？须知，好多帝王为了女人，连江山都不要啊（多为要寡妇不要江山，而非要处女不要江山，比如英爱德华八世等等。笔者正就寡妇何以对帝王将相有如此杀伤力展开研究，不久将有大作问世。辛注）。就这样，天蓬大元帅被打落凡间，也是命不好，投错了胎，成了现在这副尊容。

我遇见他的时候，他正在高老庄给人家当女婿。只是谁家招了这么个女婿，肯定是祖上做尽了缺德事。

八戒因为下半身的问题被贬凡间，按理说应该吸取教训，可他是狗改不了吃屎，看见女人就流哈喇子，血压升高。听他给悟空讲，那段时间他逛遍了附近的娱乐场所，所有娱乐场所的老板对猪哥哥的大名如雷贯耳。只是这位情圣从来都是找了姑娘不买单，要是老板们不听话，就把人家的地方砸个稀巴烂。我朋友说，情圣与嫖客最大的区别就是嫖客是一手交钱一手交货，情圣是嫖完了拍屁股走人，还赚女人的眼泪。不过八戒为此却受到当地衙门的嘉奖，因为自从八戒来到这里，所有的娱乐场所都关了门，因娱乐业引起的打架斗殴、抢女杀人等案件也没了，社会治安大为好转。原因很简单，大家都学他或者说是他的兄弟，玩了不交钱，赔本的买卖谁做啊。

姑娘们走了，八戒只好把目光瞄上别人的老婆。八戒说，那些被他搞定的女人有他勾引或强迫的，更多是慕名而来。在这方面八戒积累了丰富的经验，他说越装得冰清玉洁的越容易上手，对这种女人切切不要被表面现象所迷惑，装正人君子没用，她们最恨柳下惠这种男人，嘴上说公子如何道德高尚，其实心里骂你是个不解风情的废物。而是应该采取各种手段，嬉笑怒骂皆调情，她们最受不了这个。而对于那些慕名而来的，倒不妨搞点小情调，比如谈人生谈理想相约翠翠红红一起看流星雨什么的。

尽管八戒在别人家的阁楼上春风得意，前途无量，可自己现在是“保一方平安先进个人”，经常爬人家的窗户毕竟影响不好。特别是在八戒的努力下，本地的贞洁烈妇越来越少，或者说几近绝迹。贞节牌坊是我华夏最著名的四大形象工程之一。贞节牌坊陆续倒塌严重影响了地方长官的政绩。地方长官只好找他谈话：小猪啊，你可是我们树的一个典型，大旗不能倒啊，我们研究了，准备把你报上去参选十大俊杰，要珍惜这样的机会啊，你经常勾引别人老婆，影响不好嘛，还是找个正儿八经的老婆吧，年龄也不小了。八戒一想也对，就四处打听谁家缺女婿，甚至在好几家婚介所交了费。可惜见到的都是从垃圾堆里拎出来的黄脸婆。其实这件事另有隐情。八戒准备从良的消息让当地的一些怨妇肝肠寸断，为了使八戒继续作为自由职业者为其服务，她们就动用各种关系处处作梗。八戒之所以碰到的都是满身狐臭奇丑无比的女人，就不足为怪了。

最后找到高老庄，庄主正愁给三女儿找个女婿。开始庄主有点不同意，觉着八戒条件太差，学历低、出身低贱、没户口、收入不稳定，长得也不帅。不过回头一想，八戒是学历低点，可身体很壮实，干活是一把好手，总比养一头骡子强，最重要的是没爹没妈，以后挣了钱还不都是自己的。何况八戒当时装得那么腼腆、憨厚老实。八戒最终如愿以偿，跟庄主的女人进了洞房。不过没几天就原形毕露，不但整天哼着小曲什么都不干，一顿饭比十头猪还吃得多。庄主后悔还不如养一头骡子。最可恨的是，他经常变成黑猪样，除非是某些标新立异的新新女性，哪个女人愿意跟一头猪在一起？

庄主和女儿提出离婚。八戒开始不同意，后来就胡闹，要青春补偿费，数目高得惊人，就是把整个高家当了也交不起。庄主说：我女儿让你白睡了这么长时间也就罢了，你还有脸要青春补偿费？八戒说：爸爸此话差矣，是我白睡你女儿了吗？每次出力的都是我，这不算什么，我为她带去了多少快乐，为了让她活得舒服我付出了多大牺牲，要点补偿费不可以吗？庄主说：既然这样，你保证以后别再睡她了！八戒说：爸爸你好狠心，我是那种不仁不义的人吗，让自己的女人守活寡，男人要有点责任心嘛！

大家谈不拢，八戒就把老婆锁在后院，不许任何人进去，自己云里来雾里去，搞得高老庄不得安生。庄主告到当地衙门，说要把女儿从八戒手中要回来，主管的长官说我朝的婚姻法第一条第一款规定“嫁出去的女儿泼出去的水”，第四条第三款规定“嫁鸡随鸡，嫁狗随狗”，我们不受理你的诉讼！你还是找“女协”吧。高老头告到当地“女协”，“女协”秘书长说他并没有虐待你女儿，也没有搞重婚，我们不好管。最后碰见我们，悟空把这事给解决了。

不过我听说在古希腊，嫁出去的女儿是可以要回来的。在他们那里女儿永远是父亲绝对的私有财产，父亲有权把已经嫁出去的女儿要回来。即便是父亲死后，女儿作为遗产由儿子或其他男性亲属继承，同样享有卖出去要回来的权利[1]。

开始八戒还不服，既然当过天蓬元帅，也还是有点能耐。但几个回合下来，就被悟空制得服服帖帖。其实当年在天庭工作时，八戒不但知道齐天大圣的大名，还参加过围剿齐天大圣的军事行动。他知道打不过悟空，可心里委屈：我和老婆的家务事，"女协"都不管，你一个猴子掺和什么？当悟空亮明身份，他就老实了，原来很早您就叮嘱过他，要他随我西天取经。

八戒对这样的安排显然非常不满。他跟悟空一样对西天取经没多大兴趣。看得出他很郁闷。在高老庄的饭桌上他还叫庄主爹，好像还流了眼泪。饭后他来找我，求我：唐老师，明天要走了，您就恩准我跟老婆再睡一晚上吧，毕竟一日夫妻百日恩嘛。我告诉他：可是八戒你已经出家了，出家人有五戒[2]，最重要的一条就是"戒色"，色字头上一把刀啊，克制一下吧。他很不高兴：可我刚出家啊，唐老师，你也太教条主义了吧，就不能通融一下吗？何况我睡的是我老婆啊。我说就算是我愿意，恐怕你老婆不愿意吧。他听了这话很伤感，想了想自己睡去了。

翌日清晨，八戒起得很早，把院子扫了又扫，挑满了所有的水缸。临别时还反复地叮嘱庄主：爹，你要好好照顾我老婆，我跟唐老师做完了取经的工作，还要回来跟她一起过日子，你可不能把她便宜卖给别人啊，她是我老婆啊。听悟空说，八戒乘我不

[1] 据法安德烈·比尔基埃《家庭史》第一卷。

[2] 见《四十二章经》。

注意时，抓着庄主威胁道：你个老东西要是把我老婆给了别人，我回来就彻底废了你，让你们全家死光光，连个苍蝇都不让活。

庄主的女儿到底也没有出现，可从八戒的眼神中看得出，他非常想最后再见她一面。即便是我们已经离开了高老庄，他还一步一回头，应该是想看见她的身影。悟空嘲笑他是情圣加淫棍。不过就这一点，八戒比起长安城里穿上衣服就不认账的那些情圣，还是更有点人样。

就在八戒不停回头的时候，我想起辛酸的往事。很多年前，在巴山蜀水间，我就是这样一步一回头，告别了我的故事。也许每一个人都有一座属于自己的高老庄吧，只是对很多人来说，走进去的那一天，就注定要离开。每个人都在路上，我们向西，有人向东，对不对？

祝远方快乐！

玄奘夜于夹皮沟格姓农舍

第八封信

大情圣猪八戒的学问

贞观十二年　秋八月　戊子

其实他不知道，眼泪有时候不是软弱，而是一种生的悲凉与无奈。这种悲凉和无奈不单单是因为我自己，而是因为个让我困惑的命题，——假如生命是没有意义的，那我们一切行为的合理性又怎样解释？也许最好的方式就是你永远不要去问这个问题。

亲爱的观音老师：

您好吗？您在来信中说了很多有关八戒的话，您说得对，要解决八戒这些人下半身的问题，不是靠一个人或短期努力就能奏效，这是一个需要全社会参与的循序渐进的系统工程。

阿房宫里装满了从六国搜刮来的女人，数万女人陪着嬴政玩[1]。嬴政短寿，刘三进了咸阳城，他的那些女人也就落入刘三囊中[2]。两个人都是跟八戒一样的家伙。一边是王公大臣们淫乱无度，一边是全国大兴土木修建贞节牌坊，我华夏的历史大致就是在这样的闹剧中演进。现在大唐陛下也占着一堆女人，还嫌不够，由国家掏钱养着一帮女伎，说是艺术家，可最重要的工作是满足长官们非艺术的需要。八戒比起他们实在是小巫见大巫了。据《礼记·昏义》，天子的法定老婆有6宫、3夫人、9嫔、27世妇、81御妇，共计126个，法定之外的就不计其数了。按规定每月1到9日，81御妇陪天子，每夜9人；10日到12日27世妇陪，每夜9人；13日9嫔陪；14日3夫人陪；15日皇后陪；下半月从头来过。实际上这个规定很难实施，一般都是天子跟皇后睡，皇后休息时，由其他老婆替补。用凡间的话说：问题出在第一排。不解决第一排的问题，就算是天天扫黄，也只是多出几个八戒这样的模范而已。

在这方面，据我朋友的研究，东西方真是不约而同。在西方的基督教世界里，听说也够乱的，有的红衣主教占有一处住所，房中藏有

---

[1] 见《说苑》卷二十五。

[2] 见《史记·留侯世家》。

200 个女人，其中既有妓女，也有处女、有夫之妇、寡妇，还有许多修女。他们甚至把这些事公之于众。据说教皇英洛森特常常让人用钉子一点一点刺入人的大腿，用针扎男人的下边和女人的乳房，等等。

不说这些烂事了。看得出，八戒在业务上比悟空差远了，不过像他这样好吃懒做的人，有这样的手艺也就不错了。八戒没有什么值得夸耀的丰功伟绩，被传为佳话的就是当年吃嫦娥的豆腐。当然，有些标新立异的女人可能把他当做情圣，认为他是个有幽默感的男人。因为在我大唐，有时候幽默与滑稽、下流是分不清楚的，高度始终不会超过肚脐眼。在他们看来，那些流传弥久的黄段子就是幽默经典了。那些东西还被无聊的文人汇编成册（**最典型、最著名的就是《笑府》与《笑林广记》。辛注**），据说销量相当可观。也许在大唐女人的智商范围内，也只能欣赏八戒式的油乎乎的幽默。

前日在山里碰见了一个叫乌巢的禅师。这位老兄很个性，一直住在树上（**一辈子活在树上的非乌巢禅师独美，西方亦有，参见意大利作家卡尔准诺的《树上的男爵》。辛注**）。据老人们说，他在树上已经几百年了。其实在远古时代，我华夏的先人也是住在树上，原因是为了躲避猛兽的侵扰。现在很多长安的阔人也在秦岭山里大造所谓树屋，不时去逍遥几天。说是返璞归真，接近自然。抱着麻将返璞归真，到底是自然还是不自然呢？乌巢禅师在树上看惯了日月变幻、白云苍狗，对世间万象有非常深刻的体会。他特意给我传了一卷佛经，叫《金刚般若波罗蜜多经》，说是经常默念就能够逢凶化吉。我在心里反复琢磨了好久，有了一些体会。特别是其中有这样的句子："是诸众生无复我相、人相、众生相、寿者相；无法相，亦无非法相。何以故？是诸众生若心取相，则为著我人众生寿者。若取法相，即著我人众生寿者。何以故？若取非法相，即著我人众生寿者，是故不应取法，不应取非法。”乌巢禅师说明白了这些，就真正通透了。所有佛经的关键也不过如此。是啊，一切空都是实有，一切实有都是空，这跟我华夏老子所谓的自然，大概有异曲同工之妙吧。但有些东西依然不是很明了，还需要您的点拨。

后来在黄风岭遇到了很大的麻烦，制造麻烦的是黄风洞的老板黄风怪。开始我们不小心碰见了黄老板的马仔，一见面就跟悟空干上了。黄老板的部下怎么会是齐天大圣的对手，但这小子使坏，抓了我去向老板邀功。悟空和八戒见我被别人绑架了，就打上门向黄老板要人。后来才知道，其实黄老板并不想把我怎样，他也听过齐天大圣的威名，不想得罪这么个凶神。也就是说，这个问题是可以和平解决的。但两人一见面就相互骂娘，大家都是年轻人，火气大，谁也不服谁，只能干得天昏地暗。黄老板一看用常规武器打不过悟空，就使坏，放毒气（黄风）。那风可真厉害，吹得悟空与八戒在空中像豌豆一般颠来颠去，丝毫没有还手之力。黄老板觉着已经得罪了悟空，就索性把我绑起来当人质。

被绑在洞里时我想了很多，把自己几十年的风风雨雨梳理了一遍，心里有些伤感，但是绝没有文人们演绎的所谓恐惧。对于生和死我是能看通透的，有生就有死，死就是生，生就是死，这种东西没办法选择，比如生的方式或怎么去死。尽管生与死是每个人最关键的东西，但生与死从来与我们无关，谁也控制不了，安排不了。我已经说过，炼长生不老药的全死了，这是个巨大的讽刺。我们自然没必要为这种不相干的事伤心。我在妈妈肚子里时爸爸被人杀了，我妈当了强盗的老婆，出生后被妈妈放在篮子里随意漂在水上，后来被陌生人发现救了，送到庙里当了和尚。说这些话的意思是我应该死掉千百回了，活下来只是偶然。也许每个人都是如此，死是必然，活着只是一种机缘。我的伤感是突然有一种强烈的感觉，也许死让生命失去了意义，人生只是一个虚妄的旅途，我们以为自己知道前行的方向，其实那只是自欺欺人。

悟空变成蚊子钻进洞里探我。悟空在三星洞学院求学时，曾学会了七十二变的这个技艺。看见我流眼泪他就骂我是孬种，还不如个娘们。其实他不知道，眼泪有时候不是软弱，而是一种生的悲凉与无奈。这种悲凉和无奈不单单是因为我自己，而是因为一个让我困惑的命题——假如生命是没有意义的，那我们一切行为的合理性又怎样解释？也许最好的方式就是你永远不要去问这个问题，就像悟空与八戒一样。

最后由一位菩萨出面，降服了黄老板，把我从黄风洞里救了出来。悟空依然如故，冲进去把黄老板已经投降了的部下做成肉泥，总算是出了口恶气，我也懒得再给他背诵优待战俘的国际公约了！原来黄老板以前是灵山脚下的老鼠，因为偷吃圣殿的清油，害怕值班的金刚修理他，就逃到黄风岭当起了个体户。这倒是让我开了眼界。在大唐时，只知道长官们的老婆、小姨子、大舅子甚至厨子、马夫们一个个三头六臂，都成了精到处为非作歹，没想到长官家的老鼠也有这样的能耐。以前大家经常说：宰相家的丫鬟七品官，威风得不得了，看来长官家的老鼠也少说是个从九品的角色了。就是这样的小角色，连堂堂齐天大圣也拿他没脾气，仅仅因为他是长官家的老鼠。所谓人不如鼠，诚哉斯言。

八戒晚上吃了好多，废气不断，鼾声如雷。害得当地的司天监向民众发出地震预报。这种高分贝的噪音实在要命。更糟糕的是，他还不停地说梦话，一会是喊老婆的名字，一会是骂我，唯一的新意就是开始骂悟空的娘。原因是悟空欺负他，让他干所有的体力活。前日他拒绝挑行李了，并义愤填膺向我控诉：凭什么让老子干粗活？！当年老子也是个元帅啊，孙猴子不过是个不入流的弼马温，论级别我是正三品，他只是小小的从九品；论身份，我是正儿八经的国家干部，他只是个临时工，况且他那副贼眉鼠目的样，哪有我长得气派。八戒的话也不是没有道理，但他为此付出了代价，被悟空恨恨揍了一顿。行李还是他挑，猴哥继续得叫，叫得不甜都不行。

八戒在梦中都不放过我，跟我没收了他的手稿（权且这样叫吧）有关。他为此激愤不已，准备跟我玩命。说我是仿效秦始皇的"焚书坑儒"，公然搞文字狱，并扬言要给我好看。我之所以把八戒的文稿付之一炬，实在是不得已而为之。

八戒文稿的内容主要有两部分，一部分是他与所有女人上床的记录，类似日记，比大唐皇家档案局的文件还记录得详细，比如时间、招式、湿度、热度、女人怎么作为他怎么想等等，并画了很多图，对各种动作的要领进行详细阐释，而且标有各类统计数据。恐怕全世界最淫秽的东西也不及十一。另一部分是他总结出的一大堆经验，用他的话说这是从感性到理性的飞跃，比如"搞定淑女的十大法门""如何使女人在半个时辰内与你上床""白天性爱之我见""由搞定县令老婆引发的思考""采阴补阳之道""为尼姑服务指南""身体效应与心理效应的互动"等等。他还提出了情圣十条准则，不妨抄在这里供您一笑：

第一条、博爱，有献身于广大女性的雄心。

第二条、自由，不把自己锁在一个女人的床上。

第三条、爱所有的女人，不爱任何一个女人。

第四条、只出卖身体，不付出感情。

第五条、在跟任何女人上床前，要找好逃跑的路。

第六条、让女人对你都有幻想，对任何女人不存幻想。

第七条、随时做好被别人打断腿的准备，无怨无悔。

第八条、强身健体，时刻使自己处于最佳竞技状态。

第九条、遇到挫折绝不气馁，脸皮要足够厚。

第十条、彻底拒绝〝朋友妻、不可欺〞等说教。

八戒经常在休憩间歇，掏出这些东西认真研读，说是又有了新的体会，要赶紧记下来。他说自己将来要写一本这方面的学术专著，流芳百世。其实类似的流芳百世的著作，在我大唐已有不少，谁家女儿出嫁，都要在箱底放上一本，作为女儿床笫生活的指南。读圣贤书的大人学子，最感兴趣的其实也是这个，如果考这种东西也可以升官发财，那竞争就太激烈了。

如果是自己看，也倒没什么，问题是他见人就拿出来卖弄，说是学术交流。总之，影响实在太坏，毕竟大家是出家人嘛。一次八戒找一位主持要进行学术探讨，结果我们被赶了出来，在马路上睡了一夜。最后没办法，我只好命令他交上来，烧了。就这样毁了八戒半生的心血，他能不骂娘吗？

夜深了，就说这些了，睡一会明天还要上路。

玄奘于落雁山麓王员外客房

第九封信

著名前锋沙僧的命运

贞观十二年　冬十月　壬午

每个人都说在追求自由，其实他一生都在刻意地逃避自由，他要的自由不是真自由，是另一种不自由。真的自由在人心中，与别人无关，拥抱它需要“虽千万人吾往矣”的勇气，没有几个人能真正承受起这样的自由。以自由的名义，度着不自由的人生，这也许是绝大部分人的命运。

亲爱的观音老师：

来信已收到。您在信中说"人生就其本质而言，是没有意义的，任何试图解释它的人都是虚妄。活着本身与意义无关，活着就是活着本身。人生就像在黑夜中行走，目标是预设的，它根本就不存在，它只在你心中。世人只是为自己的跋涉寻找一个合理的解释"。您的话我想了很久，也略微能理解一些。也许佛说的解脱，实际是超越了存在与意义本身，取经的目的也在于此。人世间的罪孽大多都是为了一个其实并不存在的结果。既然一切相皆是空相，结果又自何处找寻呢？有位朋友说，其实结果一开始就在我们心里，开始本身就是结果，结果藏在心里，我们能感觉到因它带来的伤痛与快慰，却永远也找不到它，它为它自己活着，与我们有关，与我们无关。

又收了一个徒弟，我给他取了个名字叫沙悟净。跟悟空和八戒相比，他是个老实厚道人，无论组织纪律性、修养各方面都比较好。看得出，他虽然未必真心要跟我一起西天取经，但也不像悟空和八戒那么消极抵制。一个人漂泊得久了，就希望有个组织，有点归宿感，即便这个组织是自己讨厌的。对一般人来说，自由本身是一件很恐怖的事，自由让他们失去了安全感，所以他们宁愿在世俗的喧嚣中相互取暖。每个人都说在追求自由，其实他一生都在刻意地逃避自由，他要的自由不是真自由，是另一种不自由。真的自由在人心中，与别人无关，拥抱它需要"虽千万人吾往矣"的勇气，没有几个人能真正承受起这样的自由。以自由的名义，度着不自由的人生，这也许是绝大部分人的命运。

至于天下的老实人，我朋友曾有个总结，主要有以下几种：

第一种，憨厚本分，虽然没多大本事，但老老实实做人，踏踏实实做事。平时规规矩矩，是所谓的老好人；

第二种，严谨厚道，本事尚可，但从来就是讷于言而敏于行，不张牙舞爪，不肆宣扬，是非分明，清清白白；

第三种，装得老实憨厚，唯唯诺诺，有礼貌守纪律，根本就不懂作奸犯科，实际上很快就原形毕露，一肚子坏水；

第四种，表面上嬉笑怒骂，慷慨激昂，是说一不二特立独行的大丈夫，从不说一句妄语，实际上就是个演员，大部分时间都在背台词。

按照我朋友的结论，小沙应该是第二种，而八戒当年在高老庄的表演，算是第三种的典型。就其发展前途而言，前一种最糟糕，后一种最有出息。也许每个人都希望别人越老实越好，可自己能不老实就不老实，所以老实人虽然表面上被反复肯定，但一直是濒临灭绝的动物（**美国总统杜鲁门说：如果我想在华盛顿交一个朋友，我就去养一条狗。辛注**）这就是人世上的游戏规则。但总体来说，老实人的命运比聪明人还是要强一些。最后死得很惨的，大部分都是所谓的聪明人。聪明人总以为可以挖个坑把别人埋了，可最终埋进去的是自己。老实人没有给别人挖坑的本事，被埋的机会也就少一些。我们常说聪明人机关算尽，既然机关算尽了，手里的牌打玩了，自己也就没什么指望了。倒不如少点算计的好，虽不能喧嚣一时，但活得安稳。

听小沙讲，他原本家庭条件不错，出身很好。他爸爸是地方上有头有脸的人物。小沙少年时生得高大威猛，不爱读书，喜欢体育。后来被一位公公相中（当然，公公没少拿小沙爸爸的钱），经他推荐加入了皇家蹴鞠队，成为划时代的射手。小沙在球场上叱咤风云，贡献了1000个进球，多次被评为“年度蹴鞠先生”和“金靴奖”得主，还当选过十大俊杰等等，可谓盛誉空前。女人们(包括国王的老婆和女儿)都以见他一面为荣。有些人认为能侥幸为小沙献上自己，死了也愿意。虽然小沙不可能有求必应，但尽可能满足人家的要求，特别是那些贵夫人、公主和富家小姐。听悟空说，其实论那种事，小沙和八戒根本就不是一个重量级，但他毕竟是名人嘛。就像我大唐的女伎，成了名出场费就高得惊人。由于付出太多，他的头发掉得很快，年纪轻轻就成了半个光瓢。

如果照这样发展下去，小沙可谓是前途无量，最后怎么也捞个正二品以上的长官当当。可天不遂人愿，在一次非常重要的国际比赛中，被誉为举世罕有的“梦之队”的皇家蹴鞠队被别人打得落花流水，锋线杀手虽然进了球，只是踢到了自家门里。原因是前一天皇家蹴鞠队的队员和教练在夜总会喝了一夜的花酒！第二天虽然每个人吃了三只王八、一斤雄蚕蛾（**没有交配过的蚕，按照中医理论能大补男人。辛注**）也无济于事，腰软得像面条，随时都会折掉。国王还以为这一届皇家队绝对能给他捧个冠军杯，以彰显国王陛下治国有方。这件事让国王很丢面子，让国王丢面子那可是天崩地裂的大事，国王的面子就是国家的面子啊。他把皇家蹴鞠队的成员全都抓了起来，就像悟空整“我”一样，找了一大堆形容夸张的家伙把他们整了七七四十九天，最后活下来的只有小沙，其他的全部战死。死里逃生的小沙以叛逆罪被送进监狱，先前获得的诸多荣誉也一并作废。国王还把他作为反面教材，动员全国百姓把他批倒批臭。

小沙出狱后流落四海、漂泊江湖，找不到工作，娶不了老婆。没有哪一个正经的单位愿意雇佣一个政治上有问题的人，也没有女人愿意给一个穷光蛋当老婆。那几年小沙什么都干过，比如在码头上背麻袋、替农民去公厕掏大粪、帮别人走私贩毒、在窑子里当鸭子[1]、在乡下养过猪、跟人上山打游击，但都干得比较短，别人嫌他吃得太多，手艺太差，当鸭子也经常被女人们动不动投诉到消协。后来在万般无奈中，加入了黑社会，并很快混到了老二的位置。

小沙之所以加入黑社会，跟他在监狱中的那段日子有关。他在监牢里认识了当时也被关起来的黑社会老大，大家叫他陈总。陈总是天下首富，霸占富豪排行榜榜首十几年，用富可敌国形容一点都不过分。陈总经营的产业非常庞大，包括丝绸纺织、银矿开采、娱乐、钱庄当铺、房地产开发等等，是国际知名儒商，十大俊杰之一，几十个皇家级协会会长，是一代人的楷模，关于他的事迹曾编入教材让青少年学习。其实很多人不知道，陈总还有另一个身份是黑社会老大，有一个庞大的流氓网络。有名的陈氏经营模式就是：挣不来就骗，骗不来就抢，抢不来就毁。跟很多富商一样，陈总脚踩黑白两道，罗织了一个巨大的关系网。有人说官员们是由朝廷发工资，陈总发奖金，据说上至王宫的马桶下至地方长官老婆的时装都是由陈总置办的。陈总以为有了这一层层的关系，就等于上了双保险，最后他发现自己错了，用他的话说：别看那帮当官的跟咱称兄道弟，可在他们心中，咱连个屁也不是！咱不过是他们的夜壶（谁又不是别人的夜壶？尿急了用一

[1] 据考证，关于“鸭子”有两种说法，除了现在的为女人提供性服务，在古代中国，“鸭子”还有同性恋和同性性行为的意思，类似于现在的“同志”。所以沙和尚可能是男女通吃！

下，尿完了就踢到一边，不服气可以去问韩信。辛注）。在一次高层的权力斗争中，陈总做了牺牲品，被送进了监狱。其实以他的作为，就是杀了也不过分。

陈总出来后变卖家产，彻底成了黑社会，组织了斧头帮，灭掉了其他的如扁担帮、弯刀会等等黑社会组织。抢钱庄、开赌场，很快又威震四海，俨然有一统江湖的气势。总结陈总在黑社会的成功，主要原因就是他在斧头帮建立了良好的用人制度和现代管理模式，强化了以绩效考核为中心的人力资源管理机制，注重引进各种复合性、交叉性人才，同时注重品牌推广，加强帮内文化建设，这样就大大地提高了斧头帮的核心竞争力。一次他在夜总会碰见了当鸭子的小沙，以为是个难得的人才，就将其招至麾下。小沙没有辜负陈总的厚望，干得很出色，每次作案冲锋在前，功劳卓著，很快被提拔到老二的位置。被列为当时十大要案的一半，就是由小沙一手操办的。最著名的就是公主结婚之日，小沙带了三个兄弟冲进后宫，把所有的珍奇异宝洗劫一空。并在大殿上手书：沙老二携兄弟到此一游（对照沙老二的敢作敢当，不承认在中国奸淫妇女的日本鬼子实在太不入流了。辛注）！整个过程大气磅礴，在江湖上引起极大的震动，至今仍为江湖中人津津乐道。

就在小沙踌躇满志，准备大干一场的时候，他碰见了一位高士（是个道士），经过高士几天洗脑子，决定金盆洗手，出家修行。小沙的离开是黑社会的重大损失，据说陈总为此悲痛欲绝，第二年就郁郁而终。很多女粉丝因为无法接受小沙离开的事实，有几百人集体剖腹自杀。至今在斧头帮总部大堂还镌刻着当世大儒亲笔、让黑道同人肝肠寸断的《别了，沙老二！》。地方长官因打黑取得巨大成效，被记一等功。小沙修行很刻苦，最终成了正果，作为后备官员被提拔到灵霄宫。玉帝见他老实，就把他留在身边做了大内侍卫副总管，在灵霄宝殿值班。别小看侍卫这个位置，那可是个肥差。一品官不如皇帝家的看门狗，谁想提拔就先得过他那一关。有一年天庭反腐，几个侍卫被揭发出来，个个富得流油，连家里的马桶都是纯金打造。

不过小沙是老实人，在钱财上比较清廉，最多收点水果、水烟什么的。要是贵重一点的东西，一般都会上交给相关部门。其实他这样做反倒得罪了不少人，大家都很讨厌他，认为他是个不懂人情世故的傻子，更有人说他是十足的伪君子。我朋友曾经写过一篇文章，叫《我腐败，所以我存在！——历朝清官淘汰机制分析》，讲的大概就是这个意思。我朋友说，在政治黑洞效应下，腐败本身就是生存之道、游戏规则，一旦进入这个系统，如果你想保持清高，很快就会被清理出局。当年八戒做天蓬大元帅时，想通过小沙跟王母娘娘套近乎，就给他送过礼，结果被拒绝。据说当时八戒很上火，到处给小沙制造负面舆论，比如小沙怎么跟宫女们乱来，他在小沙家看见了黄金万两等等，讲得绘声绘色，给小沙制造了不少麻烦。尽管如此，在灵霄宫工作期间，小沙还是多次被评为“廉洁典范”、“先进个人”，被当做后备官员培养。可是由于在一次宴会中打翻了玉帝老婆的酒杯，触犯天条，被贬到凡间。用小沙自己的话说，天大的功劳、盖世的才华也比不上领导老婆的一个酒杯。干得好不好最终还是领导说了算，领导说好说坏由老婆说了算。

根据我朋友的研究结果，在我华夏的历史上，几乎所有的政客都怕老婆，因为老婆抓着他的三寸。很多政客就是死在大有为的老婆手里。为了讨老婆欢心，在养小老婆、喝花酒等方面得到老婆法外开恩，至少每天不用享受河东狮吼的待遇，或者如西方的圣贤苏格拉底一样被老婆泼洗脚水，弄得斯文扫地，只好铤而走险、不择手段。在很多时候，决定国家命运的不是舞台上的大小老爷，而是提着搓衣板躲在屏风后边数票子的女人。凡事看透了就是这样，所以像小沙这种性格的人根本就不适合在官场上混。

我朋友还告诉我，在我大唐，所谓清官的命运一般有五种：第一是被别人干掉，并找各种理由把你批臭；第二种是被彻底边缘化，找个地方供着装点门面；第三种是压在下面让你永远翻不了身，剥夺你的话语权；第四种是变得跟大家一样，成为名副其实的腐败分子，装着腐败都不行；第五种是压根就不让你进庙门，彻底不跟你玩，哪儿凉快在哪儿待着。真实情况如民谚所谓："举秀才，不知书；举孝廉，父别居。寒素清白浊如泥，高策良将怯如鸡。"也许是吧，也许。

小沙被贬凡间后无处容身，只好找了流沙河这么个地方混日子。流沙河地处偏远，供应不足，饿急了他也拿过往的旅客打牙祭。正因为他要把我等当菜吃，才有后来的不打不相识。围剿小沙的行动主要由八戒负责，其实他们是老同事，可沧海桑田，谁也不认识谁了，一见面就打得天翻地覆。后来的事情我就不说了，我们变成了一家人。借着小沙的帮助，我等渡过流沙河，继续西行。

小沙虽然也有前科，但本质上是个好小伙，我还是比较满意的。再次谢谢您的厚意。

玄奘夜于流沙河畔某农舍

第十封信

悟空三人的个人总结

贞观十三年　春二月　丁未

一切罪过的根本原因是对智慧的无知。智慧跟小聪明是两回事，而小聪明本身就是一种无知，或者说自欺欺人而已。所谓大智若愚，李大耳朵在一本《道德经》中，其实就讲了这四个字。在以耍小聪明相标榜的社会里，真正有智慧的人在他们眼中也只能是愚夫愚妇。

亲爱的观音老师：

又有好些日子没给您写信了，您还好吧？这几天走得很顺利，没遇到什么麻烦。自从离开长安，难得有这样的好时光。我对悟空、八戒、小沙三人的工作进行了调整。悟空还是做以前的业务，八戒换过来牵马，原先挑担子的工作由小沙来做。要不然正三品的猪八戒元帅整天骂骂咧咧，实在让人心烦。小沙倒是没什么怨言，我说小沙你就辛苦点吧。小沙说唐老师您放心，这比当年掏大粪的工作轻松多了。素质好不好从一件小事就看得出来。利用这几天难得的空闲，我想对他们三个进行点教育，抓紧时间补补课。他们都没受过正规教育，基本上属于小混混，综合素质普遍比较低。特别是悟空与八戒，身上有非常重的土匪与流氓作风，不以为耻，反以为荣！另外有一件事情对我触动很大，使我认识到做这件事刻不容缓。

有天晚上，我已经睡了，突然被吵醒，发现八戒神经兮兮进到我房里。我起身问：八戒，这么晚了，怎么还不睡？八戒低声道：唐老师，我睡不着，有些事情想跟您沟通一下。什么事，明天说不行吗？我问。八戒说：唐老师，您不觉得现在的情况有点不对头吗？怎么不对头？我问。我不知道他想说什么。八戒说：唐老师，我要向你控诉孙悟空这个畜生不如的东西！悟空怎么了？你不是一口一个猴哥叫得很甜吗？我问。什么猴哥？！他算什么东西？！以为我真把他当个东西了，花果山的乡巴佬，一个临时工！这个傻B真以为我把他当哥了，我恨不得宰了他！八戒咬牙切齿地说。

我觉着问题有点严重，就坐下来跟他谈：八戒，大家都是同事，没必要这样啊。同事？！唐老师，你看他那个样，觉着天底下就他最牛，天天吹自己大闹天宫如何如何，老子后悔当年没有亲手宰了他！（问题是他宰得了人家吗，被人家宰了还差不多吧！）什么风光的事他都占着，牵马、挑担子的粗活让我跟小沙干，还把自己当领导，劳改了500年也改不了吃屎的毛病！我接了他的话头道：那你是怨我这个师父不合格，管理能力有问题啊。唐老师，我不是怨您，我对您赤胆忠心您还不知道吗？孙猴子经常欺负我和沙和尚，不就是看着我们俩老实吗？当年我也是正三品官员，自尊心受不了啊！八戒看上去很委屈。我多少次给悟空说过，大家都是职场同仁，要相互尊重，可他就是不听，手心手背都是肉，我也没办法。

八戒又说：唐老师，其实我受点委屈没什么，取经嘛，大事嘛，干大事怎么能不受点委屈？何况我也是正儿八经的国家干部，受天庭教育多年，这点觉悟还是有的，我不能忍受的是，悟空他竟然对您……八戒说着就哽咽起来。

悟空对我怎样？我问。他从来就没把您唐老师当领导，什么事都不向您汇报，想干什么就干什么，您一说他，他就骂唐老师您的祖宗，简直就是个畜生。八戒说得对，可他忘了他也动不动骂我祖宗啊！不过我已经习惯他们这样抬举我了。唐老师，有些事情您还不知道，孙猴子还是个变态狂，有特殊性癖好，他经常偷偷摸我的大腿，沙和尚也常被性骚扰，有一天晚上他还甚至提出要跟我那个，我是堂堂正正的君子，怎么能干牲口干的事，可我不从他就打我，唐老师，不能把这种牲口留在取经的队伍里啊。

尽管八戒讲得绘声绘色，可我听出来真假，至少我不相信悟空会做那种事。就算是悟空有特殊性癖好，估计也不会去摸八戒的大腿。八戒的大腿虽然肉多，但绝对算不上性感吧，实在也没有多少诱惑人的地方。我随便问：那你的意思是？和唐老师您相比，他孙猴子算什么东西啊，您英明神武，才华盖世，放出屁来都可以当煤气烧，您是大唐皇帝的把兄弟，观音菩萨的红人，搞死他，不就是像踩死一个蚂蚱吗？您只要一天念上三遍紧箍咒，他就根朝天了。如果您不忍心，就把紧箍咒告诉我，我替您老人家管教他。我听得出，这就是八戒晚上找我的真实目的。他说还有重要情况要向我汇报，我说我自有主张，打发他回去睡觉了。

但我睡不着，取经的事业才刚刚开始，最可怕的就是内部不团结啊。我们这大小也算一个团队，不团结还叫团队吗？所谓自乱阵脚，这样闹下去非出事不可。其实本来就是一些简单的内部矛盾，八戒却无限上纲上线到敌我矛盾，看来天蓬大元帅真是没有白当，除了是房中术的专家，还深得官场上、职场上那些人整人的精髓。用我朋友的话说，在官场上，不存在有没有理，只存在有没有用（**日耳曼民族最优秀的宣传干部戈培尔教导我们：谬论讲上一千遍就是真理。辛注**）。

这件事却使我认识到进行思想教育的必要性和迫切性。按照我朋友的说法，一切罪过的根本原因是对智慧的无知。我想我朋友说的智慧跟小聪明是两回事，而小聪明本身就是一种无知，或者说自欺欺人而已。所谓大智若愚，李大耳朵在《道德经》中，其实就讲了这四个字，什么道可道、有和无，基本上都是废话，没有我佛讲得通透。因为在以耍小聪明相标榜的社会里，真正有智慧的人在他们眼中也只能是愚夫愚妇。

对他们的教育主要是三个方面：一是思想素养方面，二是基本佛学常识，三是文化素质。思想素养方面主要讲一讲理想与责任、团队精神、人格塑造和人道主义。佛学方面我准备讲一下我佛的基本经典和原则，比如《金刚般若波罗蜜多经》、《般若波罗蜜多经心经》等，另外还有丛林制度方面的书。文化素质方面主要是讲讲基本的人文常识，如孔夫子的《论语》、司马迁的《史记》部分章节、文字学方面的著作如《尔雅》以及《古诗十九首》等等。我开了书单，让悟空和八戒去城里买教材。但这两个混蛋买来的书让我哭笑不得，恨不得立马宰了他们。书单如下：《超级杀手》《酷刑大全》《混在黑社会的日子》《赌王是怎样炼成的》《杰出土匪的十大军规》《酷刑指南》《非常男女非常饮食》《一个男人和他的108个女人》《素女经》《嫖经》[1]等等。实在没办法，我只好把这些烂玩意烧了，差小沙重新去买。

教学工作基本上在白天休憩时间和晚上进行，行路时随时进行一些小测验。一开始课堂纪律就非常糟糕。第一次上课时间为两小时，悟空插科打诨说废话30次，八戒上厕所20次（放屁10次），睡着被弄醒8次，两人相互骂娘合计43次。我警告说：悟空，这是上课，不是在娱乐场所，你能不能闭上你的臭嘴？他反驳我：唐老师，像你这样的文化人怎么也说脏话？你的教学方法也太死板了吧，我不习惯这种填鸭式教育啊。好吧，我念了紧箍咒，他

[1] 《嫖经》出现的具体年代为明代，后世称《明代嫖经》，内容涵盖嫖妓的基本原则、方式方法、操作技巧等等，是一部影响深远很权威的嫖妓指南，经常脱销。此处唐僧可能弄错了。

总算习惯了一会。我又问八戒：八戒，你怎么一上课就那么多尿？八戒嬉皮笑脸地说：唐老师，我也不知道，您一讲课我就想尿尿，您知道，这玩意不听我指挥啊，它跟你们大唐很多著名学者一样，对文化太敏感了。我说：你不会是前列腺炎吧……话没说完，悟空和小沙就狂笑，悟空指着八戒说：要是八戒同学前列腺有问题，那全世界的男人都是太监了，他可是先进个人啊！孙悟空，老子起码还风流过，你狗日的在花果山当太监……八戒还没骂完，两人就打得天昏地暗，课堂变成了演兵场。

为此，我决定开展一场批评与自我批评活动，要求他们一方面好好反省一下自己，同时彼此做客观批评，每人写一篇认识总结。从形式上看，这非常像大唐动不动搞的运动，可实质上不是。因为运动的目的主要是清理队伍、整人，也就是重新洗牌，所以经常弄得满城风雨、人人自危，甚至家破人亡。而我没有这样的意思，只是希望他们能够认识到自己的行为有哪些不足，能在以后的工作中切实改正。

看完他们的总结后我心情沉重，一夜难眠。我给悟空和八戒打了不及格，并找他们分别谈了话。现把他们的思想总结作为附件顺便寄出，由您审查。

今天就写到这里吧，回头我再给您汇报具体情况。八戒来找我了，不知道又有什么事，从没见他对任何一件事如此热情过，这也许就是在天庭工作时养成的斗争习惯吧。

玄奘夜于鱼腹山谷某废弃古庙

附 1：八戒的思想总结

我最最亲爱的唐老师：

我千万次从灵魂深处感谢您给我一个反省的机会，这是您对我的爱护与鞭策，这将对全面提高我的素质，重塑我的心灵，更好地为西天取经的伟大事业服务具有重大的历史意义。

我始终认为孙悟空是一个混进取经团队的流氓、无赖、刽子手、叛逆分子。悟空的叛逆不是一天两天，他是个来路不明者，根不正苗不红。在花果山占山为王，是典型的土匪作风，还搞变革蓄谋造反，唐老师您不知道，他的屁股上有反骨啊。后来他大闹龙宫，祸乱天堂，反动嘴脸彻底暴露了出来，敢在伟大的佛陀手上撒尿，是双重反动分子。被判处 500 年有期徒刑罪有应得，幸亏唐老师您相救，可他知恩不报，时刻准备颠覆您的领导。这种人无法无天，仇恨领导，欺负群众，高高在上，实质上是反动思想在作祟。

沙和尚表面上像个老实人，可实际上越是这样我们就越要提高警惕。很多老实人其实是最不老实的，像我这样对您赤胆忠心，对咱们的事业一片红心的人真的不多了！第一，沙和尚从来就没有当过正儿八经的国家官员（门卫不算），政治觉悟不高；第二，他吃过好多人，有一定的暴力倾向；第三，表面上他跟大家相处得很好，实际上是典型的机会主义，骑墙派，这种人在关键时候能不能靠得住，很让人担心。

由于比较年轻，参加取经工作短，经验不足，我有很多缺点，希望得到唐老师毫不留情的批评，批评是帮助我、爱护我。我的缺点主要有以下几点：第一，太老实，原则性太强，灵活性不足，在跟孙悟空的斗争过程中不够坚定，经常因为老实吃大亏；第二，我总是心太软，所有的担子都自己扛，奉献在前，享受在后，结果培养了很多人的惰性；第三，太讲义气，太重感情，当年要不是对嫦娥用情太多，也不至于落到如此下场；第四，对自己要求太严格，对别人太宽容，永远只看见自己的失误，看不见别人的错误；第五，是非过于分明，眼睛里揉不进沙子，从来不懂上蹿下跳、拍马溜须，为人太正直，水至清则无鱼啊。希望唐老师能帮助我改正这些缺点。

再次感谢唐老师您在百忙之中阅读我的总结。在我心中，您永远是全世界最伟大、最纯洁、最无私、最高尚、最帅最酷、前无古人后无来者、举世无双的领袖与导师，我生是唐老师的人，死是唐老师的鬼。

（八戒三人的原文中起码有1/3是错别字和病句，笔者在翻译时适当做了修改，要不实在有碍观瞻。辛注）

您最最忠诚的学生：八戒

附2：悟空的思想总结

唐老师：

我认为八戒有如下缺点：第一，好吃懒做，完全没有改掉自己作为猪的本性。第二，喜欢见风使舵，拍马溜须，是典型的机会主义者。第三，作风不正派，时刻心里惦记着乱搞女人，下半身指挥上半身。第四，虚荣性强，喜欢暴露自己，酷爱抢镜头。

我认为悟净有如下缺点：第一，过于老实，太重原则，灵活性不强。第二，死气沉沉，对事业缺乏热情，容易产生消极情绪。第三，过于纵容八戒，这样对八戒的健康成长不好。

我不认为我有什么缺点，如果有，我自己还没有发现。当年我经营花果山，是为百姓谋幸福；我大闹天宫，是伸张正义，为实现公平与公正而奋斗；我随唐老师取经，是为理想而献身。我做到了鞠躬尽瘁、死而后已，正大光明，无私无为，前无古人、后无来者，如果没有我老孙，宇宙将黯然失色，万古如长夜。全世界应该感谢我！

齐天大圣

附3：小沙的思想总结

尊敬的唐老师：

就算您不说，我觉着我们也应该反思。关于悟空和八戒我不想说太多，他们都为我们的事业在尽力，大家都不容易，人无完人，就算是他们有些缺点，也是可以原谅的。

我要反思的是我自己，虽然说跟着您有了很大进步，但还是毛病很多。我觉着我过去犯了很多的错误，比如说加入黑社会，在流沙河吃人等等，这些错误是不能饶恕的，我必须从中吸取教训。我的文化素质低，虽然已经皈依佛门，但对佛法了解得不够，现在深刻认识到没有文化的苦处。跟悟空和八戒相比，我不如他们聪明，业务也没有他们好，反应慢，希望以后好好向他们学习。在平时的工作与生活中，我对唐老师的精神吃得不透，落实得不好，希望唐老师多多提醒。还有就是性格内向，不够活泼，经常影响大家的情绪。

我的缺点很多，一时间不能全部说清楚，我会时刻向唐老师请教的。

希望得到您，悟空和八戒的指正。

学生：悟净

第十一封信

一次失败的思想教育

贞观十三年　春二月　丁未

他们要过正人君子的瘾、要装文化人、要教化万民，表面上装着抬举读书人，可骨子里根本就瞧不起读书人。即便是读书人，一旦当官发达了，第一个要修理的就是读书人。一个道德伦理与社会实践完全是两张皮的社会竟然能存在和发展下去，简直就是奇迹。

亲爱的观音老师：

我必须向您承认，我的教育计划彻底失败了。用悟空的话说，我是没事找事，欠扁！齐天大圣要教吗？天蓬大元帅要教吗？卷帘大将要教吗？没水平能混到齐天大圣？一个臭和尚、小白脸算什么？！这就是他们的逻辑。我以前听说圣人无师，如我华夏东汉帝国著名学者王充《论衡》中所谓：儒者论圣人，以为前知千岁，后知万事，有独见之明，独听之聪，事来则名，不学自知，不问自晓，故称圣，则神矣。原来混出点名堂的小混混，也是无师自通的。

据史书中记载，我华夏大汉帝国的开创者刘三就很不喜欢知识分子，有知识分子来访，刘三就摘下人家的帽子往里边撒尿，以示侮辱。我朋友说，中国知识分子的帽子总是臭烘烘，就是让刘三这些家伙给尿的。在知识分子的帽子里撒尿，其实不过是一副无赖的嘴脸罢了。他们有时候也说"三人行，必有我师焉"，其实在他们心里永远是老子天下第一，无知者无畏啊。他们要过正人君子的瘾、要装文化人、要教化万民，表面上装着抬举读书人，可骨子里根本就瞧不起读书人。即便是读书人，一旦当官发达了，第一个要修理的就是读书人。一个道德伦理与社会实践完全是两张皮的社会竟然能存在和发展下去，简直就是奇迹。但我觉着有一天非出事不可。知识分子的脸就算多不值钱，但如果被弄到彻底不要脸了，这个王朝的气数大概也就尽了。

不过这段时间齐天大圣也收获很大。他从路上的小混混那里学会了斗蛐蛐、搓麻将等玩意，玩得纯熟，据说还赢了不少钱。虽然悟空在混黑社会时精通各种赌术，但我华夏的国粹麻将对他而言还是新鲜玩意。大唐为了发扬其文化精华，福泽四海，曾一度要把麻将推向全世界。结果似乎并不是太理想。国学院正就麻将文化的推广问题进行科研公关，说是要创造一种外邦人喜欢的新玩意，至于弄出来没有，我就不得而知了。

为了提高斗蛐蛐的水平，齐天大圣几乎达到了废寝忘食的地步。他自己养了两只蛐蛐，并命名为亚历山大和柏拉图。为了陪他玩，悟空还强迫八戒和小沙每人也养了一只。悟空对养蛐蛐的小混混崇拜得五体投地，整天老师长老师短，据说还举行了拜师大礼，甚至给人家提尿壶。至少我从没见他如此谦逊好学过。在悟空的胁迫下，他们三个经常斗蛐蛐通宵达旦，熬得两眼发黑。为这事我跟悟空谈过，我说悟空你都这么大的人了，不好好学习，钻研自己的业务，整天斗蛐蛐，搓麻将，玩物丧志啊！可他的回答是：唐老师，你不明白，斗蛐蛐、搓麻将怎么是玩物丧志，这里边学问太深了，你不是说处处留心皆学问嘛！我的话是这个意思吗？但他这样说我也没办法。

后来，八戒由于连续作战过于疲劳，不小心一屁股压死了亚历山大和柏拉图。悟空气得发疯，发誓要宰了八戒这头猪，打得八戒鼻青脸肿，要不是我及时念了紧箍咒，八戒怕是早就为蛐蛐殉葬了。亚历山大和柏拉图的死让悟空肝肠寸断，茶饭不思。据小沙说，悟空多次都有自绝的念头。可是像悟空这样的人，想死也不容易。为了寄托沉痛哀思，悟空为亚历山大和柏拉图举行了盛大的葬礼。他用自己打麻将赢来的钱请了几百个僧人举办超度法会，念了好几天经。还特意雇了几百个妇女哭丧（自古而今延绵不绝的形象工程，在那种场合你很容易发现国人可怜可憎的丑陋性格。辛注)，哭声震天，附近的人以为是到了世界末日。他还在两只蛐蛐的坟地树起巨大的纪念碑，纪念碑的正面书写着一行烫金大字：至爱亚历山大、柏拉图永垂不朽！亲人孙悟空立。纪念碑的后边是强迫当地书法大家、文坛领袖撰文的《蛐蛐赋》，文笔老辣，感人至深。

听悟空说，他已经给玉帝打了报告，申请追授蛐蛐亚历山大“英俊神武功德无量大将军”称号，追授蛐蛐柏拉图“骁勇神奇天下无双大将军”称号。蛐蛐死后，悟空整天愁眉苦脸，无精打采，所谓无情未必真豪杰，只是未到伤心时！看来真是这样。

八戒开始对组织学习是很积极的，他希望借此发动一场运动，彻底把悟空批倒搞臭。后来见我没顺着他的思路来，就开始消极对待了。八戒每次上课都做笔记，认真的程度连小沙也自愧不如。可后来悟空把他的笔记偷出来给我看，原来都是春宫图！画着各种各样的女人，男主角永远是他，上面还详细地题写着时间、地点、人物、长相、当时的气温和湿度以及使用了什么器械。每幅大作都有一个鲜明的标题，比如：八戒行乐图、八戒试春图、翠花楼诗意、白日放情图、草地上的猪情圣、猪公子三访芙蓉公主、问世间情为何物等等。

我忍不住训他：八戒，前一段时间我已经就这事批评过你，你怎么这么不长记性？我在上面讲佛法精义、圣贤之道，你却在下边画这种不堪入目的玩意，不觉得自己有点下流吗？八戒开始是指天发誓自己绝对没有做过这种事，否则断子绝孙，后来在铁的证据面前只好承认，泪流满面，对我解释说：唐老师，您真的误解我了，我不是要下流啊，您不是说每个人都要反思自己的历史吗？我是在做深刻反思啊！我把自己以前做的那些坏事画出来，就是要时刻警醒自己，不能再犯那样的错误。自从我跟了唐老师，在您伟大人格的感召下，我已经彻底与过去的自己一刀两断，那个猪八戒已经死了，您已经让我重生了。唐老师，您要理解我的苦心啊。唉，做人难，努力做个高尚的、纯粹的、脱离了低级趣味的男人更难！说着就爬过来把脑袋埋在我的膝盖里，呼天抢地，全身发抖。我摸了摸他的头，让他把那些玩意烧了，免得路上碰见当地衙门扫黄，把我们抓起来。出家人做这种事，传出去名声也不好。

不过我还是在春宫图（**国画，水平最高者当为唐伯虎的作品，原迹多保留在日本，日本国色情文化发达，唐才子功不可没。辛注**）与蛐蛐的协奏中教完了所有课程，算是给自己一个交代。我自己有个体会，所有的教育者都试图去改变别人，但结局比我好不了多少。我们常说，狗改不了吃屎，事实上人比狗还顽固，长安城很多进口或国产的巴儿狗早就不吃屎了。真正影响人行为的，是性格或者一种心理习惯，当这种东西已经在他们的心里生根发芽，想通过所谓教育去改变就非常困难。要让真理与智慧成为他们支配生活的一种心理模式，可能比让全世界的狗彻底不吃屎还难。

您可能想象不到，我现在是躲在山洞里给您写信。山洞阴冷，堆满了发霉的动物尸骨，磷火闪烁，无数的蝙蝠飞来飞去，大概在无间地狱[1]里也就是这个样子吧。之所以这样狼狈，是因为我们正在被通缉。到处张贴着悟空与八戒的肖像，官府悬赏他们每人的人头10万两。原因是悟空死了蛐蛐心里很郁闷，就瞒着我跟

[1] 出自佛教《法华经》、《俱舍论》等经书。无间地狱是八大地狱之第八，也是八大地狱中最苦的一个。泛指十八层地狱的最底层。

八戒一起去城里的一家窑子里喝酒。八戒跟一个有来头的客人因为争夺姑娘发生了口角。本来那姑娘是八戒先找的，八戒说他是某珠宝大国的王子。结果惹怒了另外的客人，他让那位姑娘坐在自己腿上，并嘲笑八戒说这里的姑娘不跟猪玩！八戒在姑娘面前丢了面子，气得嗷嗷叫，反正大家也喝高了，就和悟空大开杀戒。据八戒说，杀人的事主要是悟空干的。所有在窑子里的人包括姑娘们都被悟空大卸八块，还放了一把火把窑子烧个干净。

其实他们这里的社会治安一直不好，杀人放火的事天天发生，巡捕们一般都是敷衍一下就算了。听人说，很多事就是巡捕跟黑社会合伙干的。这次之所以大动干戈，原因有二：一是因为死者中有一位是国王的三老婆的姐姐的干妈的二舅家厨子的姑父的儿子，二是那家窑子最大的股东是巡捕总长。据说国王的老婆和小姨子在里边也有一些干股，所以这件事惊动了巡捕总部，被列为特级命案举国追捕，几乎调用了全国的巡捕，甚至大部分步军和水军，由国王的把兄弟巡捕总长亲自督办。全国到处悬赏捉拿悟空和八戒，所有通往边界的大路都被封锁。为了20万两奖金，各地的黑社会也闻风而动。

我们现在是过街老鼠，人人喊打，整天在荒无人烟的山里逃窜，惶惶不可终日。本来我想让他们俩自首算了，可是他们谁也不愿意。用八戒的话说：我们杀人不对，可为了西天取经的伟大事业，没必要做这种没有任何意义的牺牲啊。大概这就是所谓的目的证明手段正确的猪八戒版本吧。小沙也给我做工作：唐老师，您让他俩自首，人家能管住他俩吗，那不是把友邦民众交给他俩灭吗？小沙说得也对，以悟空和八戒的本事，还不把这个王国给彻底摧毁了。不过我还是忍不住说了悟空几句：悟空，你怎么能这样？我们是出家人，整天杀人放火这不成强盗了吗？就算是强盗，也应该有基本的道义吧。据《庄子》中讲，我华夏最有名的强盗，或者说强盗的老祖宗，著名正人君子柳下惠的弟弟盗跖也说过“盗亦有道”，盗跖的徒弟问师父：“盗亦有道乎？”跖曰：“何适而无有道邪？夫妄意室中之藏，圣也；入先，勇也；出后，义也；知可否，知也；分均，仁也。五者不备而能成大盗者，天下未之有也。”

他向我翻着白眼，道：唐老师，你他妈的烦不烦？为这种鸡毛蒜皮的小事情，值得你这样唧唧歪歪吗？是皮痒了找抽是不是？！小沙对我说：唐老师，您就别说了，猴哥还在为死了那两个蛐蛐伤心呢！

是啊，世间的强者可以为一只蛐蛐的死潸然泪下，却面对千百万人头落地无动于衷，或者是豪情满怀。其实普通人也不过如此，除非少数的几个圣贤。据《论语》中记载，孔子家的马棚失火烧掉了，孔子退朝回来，只问“伤人了吗”，不问马的情况。孔夫子真的是有仁人之心、贤者之风啊。如果是齐天大圣孙大人，可能先要把马夫抽一顿再说。呜呼，还能说什么，真的是无话可说。

洞里的蚊子实在太多，叮得我全身发肿。不知怎么回事，这几日腰痛得厉害，想必是前列腺炎又犯了，真是苦不堪言。希望能尽快逃离这个地方，至于能不能成功，我现在没有一点把握，弄不好就要做阶下囚了。

今天就写这些吧，祝您过得比我开心一些！

玄奘夜于隼雨山某岩洞

第十二封信

观音把唐僧给惹火了

贞观十三年　夏六月　丙辰

是的，我不否认这些，但前提是我必须在您的面前是个人！如果没有这个前提，您那些慷慨的施舍对我就是侮辱。我这样说并不是娇情，或者在您的面前撒娇，我还没有那么下贱。我只知道凡人是以玩弄别人为乐，没想到像你们这些神仙也是如此。

亲爱的观音老师：

我想这应该是我写给您的最后一封信了。我拿您做平生唯一的知己，您拿我当什么？小孩？小丑？还是您寻开心的一个玩具？也许在您看来，您已经待我恩重如山了。您给了我一份伟大的事业，几个手艺高强的打手，您曾无数次仗义相救我这个孬种，我应该子孙万代感谢救苦救难观音大善人的恩情。是的，我不否认这些，但前提是我必须在您的面前是个人！如果没有这个前提，您那些慷慨的施舍对我就是侮辱。我这样说并不是矫情，或者在您的面前撒娇，我还没有那么下贱。也许您还陶醉在自己导演的伟大的喜剧中吧，可在我看来，那是多么可耻的一幕。您在这方面实在没什么发展前途。我只知道凡人是以玩弄别人为乐，没想到像你们这些神仙也是如此。既然神仙也喜欢玩弄别人，那我更愿意下地狱（**玄奘大师有所不知，在地狱里也是这样，鬼玩鬼取乐而已。辛注**）。

让我再一次把您导演的伟大喜剧复述一遍吧，让您和您挑选的那几个大明星的虚荣心再满足一次。目的不能证明手段正确[1]，至少有些东西是不能亵渎的。

故事是这样开始的：四个通缉犯到处逃窜，狼狈不堪。边境线有重兵把守，为了偷渡成功，我们把部分行李变卖，送给了边防检查站的军官。在饥寒交迫的时候，发现了一个大庄园，大家欢欣鼓舞，谁也不知道，里边有一个写好的剧本放在那里，导演们已经做好准备，等着我们去表演。

---

[1] 马基雅维利在《君主论》中指出，目的总是证明手段是正确的。这是人类思想史上最荒唐的理论，为无数强盗行径提供了经典的借口。

首先登场的是一个强弄风情的老女人，跟大唐那些到寺院里与和尚们眉来眼去的阔太太没什么两样。精致的外衣里包裹着一颗龌龊的心灵。从嘴角的媚笑中看得出，她已经想男人想得发疯。老女人一开始就对我等发动凌厉攻势：几位和尚哥哥小弟弟真是有福人，奴家可怜，什么都不缺，就缺男人，奴家有三个如花似玉的女儿，三围都是36、24、36[1]，哪个男人看了不心动；奴家还有良田万顷，开着几十家钱庄，钱多得花不完，看奴家的院子，鸡窝都是用金条修的，可奴家命苦，男人死得早，一直守活寡。夜夜空床，心里着急啊！要是四位哥哥小弟弟留下跟奴家一起过，正好四对，有享不完的荣华富贵，说不尽的快活。我说我们都是出家人，要西天取经啊。她听了我的话就过来掐了我一把，妖里妖气说道：看和尚哥哥说的，人生苦短，取经有什么用？何必跟自个过不去，和尚怎么了？我们娘三个不嫌弃就行了，到了床上，管他是谁，不都是男人嘛！说着叫她的三个女儿出来，一步三颤，个个是大美女。

老女人的糖衣炮弹对我是没用的，我看不出这条件比长安城的贵夫人和富家小姐更具诱惑。当年我不上贵夫人和富家小姐的床，在这方面还是过关的。至于悟空也不会，他压根对女人不感兴趣，他心里只想着回花果山当土匪头子。小沙当年是风流过，现在至少可以管得住自己。管不住自己的是八戒，他没听完就全身发软准备投降了。尤其是看见老女人那三个如花似玉的女儿，他的口水流得满地都是，再也止不住，就是把御医请来，恐怕也治不好了。

[1] 玛丽莲·梦露的墓志铭：“这里躺的是玛丽莲·梦露：36，24，36。”这是她的三围尺寸，据说让天下的女人嫉妒得发疯。

老女人一味地死缠硬磨，说：和尚哥哥如果对产品的质量不放心，当场可以验货啊！说着就要跟她的女儿一起脱衣服，我赶紧拦住了。我反复给她讲我们是出家人，不能贪恋女色，更不能在这里当倒插门的女婿，因为我们还有更重要的工作没有完成，我等只想讨一口热茶，借宝地睡一宿就走。老女人显然对我的拒绝很不满意，讥笑我：行了，装什么正经？怕是早被人处理过了吧？脸蛋这么嫩，皮肤这么有弹性，看得人心里痒痒，要不和尚哥哥你自己走，留下你的三个徒弟，我们一起快活。我故意问他们：你们谁愿意留下啊？悟空和小沙都笑着指八戒，八戒似乎很难为情：指我做甚？我猪八戒堂堂七尺男儿，是那种人吗？什么女人我没上过？稀罕这种乡下的老母鸡！

黄昏时候，八戒一个人来找我，原来是给我做工作：唐老师，其实这几个女人真得很不错，有吃有喝总比我们现在过的日子好！那你是准备留下了？我问。不是我准备留下，唐老师，我是说我们全部留下，按辈分您娶那个老的，老是老点，可成熟啊，我们哥仨瓜分那三个小妞，要是您嫌弃老的，咱俩换了都行，反正为了唐老师您，我做出多大的牺牲都行！我生气地说：可是，八戒你好糊涂，我们是出家人啊，前几天你还痛哭流涕表示悔过啊。八戒道：唐老师，我是说过那些，您还烧了我的书，我没忘！但此一时彼一时也，出家人怎么了？出家人一样也不少，太监都快活，出家人就不能快活了？天生我材必有用嘛！

我制止他继续胡说下去：八戒，休要再胡说八道，你也不想想，我们在这里抱着老婆过日子，那西天取经的工作怎么办？八戒俨然是成竹在胸：唐老师，问得好！这我都替您谋划过了，有两套方案，一是我们先在这里住下来，跟这几个女人玩，等把她们玩腻了钱糟蹋完了再取经也不迟，以我花钱的功夫，也就是一两年光景；二是跟她们生一堆孩子，然后把他们培养成人，让他们替我们去取经啊。我也弄不明白，为什么我这么聪明！我恨不得在他那沾沾自喜的脸上吐一口！我说：人各有志，我也不勉强你，你随便吧，反正我是继续赴西天取经。最后八戒很不高兴，骂骂咧咧地走了，说我是个猪头，不可救药的神经病！

八戒是铁了心要留下，据说还与悟空、小沙举行了颇为悲壮的告别仪式，大有风萧萧兮易水寒，壮士一去兮不复还的气概。大家还喝了几盅，八戒流了眼泪，说是自己快活让兄弟们受罪，心里有些不忍。走的时候八戒还特别叮嘱小沙要小心提防孙悟空这个混蛋，要照顾好唐老师这个废人。如果大家想明白了回来，剩下的三个女人他继续留着，绝对不自个占用。就算她们已经是他的老婆，那也是朋友妻、随便欺，他不会有一句屁话！说完八戒与悟空和小沙一一吻别，提好裤子，大义凛然地迈出屋子，冲向后院小姐们的闺房。

老女人和她的女儿们在闺房里等着八戒的造访。她们已经准备了各种刑具，甚至包括大唐宦官生产线上的一切设备。但八戒看到的不是这些，而是娇媚的笑容，满屋子的淫香，熏得他头脑发晕。一见这阵势八戒很快就找到了感觉，重现当年猪情圣的风采。跟往常一样，他的第一反应就是床，屋子里有一张大床。一进门他就嚷嚷：娘，妹妹们，开始吧，还等什么呢？讲点效率好不好？！接着一边说着脏话就开始脱衣服，并把脱下的衣服往女人身上扔。那老女人问他：你就不怕唐老师怪罪吗？八戒不以为然：什么唐老师，秃驴一个，算什么玩意儿，超级废物，我已经跟他一刀两断了。娘，别浪费时间好不好？我们都是一家人了，一家人还客气什么，都脱了吧。八戒已经脱得只剩下短裤。这是他在当先进个人时养成的习惯，见了女人就脱裤子，三下五除二，办完事走人。

八戒见那几个女人没动作，就开始主动出击，向她们的重点部位发动攻击。那几个女人索性就逗他玩，让他抓不到，八戒浑身解数，满屋子飞舞，兴奋得全身发抖。她们把西瓜、鸡蛋、尿壶一股脑都砸在八戒身上，八戒马上变成了个垃圾桶，更被刺激兴奋得嗷嗷叫，跪在地上请她们煽他的耳光：求你们了，娘、妹妹、心肝，抽我好不好？别留情，往死里抽！就在八戒被抽得欲仙欲死的时候，他被捆了起来，挂在房梁上，兴奋地有点结巴：娘、妹……妹妹们……吊起来啊……我……好喜欢！[1]可是他的娘和妹妹们突然都不见了。以上情况都是悟空告诉我的，他变成苍蝇目睹了所有过程。

故事的结尾是天亮后一切都已不再，庄园只是一片荒芜的树林，八戒被倒挂在树上，整整吊了一夜。

原来庄园只是为排戏准备的道具，那几个女人是菩萨们扮的，演技的确不错。像您这样的大领导不惜降低尊贵的身份上演这种丑剧（**马基雅维利说：君主必须是演员。其实大家都在演戏，玄奘大师不必上火。辛注**），也算是天上人间的奇谭。尽管说目的是为了考验我们的修为与诚信，但我觉着没必要这样大动干戈。一方面，既然不相信我，那就废了我算了，用不着那么麻烦，装无聊的老女人来试探我；另一方面，关于悟空与八戒的事，我已经在信里讲了很多，谁都知道他们就是那副德行，还有必要考验吗？

---

[1] 此处可参阅《弗洛伊德文集》中关于受虐狂的叙述。

八戒固然是个下流坯子，看见女人就忘乎所以，可您是堂堂神仙，至少修为比我强吧，戏弄这样的人不觉得掉价吗？与其说是玩弄别人，何尝又不是玩弄自己！跟不及格的人过不去，自己的成绩也好不到哪里去。

八戒放下来后又要向我忏悔，说自己是多么无辜，还说什么自己为了保存出家人的贞操，与那些荡妇们怎样展开搏斗，即便是被挂在树上也坚贞不屈。按他的说法，我应该给他修一座贞节牌坊，号召天下的正人君子向他学习。悟空说实在不行就把八戒阉了算了，手术由他负责，就像制作太监一样，一刀拿下，干干净净，少了这是非根他以后会老实一些；或者给定做个铁裤头，钥匙由他来保管，等取经回来再还八戒自由。制作太监的事情我是知道的，我有个朋友就是太监。据我朋友开玩笑说，宦官生产和和尚剃度可能是中国历史上硕果仅存的民主，都要绝对征得当事人同意。宦官的生产程序是，当事人先立下“自愿阉割书”，然后清理大小便，绝食封闭三四日。随后喝酒，在下边抹上麻醉药，蒙眼，手脚捆起来。在动手前大夫问是否真的愿意，得到肯定答复后，沿着根部环割拿下。接着插两个管子，其中输精管塞入体内，绝食数日即可。割下的装盒挂起来风干，死后放回到当事人原来的部位，以示全尸。

我不想再听他们说那些废话，看这些不入流的闹剧！能在一块混就在一块混，混不了就他妈的解散，老子一个人去！就算是路上被千刀万剐，也总比这样不伦不类得强！

玄奘夜于瓦茨河畔某村舍

第十三封信

所谓三打白骨精真相

贞观十四年　夏四月　戊申

每个人都有自己脆弱的命门，这个命门就是他自以为最牛的地方。以为自己最聪明的，聪明就是他的命门；以为自己最高尚的，高尚就是他的命门；以为自己最强大的，强大就是他的命门；他们都死在自以为最牛的地方！

亲爱的观音老师：

上次我可能太冲动了，是我修为不够。感谢您能体谅我内心的悲凉，我只是想讨回一些做人的尊严。至于您来信中道歉的话，实在让我很难堪，其实我说那些话只是发泄一时的情绪罢了，并不是非要向您讨一个说法。有位朋友曾告诉我，在很多时候，一定要讨个说法是一件很糟糕的事，因为它经常变成一种借口，为自己的无知与罪孽开脱的借口。也许他是对的。

五庄观的事，观音老师您是能看明白的。本来是八戒嘴馋要吃人参果，但自己不干，他怕羊肉吃不着反惹一身膻，就怂恿悟空这个二百五去干。他抓住了悟空致命的三寸：无法无天、爱出风头，时刻不忘张扬自己多有能耐！您上次说得对，每个人都有自己脆弱的命门，这个命门就是他自以为最牛的地方。以为自己最聪明的，聪明就是他的命门；以为自己最高尚的，高尚就是他的命门；以为自己最强大的，强大就是他的命门；他们都死在自以为最牛的地方！

当年我云游四方时，听说江湖上有一个很厉害的家伙，武功已臻化境，毫无破绽，特别是所谓“借花献佛”一招，诡异莫测，几乎干掉了江湖上所有的高手，即便是武林大佬们组织的联合军，也被他打得落花流水。可谁也没有想到，这家伙会败在一个名不见经传的小和尚手中，制造了江湖上最骇人听闻的事件。我曾经见过那个小和尚，形容猥琐，实在没什么特异之处。我向他请教事情的原委，他说：那算什么啊，道理很简单，要制服这龟儿子，就要找到他的破绽，江湖上的混蛋们其实并不明白，他的破绽就是“借花献佛”啊，当龟儿子向我使出这一招的时候，格老子就把他结果了！八戒就是抓住了悟空自以为最了不起这个毛病，犯下了偷吃仙果、毁坏仙树的罪行。一方面八戒满足了自己的口腹之欲，同时也报复了悟空，宣泄了一直压抑着的怨恨。

这件事已过去，就不提了。好在老师您已经救活了那棵人参果树，至于吃到肚子里的，也只好不了了之。我要向您汇报的是另一件事，我炒了悟空的鱿鱼（或者说悟空炒了我的鱿鱼）。他不干了，回花果山当他的山大王去了。在别人看来（将来的历史书也会这么说），悟空一定是我赶走的，我是个薄情寡义、混淆黑白的小人、举世无双的大混蛋，是非不明，人妖不分。也许我在判断上有错，但事情可能没那么简单。

事实是这样的。在行路中，我们碰见了一个小女生，一副邻家小妹、楚楚可怜的样子。八戒一见她就开始流哈喇子，叫人家姐姐。可悟空说她是妖精，冲上去要灭了人家。她跪在我面前诚惶诚恐、泪流满面、细声哀求。作为出家人，我自然心有不忍，说了悟空几句：悟空啊，有道是好男不跟女斗（**应该是好男不敢跟女斗，好男经不起跟女斗，否则非被弄死不可，就像我。辛注**），我们几个大男人，欺负一个这么可怜的小女生，还算是人吗？悟空揪住小女生不放，还指着我骂：唐老师，就他妈的你是男人，你是不是想上这个婊子啊？！我实在有些火了：孙悟空，你天天骂我娘，我今天也骂你妈一回，你他妈的有什么能耐，不就是会杀人放火吗？有什么了不起！我的话彻底激怒了他，他抡起金箍棒，照那小女生打去，她马上脑浆迸裂，仆地身亡。

对着那无辜小女生的尸体，罪恶的负疚感简直让我发疯。八戒也说了一大堆悟空的不是，更是让我义愤填膺。我念了紧箍咒，看着满地打滚的悟空，语无伦次地乱骂了一通：孙悟空，你这个刽子手，老子今天非弄死你不可，算是给社会除个害。从今天起，我们一刀两断，我没有你这样的徒弟，你也没有我这样的老师。滚吧！滚回你的花果山，当你的流氓头子去！老子不稀罕你帮忙，老子自己西天取经。他本来扬言要宰了我回花果山，但怕我念紧箍咒，就过来向我求情，小沙也替他说情。我想反正事已至此，只要下不为例，也就罢了。八戒提议我一定要让悟空写保证书，好好反思一下自己的罪行。我说算了，那玩意跟手纸没什么区别！

所谓祸不单行，后来又是老太太来寻自己的女儿。听完老太太说明原委，我惭愧地抬不起头，人家的女儿已经被我们弄死了！我想对老太太解释这件事，但又说不出口。悟空这家伙还盯着人家冷笑，完全是一副流氓嘴脸。八戒一看麻烦来了，就说尿憋，躲到一边去了。悟空指着老太太对我说：唐老师，这老婊子也是个妖精！老太太抡起拐棍要打悟空：你这小鬼好不懂事，有爹妈生没爹妈教养，我是老婊子，那你姥姥、你妈妈不就是老婊子了？一点礼貌都没有，小心我告你妈妈打你的屁屁！我心里想，我们把人家的女儿都搞死了，现在又欺负这么个孤苦伶仃的老人，还算人吗？忙安慰老太太几句：徒弟没礼貌，都是我这个老师不好，他就是这么个混账东西，您就原谅了他吧，别生气坏了身子。

唐老师，你又上这个婊子的当了，她是妖精，你这个猪头！悟空又开始骂我。我立马气又上来了：孙悟空！你看着谁都是妖精，就你他妈的是圣人，我看你才是妖精！唐老师，他就是这副德行，谁也没他牛，其实不就是个混过几天黑社会的小瘪三！见没有危险，八戒又跑了回来，并帮腔道。八戒的话让悟空怒火奔腾，冲过去就给他一个耳光，然后拎起老太太摔死在石头上。

接下来又是我用紧箍咒收拾他，让他滚。他表示不滚，让我再给他一次机会。我警告他：孙悟空！你听清楚，有再一再二没有再三再四，老子再给你一次机会！晚上八戒来找我，郑重其事地说：唐老师，别再留着这个畜生了，乘机会清理队伍，要么赶走他，要么就多念上几个时辰，弄死他，唐老师您一点也不能手软啊，您这是为民除害，为取经大业扫清障碍啊！我不想弄死他，既然已经答应给人家机会，就不该再食言了。况且，八戒心中那点破事，我太清楚了。

后来又碰见了老太太的老公，说是找自己的老伴和女儿。看着被我们弄得家破人亡、白发苍苍的老人，我几乎惭愧得不敢正视。这算得上是连环命案了，按照大唐的刑律，我们就是被凌迟处死一万回也不过分。连刘三也知道"杀人者死，伤人及盗抵罪"[1]，何况我们是出家人。西天取经是为了普度众生，像这样草菅人命，胡作非为，取经还有什么用。没想到悟空又认定他是妖精，又要粉碎人家。我劝了也没用，结局可想而知，白发老人砸成了白骨一堆。悟空得意洋洋地指着它教训我：你看清楚了，这就是白骨精的罪证！开始我有点信了，也许只是给自己一个借口，让心里的负罪感轻一些罢了。可八戒提醒了我：唐老师，这是孙悟空在玩戏法，他什么变不出来！听完八戒的话我火冒三丈，就念起了紧箍咒，直到这家伙疼得快没命了。

俗话说事不过三，我已经给孙悟空机会了，可他就是不听，

---

[1] 见司马迁《史记·高祖本纪》。

做出这种伤天害理的事，如果再容他给我当徒弟，我岂不是成了土匪头子吗？一味地包庇杀人犯，那应该是与杀人者同罪的！我下了决心，与他彻底一刀两断。他开始不答应，怕我继续用紧箍咒收拾他，就说一刀两断可以，他本来就对取经这件破事我们这些破人没兴趣，但必须保证以后不再用紧箍咒折磨他。我答应了，并给他写了保证，大家以后各奔东西，互不干涉，假如反悔了，我就入地狱，万世不得超生！

悟空走的时候，我多少有些伤感，毕竟大家在一起有些日子了。小沙还苦苦哀求我把他留下，我拒绝了。其实我的心里也不好受，从五行山救他开始，大家一起风餐露宿、历尽艰险，磕磕绊绊走到今天也不容易。人非草木，焉能无情啊！不过为了您交给我的事业，为了我的良心能够平静，我不得不这样做。其实我并不愿意让他走，因为我明白，我现在多么需要他，找一个像他这样业务好的人才实在太不容易了。

我也没有刻意为难他的意思。我是普通人，没有资格审判孙悟空，也没有资格审判任何人，但我有权利审判自己，为自己的道德负责任。我没有能力阻止任何人为了目的不择手段，但我可以要求自己即便是为了如何高尚的目的，也应该使自己的所作所为符合最基本的道德原则。

为悟空的离去我向您道歉，毕竟他跟着我是您的意思，是您把他介绍到我这里工作的。可我想您会理解我的苦衷，因为不这样，我终要辜负您的真意了！

玄奘夜于山中小庙

第十四封信

典型机会主义者八戒

贞观十四年　夏六月　己卯

世界上大概有三种人，一种人是一门心思做事，一种人是一门心思混日子，一种人是一门心思毁人。有人说，小人长命，因为小人永远都不会迷失奋斗的方向，总能从毁人不倦中找到生活的快乐，小人比君子要活得快乐，快乐的人总会长寿。

亲爱的观音老师：

感谢您在来信中告诉了我全部真相，原来那个小女生，连同后来的老头、老太太都是妖精。都怪我是个蠢货，当时没有认出来。您没有明说，可言语之间有谴责我的意思，觉着我黑白不分，冤枉好人。我不想为自己的错误开脱，但我要说的是，我并非故意如此，因为我确实不知道，尽管不知道也不是逃避责任的最好借口。我是个肉眼凡胎的普通人，没有什么特异功能，只能按照自己朴素的判断做出决定。本来我看到的是小女生、老头、老太太，我不可能听信悟空的话，忍心他把他们灭掉，如果是那样的话，我还有什么菩提心（**按照佛教的说法，连狗也有菩提心，事实上经常狗比人还有菩提心。辛注**），您选我取经不就是更大的闹剧了吗？尽管悟空是对的，但我只能尊重自己的良心与判断，如果出家人连这点恻隐之心都没有，那算什么出家人啊？我华夏的圣贤孟子不也是说"由是观之，无恻隐之心，非人也；无羞恶之心，非人也；无辞让之心；非人也；无是非之心，非人也。恻隐之心，仁之端也；羞恶之心，义之端也；辞让之心，礼之端也；是非之心，智之端也。人之有是四端也，犹其有四体也"。看在孟老大了的面上，您就宽恕我的愚昧吧。

读完您的信我想了很久，其实人和妖之间到底又有多少区别。对此，我的朋友曾有一番高论，他说畜生之所以变成了妖精，是因为有了人形。也就是说，畜生是修炼成人才学会胡作非为的。俗话说虎毒尚且不食子，可世人为了一己之私什么事都干得出来，比如好多帝王杀自己的老爸和儿女，把老爸的老婆和儿媳妇据为己有，等等。也许事实真如朋友所言，比起那些家伙，白骨精还算是妖精吗？其实在人的心中，都有成佛的种子，也有成妖的种子，每个人是天使也是魔鬼。如果发展了天使的一面，他可能会成为圣贤，至少是个好人，如果发展了魔的一面，就是无法无天的妖精。我朋友还说，妖精是人面兽心，其实不对，因为妖精要么是人面人心，要么就是兽面人心。无论是悟空还是八戒，当他们还没有转化成人的时候，远远没有现在那么多坏毛病。

悟空走了，他走的时候说我是"兔死狗烹，鸟尽弓藏"，看来他还是有点文化的。这个故事在我华夏很有名，《史记·越王勾践世家》中有详细的记录。故事讲的是春秋时期的政治家范蠡帮助越王勾践拿下吴国，可谓殚精竭虑，甚至用上了送女人腐蚀夫差这种烂招数。功成名就后却溜了，并写信告诉他的朋友文种，"蜚鸟尽，良弓藏；狡兔死，走狗烹。越王为人长颈鸟喙，可与共患难，不可与共乐。子何不去？"文种不听，继续享受当走狗的快乐，果然被勾践杀了。据传说，范蠡带着大美女西施浪迹天涯，后来做生意发了大财，成为当时的首富，名曰陶朱公，现在我大唐很多老板还在家里供着他呢。跟文种相比，范蠡是明白人，大家本来就是夜壶，人家尿完了，就会砸掉或扔到一边的。

我承认，悟空的话有足够多的历史事实可以佐证，不只是范蠡的故事，韩信也是这么被干掉的。但我跟他的恩怨还上升不到这样的层次。因为"兔死狗烹，鸟尽弓藏"的前提是兔已死、鸟已尽，也就是事情已经干得差不多了，目的已经达到。可我们还在路上，而且是荆棘密布，遥遥无期。我现在正是用狗和弓的时候，怎么会烹或藏？"兔死狗烹，鸟尽弓藏"的目的是为了维护个人的绝对权利或为儿孙后代继续飞扬跋扈清理门户，可我有什么值得维护的权利？我是个和尚，注定没有子孙后代，用得着处理那些为我干活的弟兄们吗？

既然大家一定要在这件事上争个是非，我不妨多说几句。为什么帝王们要"兔死狗烹，鸟尽弓藏"？在我看来，那是因为他内心的巨大恐惧。在普通人看来，江山是天命所归，帝王们被包装成上天的儿子。翻开我华夏的历史书，感觉所有帝王的祖宗都跟他老爸无关。据《史记》记载，商朝的祖宗契是他妈妈吃了鸟蛋生下来的，周的祖宗弃是他妈妈踩了巨人留下的脚印生下来的，刘三是他妈妈跟蛟龙有染生下来的，等等。反正都不是他老爸的功劳。绝对负责任的太史公笔下尚且如此，其他的就不言而喻了。听说西方圣人耶稣，也没有太麻烦他老爸，是所谓上帝帮的忙。类似处女生下个大圣贤大英雄的故事，东西方的历史书里实在太多了，让人叹为观止，聊为一笑。

诚如西汉时期的饱学之士董仲舒所言："君权天授；王者天所予也""唯天子受命于天，天下受命于天子"。既然是上天的儿子，那么他的专制和无法无天就有了先天法定的道德上的合理性，神圣不可侵犯。可那些跟他一起混的弟兄们就不这样看，因为他们明白，江山其实并不是天命所归，江山是抢来的、骗来的、偷来的或者睡出来的。为了达到目的，大家什么不入流的招都使过，什么下三烂的事都干过。帝王们也不是御用奴才说的天纵英明、超凡入圣、阳春白雪、先知先觉，也是他老爸努力的结果，也在他妈妈肚子里待了几个月，也跟我们一样小便，也忍不住会在大街上放屁，也偷邻居家的老母鸡，也看见美女流哈喇子，也口口声声骂别人祖宗，而不是金口玉牙，说出来的都是放之四海皆准的真理。他的兄弟们对这些都很清楚，心底里当然不会拿他当个什么东西。刘三刚当皇帝的时候，他的兄弟们根本不把他这个皇帝当回事，以为还是一起混社会的大哥。据史书记载，朝廷每有宴会，群臣饮酒争功，喝得酩酊大醉，其中狂呼乱叫者有之，拔剑击柱者有之，宴会上下乱作一团。刘三郁闷至极，最后在知识分子叔孙通的帮助下，制定了一套礼仪来约束小兄弟，才让他找到了感觉，感叹"今日方知天子之贵"。

在兄弟们看来，既然江山不是天命所归，他们自然也可以从别人的手中抢走骗去。特别是立国的帝王完蛋了，他的兄弟们会把儿皇帝当一回事吗？所以每个太祖高皇帝都祭出"兔死狗烹，鸟尽弓藏"的招数，剁了落得个干净，这样晚上睡着也心里踏实。

我没有"兔死狗烹，鸟尽弓藏"，也没有故意赶悟空走，我是没办法。我不能看着他伤害"无辜"，他也忍受不了我的愚蠢和软弱。我们之间的矛盾没办法调和。其实他走后我很伤心，也时常想起他。尽管他对西天取经的事业缺乏热情，至少在业务上出类拔萃，工作勤勤恳恳。可您说我能怎么办？我总不能告诉他：只要咱哥们几个能到西天，取经回来可以封妻荫子（**藏在很多正人君子仁义道德锦袍里的真家伙，中国精英们的道德文章与真实诉求严重分裂。辛注**），悟空你随便，想砍谁就砍谁吧！我真的不能，就算是错了，我也不能！好难啊，观音老师！

您在信中提醒我要注意八戒这个机会主义者。感谢您的提醒，其实对八戒我还是有一定认识的。因为八戒这种家伙在大唐遍地都是。您说这是损人不利己，其实您错了。他们意识不到这是损人，但绝对是利己的。有的人就是这样，看见别人好就得红眼病，全身不舒服，整天琢磨着怎么把人家搞倒搞臭（**考核一个人是不是好领导、好下属，这是最重要的一条标准。辛注**），为了达到这个目的，总是机关算尽、不择手段。从表面上看，干掉别人对自己没什么好处啊，比如让别人破了财，自己又发不了；让别人丢了官，自己又上不去；别人死了老婆，自己也不会洞房花烛夜；何苦要为搞掉别人加班加点、鞠躬尽瘁熬白头呢？其实在他们看来，搞掉别人就是胜利，因为看着别人升官发财自己不舒服，让自己舒服了，不就是利己吗？不就是很有成就感吗？！

我朋友说，世界上大概有三种人，一种人是一门心思做事，一种人是一门心思混日子，一种人是一门心思毁人。有人说，小人长命，因为小人永远都不会迷失奋斗的方向，总能从毁人不倦中找到生活的快乐，小人比君子要活得快乐，快乐的人总会长寿。

八戒就是这种毁人不倦的人，他一直就想把悟空赶走，其实赶走悟空对他没有一点好处，或者说会给他带来更多的麻烦。但他不会这样想，因为别人给他带来的方便永远比不上他搞掉别人所获得的快乐。

当年在长安时，有位已经致仕还乡的长官给我讲过一个故事，说的是他自己。这位老长官出身贫寒，这种出身的人要想改变自己的命运，也只有读书做官一途。读书时他有一个很要好的同学，两人都割了手腕喝了鸡血并在胳膊上纹上彼此的名字，相约肝胆相照、生死与共。大比之年，两人去参加科考，结果他榜上有名，而他的同学名落孙山。后来他当了官，按照当年割手腕喝鸡血的约定，他很照顾自己的老同学，徇私舞弊给老同学找了一个很不错的差使，应该说是很够哥儿们义气了。可他的老同学却私下里跟他的政治敌人勾结，整了他的黑材料到处告，直到把他彻底搞倒搞臭。他臭了，老同学也就没了靠山，被人像垃圾一样清理出官场，只好到乡下去养猪。有人曾经问他的老同学：你靠着他吃香喝辣，不是挺好吗？何必要干这种生孩子没屁眼的事情？！他的老同学说：我他妈的就是看着他风光不舒服，只要他没好日子过，老子养猪也心甘情愿！世上有好多东西就这副德行，你有什么办法！在人性的所有缺陷中，没有比妒忌更可怕的了，之所以说它可怕，是因为几乎每个人都有这样的毛病，而且得了这种病几乎无药可治。

唉！好烦啊。反正事情就这样了，希望悟空在花果山好好过日子吧。一切都是缘分，也许我们的缘分尽了。明天还要赶路，路还很长。

说了这么多，是因为心里有太多委屈，不知您能理解吗？

玄奘于白银川顺风客栈

第十五封信

爱一个人真的有罪吗

贞观十四年　冬十月　壬寅

在男人和女人的斗争中，不爱的那个人永远是赢家。小沙说奎木星是怕老婆，其实不对。怕是因为爱，是因为把对方当一回事，如果不爱，根本就不把对方放在心上，就不会有所谓的怕。像八戒那样的男人就不会怕老婆。不爱的人永远是主动的，她一直在进攻，爱的人总是被动，他只能防守。

亲爱的观音老师：

您好！这几天没给您写信，是因为我遇到了大麻烦。制造麻烦的是二十八星宿的奎木星，玉帝的部下。我华夏的天文学家把满天星斗划分为二十八星宿。东方青龙七宿：角、亢、氐、房、心、尾、箕；北方玄武七宿：斗、牛、女、虚、危、室、壁；西方白虎七宿：奎、娄、胃、昴、毕、觜、参；南方朱雀七宿：井、鬼、柳、星、张、翼、轸，以此来辨别方向和时间。现在大唐也挺流行这个玩意，关于星座的畅销书几乎泛滥成灾，当然不是为了天文学研究，而是算卦娱乐泡妞的工具。其实就是不明白的人用它来骗自己，江湖郎中用它来骗别人。

恕我直言，灵霄宫的主人实在让人不敢恭维，夜夜笙歌，吃喝玩乐，跟我华夏的刘蝉、杨广有一拼。诸葛亮死后，刘蝉把蜀国玩丢了，自己也被押到洛阳成了司马氏的阶下囚，被人像夜壶一样玩，有一次别人问他，你想念你的故国吗？这个做过皇帝的白痴竟然说“此间乐，不思蜀”。前朝的杨广也是个好大喜功、胡作非为的主。他只听得进去掺了水或压根不存在的好消息，不愿意面对群雄并起、大厦将倾的现实。末日临近，还忘不了对着自己的老婆感慨“好头颅，谁当斫之”，自恋、愚昧如此，可惜了他老爸辛辛苦苦留下的锦绣家业！

玉帝的老婆王母娘娘也是个穷奢极欲的女人，劳民伤财搞什么蟠桃会，听说早上起来还要喝新鲜的人奶，奶妈子养了一大堆。夫唱妇随，弄得乌烟瘴气。上梁不正下梁歪，整个官僚体系也是良莠不齐、腐化堕落。就像这个奎木狼，也算是有头有脸的人物，竟然到凡间干这种杀人掠货的勾当。官员太多，九羊十牧，屁股大的一点地方蹲着一堆人吃皇粮；官僚主义盛行，芝麻大一点官就拿自己当回事，装腔作势、作威作福；拉帮结派窝里斗，豆大点事就上纲上线，斗得你死我活、满城风雨；机会主义盛行，整天把精力用在考证和宣扬长官如何具备超凡的功能。用我朋友的话说，就是很多什么也不是的人因为拍马屁的功夫尸居在朝堂上，成事不足，败事有余。好在这张窗户纸没捅破，要是捅破了，老百姓发现这些人啥事不干，啥也不是，他们还能收到香火钱，还混得下去吗？

也许我这样说有点冒犯了神仙们的天威，话也说得尖刻了一些，但扪心自问，事实难道不是这样？如果他们多少能够反省一下，收敛一点，天上人间，也就少了很多麻烦。说不好听一点，当年悟空大闹天宫固然是胡作非为，但神仙们也实在有被修理一下的必要。人自己不修理自己，那就只好等着别人来修理了。诚如《孟子·离娄上》中所言："夫人必自侮，然后人侮之；家必自毁，而后人毁之；国必自伐，而后人伐之。《太甲》曰：'天作孽，犹可违；自作孽，不可活。'此之谓也。"

至于我遇到的麻烦，这里简单给您交代一下。事实如我以前所言，对于取经的事业，悟空的离开是个重大损失，大家连吃饭也成了问题。八戒的本事在房中术和内部斗争方面，业务上本来就一塌糊涂。让他出去找点吃的，他却寻个地方睡起了大觉，还要劳烦小沙去找他。结果我被奎木星的部下抓了，正好赶上给他们做一顿晚餐。

所谓天无绝人之路，就在我等着下锅时被救了。救我的人是奎木星的老婆！奎太太芳名叫百花羞（**名字很像北京八大胡同中的招牌货，如胡适、刘半农等文坛巨子的红颜知己赛金花。辛注**），无论脸蛋和身材都堪称极品，虽说是半老徐娘，也足够倾国倾城[1]。要是八戒在，恐怕早就哈喇子流个不停了。奎太太说她原本是宝象国的公主，十三年前被奎木星抢到洞中，当了老婆，生了两个孩子。百花羞说按照世俗的标准，奎木星算得上是个好男人，可毕竟是妖精啊！自己是帝王之家的公主，门不当也户不对啊。婚姻这种事，得两厢情愿才行。百花羞神情极为伤感，甚至说：你是和尚不知道啊，两个人做爱那是做爱，一个人做爱那是强奸。意思很明白，她这十三年就是被强奸过来的，的确有些可怜。她放我走是希望我给她爸宝象国国王捎个信，救她出去。

宝象国的国王基本上是个混蛋，因为女儿不见了雷霆大怒，整死了好多无辜百姓。不过作为父亲，舐犊之爱是可以理解的。知道女儿活着国王悲欣交集，高兴的是她的女儿还活着，郁闷的是就算动员了宝象国所有的水军和陆军，恐怕都不是奎木星的对手，他们也就能对付点小老百姓。这让我也很为难，毕竟欠别人一个天大的人情。这时候八戒毛遂自荐，说要替国王出这口恶气！如果悟空在，八戒难得有这样逞英雄的机会。开始国王对他没信心，觉着他除了长得酷一点，屁股大一点，看不出有什么特异功能（**一个极其简陋的谎言，之所以大行其道，是因为大家不习惯少了自欺欺人的日子！辛注**），直到八戒变了一通戏法，才震得宝象国的

[1] 本词与西汉著名的音乐家李延年有关。李为了讨好汉武帝刘彻，决定把妹妹献上，为了吊刘彻的胃口，先写了首歌唱给刘彻听：北方有佳人，绝世而独立。一顾倾人城，再顾倾人国。宁不知倾城与倾国？佳人难再得！刘彻听完问：爱卿，世上果真有这样的靓妹吗？李遂把妹妹送上。

君臣们口服心服，以为是天神下凡，甚至开始准备酒席，等着庆贺天蓬大元帅凯旋而归了。

事实并非如八戒吹嘘得那么顺利，八戒说他拔根毛就能把奎木星吊死。他跟小沙酒足饭饱，一起去找奎木星打架，可上去没几个回合，他就觉着有点招架不住。这时候他的机会主义嘴脸又开始暴露了，说是找地方小便，顺势逃之夭夭，躲在一边看着自己的兄弟拼命。小沙一个人自然更不是奎木星的对手，结果可想而知，被活捉了挂在洞里。小沙后来愤愤不平地告诉我：唐老师，我不愿说人是非，可八戒他妈的真不是个东西！要是在黑社会，早被兄弟们砍成肉泥了！也只有像唐老师您这样宽厚的人，才容得下这种自私自利、首鼠两端、恬不知耻的小人。

小沙说，奎木星因为被老婆出卖了简直气得五肺六脏都要爆炸，冲进洞里就找她算账：你这个千刀万剐的老婊子，老子让你吃香喝辣、穿金戴银，你却跟和尚勾搭，吃里爬外，让别人给老子好看！百花羞表面上吓得花容失色，心里却很踏实，她知道怎么对付奎木星：老公啊，你把奴家看成什么人了，奴家跟着你不图名不图利，就图老公是个好男人，对奴家一片真心，奴家陪你睡觉，给你生儿子，奴家怎的亏待你了？怎的有二心了？既然在老公你的眼中奴家是那种狼心狗肺的鸟人，奴家活着还有什么鸟劲？奴家死给你看好了！说着就往石头上撞，奎木星赶紧过去抱住，道：果真不是你出卖我？是我错怪心肝了！百花羞更是不依不饶，寻死觅活，直到奎木星在屁股上扎满钢针，跪在搓板上低头认罪。

百花羞赢了，因为她明白，在男人和女人的斗争中，不爱的那个人永远是赢家。小沙说奎木星是怕老婆，其实不对。怕是因为爱，是因为把对方当一回事，如果不爱，根本就不把对方放在心上，就不会有所谓的怕。像八戒那样的男人就不会怕老婆。不爱的人永远是主动的，她一直在进攻，爱的人总是被动，他只能防守。奎木星爱他的老婆，他老婆不爱他，所以他只能输。其实所有的爱情故事大抵上都是如此。

奎木星在老婆面前是个软蛋，但他不会放过其他与自己作对的人（**在女人面前像奴才一样的男人，对男人一般都会使用非常手段，大家要切记这条定律。辛注**）。他亲自来宝象国找我算账，在国王面前变戏法，把我变成一只老虎，说我是妖精。国王马上把我锁了起来，并使用了各种酷刑。刚才还救苦救难的活菩萨，转眼间成了宝象国人人得而诛之的魔鬼。小白（龙公子，亦是白龙马）找他算账，根本不是他的对手，不但救不了我，自己也受了伤。我被关在笼子里除了饿得发慌，其他倒没有什么。我说过，人和妖之间，其实并没有太多的区别。难得有一天安生的日子，把《金刚般若波罗蜜多经》修炼了几回，有了新的体会。

既然大家都打不过奎木星，小白只好建议八戒去请悟空回来。开始八戒不答应，因为搞掉悟空一直是他的心愿，他怎么能亲手毁掉好不容易得到的胜利果实。但八戒是聪明人，如果不去请悟空，大家都要玩完，这是他最不愿看到的结果。两害相权取其轻，先请来悟空解决燃眉之急，以后再找机会搞掉他！这就是八戒的想法，也是所有机会主义者的选择。

以悟空的性格，自然不买八戒的账。他不恨八戒，他恨的人是我。终于有了一个让他出气的机会，他高兴还来不及呢。可在斗心眼这方面他根本就不是八戒的对手，因为八戒知道他的命门所在——无法无天，以为自己最牛！他向悟空撒谎说：那妖精好生厉害，我们哥几个根本就不是他的对手，我说要是我哥哥悟空在，容不得你逞能，可那妖精根本就不把猴哥你放在眼里，他说孙悟空算什么鸟玩意，不就是花果山一乡巴佬，养马的小混混嘛！我说我哥哥可是“齐天大圣”，是大闹天宫的盖世英雄呢！猴哥你晓得他说什么，他说齐天大圣，哈哈，红屁股的病猴吧，那是当时老子不在，要不非扒下他的猴皮红烧了不可，不是老子夸口，齐天大圣在老子眼中也不过是一根毛。八戒的话简直要了悟空的命，恨不得立马把奎木星做成粉末。结果可想而知，悟空出面摆平了奎木星。大难不死，我们四个人又聚在了一起，继续踏上取经的路。

有件事情要顺便告诉观音老师。原来那百花羞以前也在天庭里工作，是红楼酒店的服务生。红楼酒店接待的基本上都是天庭里的高级长官，而且全部免费。当年八戒也没少光顾。奎木星在天庭当长官时，就经常在红楼酒店腐败，勾搭上了百花羞，跟她上了床。听八戒说，其实跟酒店的服务生上床在长官们中间是稀松平常的事，就像是上了趟公车，原则是完事走人，莫做他想。可不幸的是奎木星爱上了她，当一个男人爱上一个不该爱的女人时，麻烦就来了。后来白花羞投胎到了凡间，奎木星也尾随而来，接着就有了后来的故事。无论怎样，这也算是一桩悲剧。因为在男人与女人之间，悲剧是因为有爱，没爱就不可能有悲剧，那只能是闹剧。在我大唐，看见一场悲剧还真不容易。

听说奎木星已经被判了刑，恐怕用不了几天就保释出去了。我朋友说，在这个世界上，为有钱有势的人总是设计好了无数的退路。话说回来，其实真正应该接受审判的，难道只是奎木星？！像他们那么搞，恐怕胡作非为的，不只是一个奎木星吧。可笑的是，他们还好意思说：抓住了奎木星，从此就清净太平了。呜呼，一口痰噎得我好难受！

至于跟悟空的关系，我会处理好的，请您放心。一切都会以大局为重，为了取经的事业，个人的好恶尚是其次，其实本来也算不了什么。

祝好！

玄奘夜于宝象国肏州衙门招待所

第十六封信

太上老君是幕后黑手

贞观十五年　春三月　戊午

听了我的话，悟空流下了眼泪，其实他流泪时很像个孩子。也许我们总是看见他飞扬跋扈的一面，而忽略了他内心的软弱。我朋友说，再强悍的人，心里都有一块软肉，其实比普通人更脆弱，我们经常看见的是一种表象，至于哪块肉最软，一碰就痛，只有他自己知道。

亲爱的观音老师：

您还好吧？长安一别，已经好多年了，经常有点思念故国与家乡。最近身体虚弱得厉害，经常头晕眼花、虚汗淋漓。也许是老毛病又犯了，或者行路中受了风寒。我有一种很不祥的预感，恐怕自己快要撑不下去了。自离开长安后不久，感觉就有点力不从心。不过还要强打精神，因为我心里明白，一旦我不行了，他们几个马上就散伙了。起码八戒等不到把我装进棺材里，就会回他的高老庄去了。

也许是有了上次的变故，悟空的脾气也略微好了一些。他回来后我找他谈心，给他说了好多知己话：悟空，我知道你恨我，因为白骨精这件事我向你道歉，可我确实是被蒙在鼓里，并不是有意刁难你。一路上你吃了很多苦，唐老师我心里明白，我不是那种薄情寡义的人。可我们是出家人，出家人就要谦逊、宽厚，至少不能杀生害命，我心里的委屈比你还多！但我们还是要坚持原则，只要别人没有挡我们的路，能宽容就宽容一些。坏人是要惩罚的，也没必要斩尽杀绝。

听了我的话，悟空流下了眼泪，其实他流泪时很像个孩子。也许我们总是看见他飞扬跋扈的一面，而忽略了他内心的软弱。我朋友说，再强悍的人，心里都有一块软肉，其实比普通人更脆弱，我们经常看见的是一种表象，至于哪块肉最软，一碰就痛，只有他自己知道。

八戒又找我告悟空的状，言辞极为刻薄。他说自己又收集到了悟空新的罪状：第一、悟空返回花果山后制造了一起骇人听闻的命案，残杀了花果山附近几千名猎户，其中大多是妇女儿童；第二、悟空回花果山后整天操练兵马，勾结黑社会准备造反；第三、悟空公然侮辱我，说唐老师是个六亲不认的东西，他还动员全花果山的猴子整天骂我祖宗！八戒的意思是让我时刻提防着悟空，不要给他好脸看，如果可能最好每天念几遍紧箍咒。我说知道了就把他支走了，心里厌恶得厉害，悟空刚回来他就这样。不管怎样，是悟空救了我们，人总得讲一点起码的良心吧。尽管在八戒这种人心中，良心永远是一种累赘。我跟悟空也没有提这件事，要是悟空知道了，恐怕那两个大耳朵不复在头上了。有一天大家总要散伙，可现在事业未竟，团队的团结还是首要的，对吧？

撑着这样的身体，偏又遇到了麻烦。在平顶山我们又被一帮恐怖分子绑架了，原因是他们听说吃了我的肉可以长生不老（我自己都不能长生不老，亏他们想得出！）。我还不知道，原来自己这么值钱！有道是人怕出名猪怕肥，似乎现在全世界的人和妖都知道我，找我的麻烦，要吃我的肉。少年时，大家天天都想着当名人，有一堆小女生跟在后边嗷嗷叫，放个屁别人都要研究上几个钟头。可真的当了名人，发现根本没有自己想象得那么滋润。就我而言，虽然没有长安的小报记者整天埋伏在厕所里等你出恭，粉丝们拿你的签名当供品，可天天有人琢磨红烧你、干烧你还是清炖你，也足够烦人。说实话，我本一凡夫俗子，肉也不见得比八戒身上的肥肉营养丰富，可出了这么个鸟名，就成了大家垂涎三尺的人间尤物。其实名人出恭也是蹲在那里，不会有转身抱膝向内翻腾三周半入水这种观赏价值比较高的动作，名人的衣物也会臭烘烘，不是什么包治百病的神功元气袋（**祖国传统医学让这**

帮家伙败完了。辛注)。

其实，在过平顶山之前，我们已经收到了可能遭遇恐怖袭击的消息。我召集他们几个开了个小会。会上八戒主张大家散伙算了，弄不好非葬送在这荒山野岭不可。显然，八戒的意见没人支持。我说就算是死也要死在取经的路上，大家都是男人。八戒的话让悟空有点上火，过去扇了他一耳光。唉，他俩就这样。

这帮匪徒的基地在一个叫莲花洞的地方，匪首是兄弟俩，一个叫金角大王，一个叫银角大王。兄弟俩张罗了一堆形形色色的大小流氓，搞得方圆几十里不得安生。我现在没有被红烧，能坐这里给您写信，真的多亏了悟空。那兄弟俩功夫好生厉害，要单纯是肉搏战，八戒、小沙跟悟空加在一起也不是他们的对手，有点像三国时的三英战吕布。虽然他们不是刘备张飞关云长，但那兄弟俩绝对跟吕布一样，都是那种肌肉发达、头脑简单的货，也就会喝酒打架玩女人，到底让悟空玩得团团转。

兄弟俩还有几件宝物，最厉害的是葫芦和玉净瓶，什么东西都能装进去，片刻会化成水。开始悟空吃了大亏，被装了进去。幸亏悟空聪明，变戏法逃了出来。悟空意识到，要干掉这兄弟俩就得先偷走葫芦和玉净瓶。正好有个机会，兄弟俩是孝子，既然要吃我的肉，自然不能忘了他们的老妈。他老妈也是个老土匪头子，土匪这种基因的遗传性极强。在路上悟空干掉了兄弟俩派出的小混混，自己变成小混混去请老土匪。这件事一直让悟空很不爽，因为为了戏演得逼真，他不得不给老土匪磕头作揖。用悟空自己的话说，有道是男儿膝下有黄金，悟空自认为是男人中的男人，岂能给一个这样的老东西下跪！后来一直为此愤愤不平，也难为他了。在赴宴的路上，悟空干掉老土匪，拿下了她的宝物，一根法力无边的绳子，然后化做老土匪去赴宴。

悟空的计划非常成功，兄弟俩对他们的二手妈妈（应该是干妈，跟当年上海滩的女人动不动认干爹干妈差不多。辛注）尊敬备至。就在悟空准备下手的时候，认出了悟空的八戒突然发难，揭露了悟空的身份。这件事有点匪夷所思，悟空是救八戒，八戒却倒打一耙，不知到底安的是什么心！我没有做声，一是身体太虚弱，另外八戒的这种手段我已经司空见惯了。可小沙气得发抖，我第一次听见他说脏话，骂人：八戒，你这个挨千刀的肥猪，我操你八辈祖宗！

阴谋不成只有硬干了，可惜悟空并不懂那绳子的使用方法、基本原理。就在他用绳子准备拿下兄弟俩的时候，反倒受了暗算，被兄弟俩拿下。悟空手中的宝物也被兄弟俩没收，自己也跟我们吊在一起。悟空，你已经尽力了，我不怨你！我安慰他说。谢谢唐老师，我孙悟空要是救不了你，这几百年不是白活了吗？我也要给猪八戒这个吃里扒外的小人看看，老子不是吃干饭的！悟空说完就开始变戏法，又逃了出去。这次他多了个心眼，不但偷了玉净瓶和葫芦，还使了不少花招，最终把兄弟俩装到瓶子里，化成了水。剩下的小混混一个不留，全让他斩草除根。场面的血腥让我头晕，遍地都是破碎的脑袋、胳膊、腿。我感觉全身发冷，直想吐。

兄弟俩本来想用他的宝贝收拾悟空，却迎来灭门之灾。如我朋友所言，大概每个人都有一个自以为是的宝物，在我大唐叫有一张王牌。这张牌可能是位子、主子、银子、儿子、刀子或者满脑子的鬼点子，握着这张王牌人们大多会洋洋得意、踌躇满志，整天梦想着唾手可得的神仙日子。每个发牌的人都以为自己稳操胜券，结果往往输得很惨。因为他不明白，任何宝贝都是虚妄，重要的不是你手中的牌，而是发牌的人。发牌时声音最大的是你，赢了的往往是别人。因为别人就等着你手中的那个宝贝。圣人不拘于物，真的很有道理。自以为是、自作多情、自我陶醉的人往往把镜子里看到的东西当做整个世界。

有件事实在让人无法不发火，那兄弟俩原来都是老君手下的狗奴才。在前一封信中，我已经给老师您讲了灵霄宫里的种种形状，没想到今天又碰上这种混账事情。一路走来，胡作非为的都是一些与其有关的东西，可见那里的风气是何等不堪，管理是何等腐败。太上老君（**学界一直认为他的前身是大思想家老子，纯属谣言，唐僧显然也被误导，此为中国思想史上最大的冤案。辛注**）何许人也，玉帝的老上级，理论权威，道德模范，却怂恿自己的奴才到处胡作非为，不知道对着自己的那一套教化万民的宏论，他老人家作何感想。更可气的是，对那俩奴才竟然没有采取一点惩罚措施，只是口头警告，如此而已。而当年八戒调戏一下女人，小沙打碎个小酒杯，比起老君手下这俩奴才的作为，实在算不了什么，却被判处无期徒刑打下凡间，到底公理何在。不过也好，待在那种乌烟瘴气的地方，倒不如在凡间当个小老百姓。

本来我想写封控诉信，可因为不知道交给谁，只好作罢。他们既是强盗又是判官，递上去有什么用？在这一点上，大唐的臣子们倒是得了他们伪祖先的真传，并且百分之一千地发扬光大了。什么“王子犯法，与庶民同罪”，连奴才犯法都可以逍遥法外，何谈王子！我朋友说，“王子犯法，与庶民同罪”是我华夏法制史上最著名的童话，因为“王子犯法，与庶民同罪”的前提是必须有一个标准的游戏规则，每个人都有权利参与并遵守游戏规则，可事实上这两点根本就不存在。

头晕目眩，不知所云，望见谅！

玄奘夜于平顶山麓泛空寺

第十七封信

有关唐僧之死的闹剧

贞观十五年　秋九月　丁亥

人终归一死，死本身没有什么意义，所谓轻于鸿毛、重于泰山，也只是自欺欺人而已。闭上眼睛一命呜呼，就这么简单，不值得大惊小怪。如西方的上帝所言，我们本是尘土，终将归向尘土。帝王们耗尽天下财力，留下的也不过是一堆朽骨，不见得比我等草民更加高贵。

亲爱的观音老师：

也许这是我写给您的最后一封信了，等您收到这封信时，我大概已经不在人世。我的身体彻底垮了。我粗知一些医术，知道自己已走到了生命的尽头。就算是华佗再世，也于事无补。在这荒村僻壤，也只能找到几个江湖郎中，他们给牲口看病尚且粗陋，何况我这病入膏肓的人。悟空说去上边找点灵丹妙药回来，我拒绝了。我并非要效仿古人“义不食周粟”[1]，拿自己的小命作秀，但灵霄宝殿的人情，也实在领教得够多了。

人终归一死，死本身没有什么意义，所谓轻于鸿毛、重于泰山，也只是自欺欺人而已。闭上眼睛一命呜呼，就这么简单，不值得大惊小怪。如西方的上帝所言，我们本是尘土，终将归向尘土。帝王们耗尽天下财力，留下的也不过是一堆朽骨，不见得比我等草民更加高贵。至于所谓的长明灯，终归是要熄灭的，我们都要回到最永恒的寂寞与黑暗中。既然迟早要死，长短也就没有什么标准，今天死跟明天死区别不大，自然也无须悲哀。恩怨情仇、是是非非，都将是过眼烟云，唯一放不下的，是取经的事业，当年对您的承诺。玄奘无能，辜负了您的厚望，也辜负了自己少年的期许。人生就是这样，谁也不能左右命运的强大力量。愿您能够重新找一个更合适的人完成取经的大业，在尘土下边，我的灵魂也会平安一些。

[1] 见《史记·伯夷列传》，武王伐商，天下姓周了。伯夷、叔齐觉着羞耻，就跑到首阳山中，扬言“义不食周粟”，采野菜为生，搞非暴力不合作运动。后来有个村姑对他们说：丫装孙子啊，野菜难道不是周的吗？两人受了刺激，遂唱着歌绝食而死，被后世尊为义人。

至于后事，我已经做了安排。我召集他们开了个小会，并私下里做了交代。虽然大家都很悲伤，可我知道，对他们来说，我的死其实也是一桩幸事，——以后不用跟着我过风餐露宿的苦日子了。我一死他们就解脱了，各自回去过幸福的生活。就死后各位的安排，我征求他们的意见。八戒的态度很坚决，大家马上散伙，他回高老庄去找自己的媳妇。悟空没八戒那么直露，大概觉着那样不太够哥们义气，但意思很明白，等办完了我的丧事，他就回花果山。小白说自己的父亲老了，他想回去继承父亲的禄位，过几天舒心的日子。小沙说他没有家，是个流浪汉，愿意效法当年子贡他们为孔子守丧的先例[1]，为唐老师守丧三年，然后找个地方混日子，实在不行就去找黑社会的弟兄。小沙说的这个事在《孔子家语》和《史记·孔子世家》中都有记述，我是知道的。孔子死时 73 岁，在当时已经是高寿，一生颠沛流离，能活到这个年岁真的很不容易。孔子死后葬在鲁城北泗上，弟子们都为他守丧三年，三年丧毕，相别而去。只有子赣在塚上造房子住了下来，守护着老师的坟墓长达六年，然后才悲哀地离去。所谓服丧三年，其实也是儒家倡导的礼制，被认为是孝道的基本表现之一。在我华夏早期的典籍里，多有记述，比如《礼记》等等。

见他们的后路还都不错，我也就放心了。略微有些伤心的是，他们没有一个人提起取经的事，好像这件事根本与他们无关。我自然也不愿意去说，说了也没什么用。他们之所以跟着我，大概是迫于您的压力，既然我死了，取经对他们已经没有任何意义。

---

[1] 见《史记·孔子世家》：孔子葬鲁城北泗上，弟子皆服三年。三年心丧毕，相诀而去，则哭，各复尽哀；或复留。唯子赣庐于塚上，凡六年，然后去。

我华夏战国时期的思想家杨朱（**历史上一个敢讲真话的道德模范眼中的小人，敢讲真话在中国算得上惊世骇俗的伟大品质。辛注**）讲不愿拔一毛而利天下，孟子骂他是禽兽，如《孟子·滕文公下》中孟子讲："杨氏为我，是无君也；墨氏兼爱，是无父也；无父无君，是禽兽也。"我朋友说，其实跟孔子相比，孟子更像个老滑头，这是闲话。杨朱的话虽然很不中听，却也不过是讲出了一个大实话而已。尽管大多数人会拔一毛利而天下，但是否心甘情愿，就不得而知了。

虽然他们几个有这样那样的毛病，但真要离开他们，就觉着很不舍。毕竟大家作为一个团队在一起混了这么长时间，一起经历了千难万险。何况他们种种不好的作为，我也有一份责任，我毕竟是他们的老师，他们的头。我只是要求他们平时能适当收敛一些，对自己要求严一点，并没有特别把自己的标准强加给别人。我不是圣人，没资格也不喜欢推己及人。大家都不容易，何况到了这曲终人散的时刻。

我让悟空坐到床前，对他说：悟空，一路上辛苦你了，为师有对不住的地方，你要报仇现在还有机会。我死后的事你多费点心，料理完我的后事然后赶紧回花果山去。我知道你心气高，本事好，可回花果山后别再逞强耍狠了。为人要低调一些，宽厚一些，再不要到处煽风点火、惹是生非，不要天天打架斗殴、满口脏话，不要整天跟黑道上的人称兄道弟，不要随地吐痰大小便，不要酗酒，要注意身体，经常洗澡勤换内裤，像你这样半年换一次，迟早要长虫子的，弄出个膀胱炎或前列腺炎也不好。我知道你有政治理想，可你真的不是玩政治的料，在这方面八戒比你优秀得多，不要在花果山搞演习，容易给人留下犯上作乱的口实。安安生生跟你的猴儿们过日子，大闹天宫有什么用，出风头有什么用，最后倒霉的还是你！你觉着自己是盖世英雄，可人家依然在上面作威作福，你却压在五行山下五百年。我朋友说玩这个需要稳、准、狠，像你那样只懂得耍狠是不行的。听唐老师的话，就死了这份心吧。

大概是我要死了，悟空对我的话都应允了。他说：唐老师你完蛋了我真的很伤心，我会听你的话好好做人，不过你在临死前得把我头上的这东西取下来。我也不知道怎么去掉，就告诉他既然我都死了，观音老师会给你取掉的。悟空还是不放心，害怕死无对证，要我写个保证，我就写了。希望您就给他取了那金刚圈，让他舒舒服服地过日子去吧。

听小沙说，八戒知道我不行了，已经收拾好行李，准备动身。还给小沙发牢骚：唐老师怎么还不死啊？这家伙干什么都磨磨唧唧。小沙说八戒最近老失眠，经常半夜爬起来问他：唐老师不会是装死吧，他这次要是死不掉那我们怎么办？！小沙说当时他很想扁他一顿，但一想大家在一起没几天了，就算了。其实我也不恨八戒这么做，树倒猢狲散，算不上有什么过分。他本来就是个骑墙派。好歹也跟了我这么长时间，没有功劳也有苦劳。

我对八戒说：八戒啊，你想回高老庄我理解，回去后好好跟老婆过日子，再不要好吃懒做，惹你老婆和岳父生气。我知道你荷尔蒙分泌得比一般人旺盛，可也要适当控制一下，天天逛窑子，就算是免费，时间长了身体也受不了，现在肾虚的男人还少吗？再说，女人大体上一样，男人的事业和尊严不是靠那些东西支撑的啊，就算人人说你是情圣，那能当饭吃吗？回家后好好种地，孝顺老人，养育儿女。另外以后要少吃热量高的东西，小心得高血压和脂肪肝，一定要多锻炼身体，多做有氧运动，你看看你这一身肥肉，你老婆能爱你吗？本来我还想批评一下他的机会主义作风，但想想放弃了。他那种东西几乎是娘胎里带来的，说了也没用。

听我说话的时候，八戒把头埋在我的怀里痛哭不已，说这几天他都不想活了，还说回去后一定要挣钱给我修个庙，天天烧香敬拜我。我说算了，有给我修庙的钱，还不如多修几个猪圈，多养几头猪。

这几天小沙一直陪着我，他明显有些瘦了，老是不吭声，偷偷地抹眼泪。也许在这个世界上，我是他唯一的亲人了。跟悟空和八戒不一样，他每天都站在十字路口，迷茫地不知该往何处去。我在的时候，他知道跟着我就行了，我一死他又掉进那可怕的迷茫中去。我理解他的心境，一个人最怕的不是苦难，而是不知道何去何从，到哪里去享福？到哪里去受苦？我们有时候也说点话，他说自己没太多想法，等给我守丧三年后再做打算。我说：小沙你别那么固执，不要给我守丧，我也不需要别人给我守灵。我想一个人来，一个人走，无牵无挂。你是个老实人，找个地方踏踏实实地过日子。你可以回去当蹴鞠教练，现在连耍猴的都在当蹴鞠教练，为什么你不行呢？不过千万不要搞假球、赌球、黑哨这些东西。实在不行，你在灵霄宫里当过侍卫，要是不嫌弃，就找个地方给别人看门糊口。尽管在黑社会可能你更有发展前途，道上的兄弟也等你回去，可你要听我的话，不要去干那种杀人掠货的勾当，就算你是劫富济贫的大英雄，那也是胡作非为，不入流的人才干那种事。你学历不高，也没有什么收入，年龄大了，说实话长得也不帅，又没有八戒那些哄女孩子的伎俩，回去要是想成家，就别挑肥拣瘦了。好看的女人未必中用，鲜花得有钱有势的牛粪养着，你这牛粪营养不够，最后可能收获满屋子的绿帽子，何苦呢！回去找个本分的女人过日子，只要心眼好、厚道、没有狐臭就行。也不要嫌弃人家是不是黄花闺女，现在成年的黄花闺女已濒临灭绝，比非洲的钻石还稀罕，不会轮到你的，只要保证人家生的孩子是你的，就睁一只眼闭一只眼算了。实在不行，就找个寡妇凑合吧。

小沙说：唐老师你想得太多了，我也不找女人，我不是八戒那种离了女人活不下去的男人，我也不回去参加黑社会。不行就云游四方，走到哪儿死到哪儿算了。我说：现在的行者都是作家，号称是文化行者（**原来在1000年前已经有了这种文化人。辛注**），你可能不够格吧。小沙说：我又不想出名，做什么文化苦旅，就不作那种秀了，与其那样，倒不如参加黑社会来得痛快，起码还有点男人样嘛。

对于丧事，我也做了安排，一切从简吧。一来我不喜欢那种拿死人作秀的闹剧，另外也不想麻烦别人。死就死了，还搞那么多花样干什么。八戒说他们准备给我搞个追悼会，但他们三个文化水平比较低，所以希望我在临死前写好悼词[1]，到时候由悟空来念，也算是盖棺论定。我说算了，我听着唧唧歪歪心里烦。八

---

[1] 洋人死了，牧师说：请万能的主饶恕他的罪过吧；中国人死了，不管活着怎样，都要讲一大堆溢美之词，所谓盖棺论定。唉，就这一点，看得出我们的国民性来。

戒提议他们回去后给大唐陛下写个报告，把我搬进功臣陵园，举行国葬，我也拒绝了。悟空觉着他们哥几个怎么也得表达点心意，免得后人骂他们薄情寡义。他建议大家凑点钱，实在不行就去打家劫舍或抢钱庄，弄几个童男童女给唐老师陪葬。我说情义我领了，但这份孝心我是承受不起的。

我查遍了所有的动物志，包括苍蝇蚊子跳蚤等最低等的东西，从没见过他们有陪葬的礼仪，而我国有好一段时间，经常是拿活人陪葬的。孔子对这种事就很不满，他说干这种事的人要断子绝孙，所谓"始作俑者，其无后乎"[1]。洋人说中国人这么干简直就是禽兽。我们骂人家是蛮夷，其实洋人讲得确实也不对，禽兽也不这样干啊。尽管悟空几个要给我弄的童男童女是纸糊的，但从本质上讲，跟真的大活人又有什么区别呢？！大唐的学者口口声声我们是礼仪之邦，圣人云云，礼仪是有了，文明倒未必。圣人说拿人（假的也反对）当祭品要断子绝孙，还整天烧来烧去，不是蠢得可爱吗？趴在所谓的象牙塔里（**怪不得大象被大量灭绝，原来是被这些家伙用来修塔了。辛注**），哈喇子流得三尺长，充什么有学问的人。

其实对我而言，一切都将结束，我是说人世上的是是非非。我觉着好累，现在终于有个机会好好睡上一觉了。再没有什么人来打扰我，不用跟别人吵吵闹闹，也不用给人家讲那些让他们厌烦的大道理，更不用为年华的逝去而悲哀。我可以一个人静静地躺着，听着花落、听着流水，听着白云从天上掠过，听着鸟儿自由地飘来飘去。不再去反思自己的良心，不再有未实现的理想灼

[1] 据《孟子》载，仲尼曰：始作俑者，其无后乎？可能这是老头讲过的最狠的话了。想起他讲这句话时发火的样子，忍不住要在他的大脑门亲上一口。

烧我的灵魂。死对别人是一种解脱，对自己何尝又不是一种平安的选择。一路走来，有这样的收获也不错。

别了，我亲爱的观音老师，不要为我悲哀。感谢您指给我的这条路，使我明白了许多。也感谢您的关爱。在最艰难的日子里，如果有个人愿意倾听你的苦闷，那这个人就是幸福的。我是幸福的，因为我可以向您表达我心中的所有，让自己紧张的内心世界得到释放。我是赤条条地来，还是赤条条地去，什么也没有失去，挥一挥手不带走一片云彩。希望我死后，您能照顾八戒、悟空、小沙、小白他们几个，教他们往端正的路上走。

我一无所有，无所托付。只是有一件事情要麻烦您，如果有一天碰到了那个女孩，就告诉她我已经死了，死在一个陌生的地方，谁也找不见的地方。死的时候我想着她，我死得很幸福。

就说这些吧，愿您一切都好。也许我们还有再见的日子。

我草草写了个遗嘱，附在后边。

玄奘夜于铧云山中某窑洞

遗　嘱

吾命休矣，生日无多。饱经忧患，红尘看破，一死而得解脱。平生以宽厚为本，一心向善，不与人争，虽不曾有尺寸之功，亦不存亵渎良心之作为。所悲者取经之业未竟，惘然先行于人世，有负观音老师重托，青草之间，终为至恨。愿后进有志者成此宏业。

愚一身清寒，身无长物，断子绝孙，无所托付。特留遗嘱者，恐附依俗约，烦劳生者，泉下亦不得安心矣。

细文如下：

一、愚死后，不置棺木，寻一荒凉处随意掩埋。

二、不树坟冢，不种树，不立墓碑，恐为野狗出恭之处。

三、不用开会，亦无须墓志铭之类，功过任由评说。

四、不奏哀乐，或鸣炮祝贺，愚不知音，清净为好。

五、不做法会，无需和尚超度，尼姑亦不可。

六、不烧纸钱，不需童男童女陪葬，否则不容于泉下。

七、不捐献尸体于江湖郎中，任私处为少年笑。

八、不许募妇人哭丧，亦不需为愚指定孝子贤孙。

九、无须入大人祠，或载之史册，云云。

十、拙文付之一炬，无须编纂成集，糟践纸墨。

十一、生辰死日无须纪念，以此谋利心有不安。

十二、身无长物，几卷书弟子分之，或随意处置。

十三、死后所有称号，一应拒绝，拒绝冷猪肉。

十四、愚死之地，即为魂归之处，无须叶落归根。

弟子之中，悟空为长，当训诫诸弟，尊愚遗命，谨嘱！

玄奘立

贞观十五年秋十月丁亥

第十八封信

乌鸡王国的权力斗争

贞观十五年　冬十月　庚辰

尽管在短暂的生命旅途中，每个人都是匆匆飞逝的过客，总会留下太多的遗憾，但我们努力地生活可以让遗憾尽量少一些。真正的复活就是回到你死去的地方，接着走自己选定的路。其实每天我们都在死去，每天我们都在复活，唯一的区别是有的人回去继续前行，有的人选择了彻底放弃。

亲爱的观音老师：

感谢您从死的虚空里把我捞了回来，又可以这样跟您谈心。我以为我已经死了，轻飘飘地飞向那陌生的世界。那个世界里没有光，没有丝毫的声响，只有自己微弱的呼吸，也许还有银白色的花吧，可能只是幻觉。有时候感觉手心中触摸到了什么，冰凉得就像眼泪。生命已不再有任何重量，如一粒微尘，不知要飘向哪里。是您重新给了我生命的重量，就像整个宇宙在自己的呼吸中膨胀。我又看见了光，听见了风吹过山岚、雨打落遍野的花。死其实并不可怕，活着也挺好。因为当我睁开眼睛，梦想又回到我的身边，使我获得了某种快乐和力量。

一切都将继续，而不是重新开始。您在信中批评我不该对生命那么消极。也许您说得对，我是太累了，太需要休息了。我还不够坚强，内心随时准备逃跑、准备投降。死亡应该是最佳的逃跑与投降方式。您说无论我们对生命看得如何透彻，也得努力地活着，活着本身就是生命的全部意义，何况我们还有许多的事要做。尽管在短暂的生命旅途中，每个人都是匆匆飞逝的过客，总会留下太多的遗憾，但我们努力地生活可以让遗憾尽量少一些。洋人说，他们的圣人耶稣复活[1]后到了天上，但这不是最好的选择，真正的复活就是回到你死去的地方，接着走自己选定的路。其实每天我们都在死去，每天我们都在复活，唯一的区别是有的人回去继续

[1] 据《圣经·新约》马太福音中讲，耶稣作为人类的替罪羊被钉死在十字架上，死后三日复活，回到天上，坐在主的右边。如果真是这样，他倒是一点也不吃亏，而是发了啊。至于后来的基督徒们为他的死悲哀，我实在有点想不通，难道天堂里不好吗？

前行，有的人选择了彻底放弃。

我又回到我死去的地方，走上西天取经的茫茫旅途，只是我的生命将比以往更加坚硬。

我必须向八戒和悟空表示歉意，他们的愿望因为我复活而落空。悟空虽然心里很沮丧，但并没有表现出明显的失望。他对我说：既然唐老师没死成，那大家说过的都算是放屁了，继续干我们的活，到了天竺再说。八戒这几日伤心得要死，听小沙说，他经常去河边一个人发呆。晚上也睡不好，老做噩梦，或爬起来在院子里走来走去，像是得了神经病。显然，我没死成对他的打击实在太大。我能理解八戒的心情，毕竟他等这一张牌好长时间了，没想到兴冲冲地打下去，却让别人赢了。

我害怕八戒想不开，弄出什么事来，就找他谈心：八戒啊，我知道你心里不好受，都是唐老师不好，唐老师说好了要死的，却没有死成，实在是对不住你啊。其实唐老师并不是故意要骗你的，唐老师真的觉着自己要死了，我也不是故意活过来的，这是观音老师的安排，我们的事还没办完，死也死不成啊。你要实在看我活着心里难受，就给我一下子吧。其实你也别那么难为自己，你要走就走吧，唐老师不怪罪你。我手边还有点银子，你拿着当盘缠，回去好好过日子。八戒的确很委屈，抹着眼泪对我说：唐老师，我没有咒你死，不过你活过来我是有点难过，对取什么鸟经我一点也没兴趣，就想回去抱着老婆过日子。既然你又活来了，那我就自认倒霉吧。我也是堂堂的国家干部，怎么能当逃兵呢？还是大家继续一起混，等取回了这鸟经，大家再散伙吧。最后我对八戒保证，等取经的项目做完了，要是还有人挡着不让他回家抱老婆，我第一个死给他看。

死了一回，身体也虚弱得厉害。小沙说大家休息几天再走。我说抓紧时间吧，悟空和八戒都有别的事，赶紧办完了让他们回去。大家觉着我说得对，就让我趴在马上，用草绳捆起来，匆匆地赶路。没想到在宝林寺，又惹了不少的事。最可恨的是，我们的同事也是狗眼看人低，给我们脸色看。

看着“敕造宝林寺”我就知道麻烦来了。因为一旦拿了朝廷的银子、当了朝廷的官，就没多少出家人的样子了，大多是另一副嘴脸。这种人我大唐太多了，他们比暴发户还暴发户，比政客还政客，比奴才还奴才。人家掏钱养活你，不就是让你这样吗（**可以把历史上那些国师拎出来研究一下，看看都是些什么东西。辛注**）？既然是出家人，出家时在佛祖前宣过誓，说是已经看破红尘，六根[1]清净，却又要去做政客。既然要当政客，又何必做出家人的秀。这不是被窝里放屁，自己哄（轰）自己吗？！至于那些混迹于商场的大师们，就更加不堪了，既然那么想发财，想当员外，出家不是糟践别人糟践自己吗？要是大唐的经济等着出家人来推动，我看大唐也差不多了。

在长安时有位号称一代宗师的大明星（**这种明星现在太多了，只有他们的外形还有点出家人的样子。辛注**）曾经对我得意洋洋地说：玄奘啊，你落伍了，你要向我学习，发财才是硬道理。光知道烧香拜佛、普度众生是不行的，要把这些东西转化为生产力，要产业化，要懂政治、懂经济，要知道怎么去搞人际关系，人际

[1] 佛教用语。六根亦名六情，指人的眼、耳、鼻、舌、身、意。对应产生色、声、香、味、触、法六境，从而导致人的各种欲望。六根清净就是断绝这些欲望。

关系也是生产力嘛！要有国际化的眼光，你看我的行头就明白了，帽子是高丽虎皮做的，裤子是法兰西羊绒的，外衣是在罗马定做的，不瞒你说，我的内衣也是扶桑货啊，都是世界顶级名牌，国产的东西我从来不用，丢不起人嘛。最近我到全世界跑了跑，见的全部都是大人物，跟他们谈生意，天天PARTY，鸡尾酒喝得我胃疼啊。做事要讲效益，传统弄法不行，我们做心灵产业的也要创新。有人骂我，骂吧，没什么了不起，大人物哪个没人骂？骂完了还不得立个牌位供着？我也听说他那个寺庙经营得不错，单就卖佛学博士的假文凭，也赚了不少钱。据说他准备到处并购一些寺庙，搞连锁经营，他的想法还很得一些朝廷大员的欣赏。他还雇人写了不少佛学专著，总主编了规模浩大的《皇家佛学全典》，俨然是佛学界泰斗级的人物。我觉得出家人这样，迟早要出问题的。

我们到宝林寺，本来只是想讨点饭吃睡一宿而已。按照佛界的规矩，无论是哪里的和尚，在任何一个寺庙里都可以白吃白喝。可那位方丈却给我们吃闭门羹。既然是“敕造宝林寺”，方丈自然也是朝廷大员，至少也是从三品的长官，一见我们是讨饭的穷和尚，不但让手下轰我们出去，还讲了一堆屁话：我这是国家级寺院，只接待朝廷长官、社会名流、大老板，起码也应该是个九品或兜里有个万八千的。想住一宿，你说出来不害臊吗？我这里的床哪一个没有睡过州长、大老板、大明星？看你们臭烘烘的样子，睡在上边自己不难受吗？剩饭我也没有，那些剩下来的山珍海味还要喂一堆罗马纯种巴儿狗，你们有它值钱吗？

我说我是自东土大唐而来的和尚，我这里有大唐天子的介绍信。我把介绍信递给他，他看也不看，扔在地上：什么大唐王朝，岛国吧？岛上都是鸟粪吧？是不是现在全身还长着毛吃生鱼啊？我国也跟你那大唐没有外交关系啊，该不是偷渡过来的吧？赶紧走，小心我报警！起码大家都是出家人，按照我佛的规矩……我实在有点忍不住，想驳斥他几句却被粗暴地打断了：少给我来这一套，别跟我攀亲戚，我佛的规矩怎么了？想给我上课是吧？觉着自己的理论水平高是不是？级别不够没钱，我佛的规矩在这里屁用不顶。我这里不是慈善机构，也不是国际难民收容所。帅哥，你到底是装傻还是脑子有病？现在是什么年代啊，哪有白吃白住的好事？！

悟空气得全身发抖，因为上次白骨精的事，所以一直咬着牙没有发作。见方丈一味地羞辱我，也就实在忍不住了，一把拎起他，扔到房梁上。接着冲进来一百多个和尚，扑向了悟空。他们自然不是悟空的对手，很快跟他们的师父一样，到处找牙去了。

方丈从房梁上滚下如丧家犬一样趴在地上，一边乞求饶恕他的罪过，一边背诵外交礼仪、佛界原则，说什么大唐是乌鸡国（据说是一名贞女与乌鸡交配生下他们的先祖，故名乌鸡国，为了避讳，他们做清炖乌鸡时叫清炖凤凰。辛注）一衣带水的友好邻邦，我们是亲如手足的兄弟云云。我还以为他不知道！他吩咐手下：把帝王套间收拾一下，挑几个漂亮的服务生伺候大唐的大师傅休息，那几间天皇巨星玻璃小丝小姐、周扒皮先生住过的豪华客房给师父的弟子们准备好！小沙问我：怎么这里还有很多道士？我告诉他按理说和尚道士各有所宗，可大家一旦做了官，就不会有什么区别了，因为他们拜的是同一尊神，那就是掌权的老爷，也基本上算是同门了。

睡这么豪华的地方真有点不舒服，大概我们这种人天生就是吃苦的贱命。里边一应俱全，看得出都是从国外进口的。听小和尚说，就那个马桶的花费，也相当于一个中等寺院一年的香火钱。有几件东西是从大唐进口的。我纳闷的是，这些东西有的是大唐宫中的禁物，有的是国宝级的文物，老百姓动一下都要杀头的，怎么就跑到乌鸡国来了呢？小和尚上说他也不是太清楚，听师兄们说，只要你有钱，大唐的官员把什么都可以弄出来给你。前一段时间乌鸡国来了一堆大唐的小姑娘，就是边防部队偷运出来的。

我不想问太多，知道越多心里就越烦，毕竟大唐是我的母国啊。

晚上发生了一件很奇巧的事情。我做了一个梦，梦见有个高大英武的男人来找我，说他是乌鸡国的国王。国王的精神状态很差，说自己遭了恶人暗算，恶人是个道士。那几年乌鸡国接连大旱，民不聊生，根据民意测验，国王的支持率直线下滑。他很着急，使了很多招都不管用。正好有个道士来，说自己有人工降雨的办法。他赶紧就吩咐手下张罗法会，让道人祈雨。那道人果然厉害，人工降雨取得圆满成功。他觉着道人确实是个高精尖的人才，就留在宫里，两人还结成了把兄弟。没想到他的把兄弟起了歹心，把他推进了井里，自己摇身一变，当起了乌鸡国的国王，已经好多年了。

国王说：大师啊，大家都是男人，谁受得了这样的羞辱啊，我的国家成了他的，我的几千个大小老婆整天陪着他，我的存款由他挥霍，连儿子也把他叫爹（国王可能忘了，他糟蹋了多少别人的老婆，他的存款从哪里来的，有多少别人的儿子把他叫爹），我好冤枉，大师您大恩大德，得帮我一把啊。我把传国玉佩放在大师床前，大师知道我说的不是妄语。我醒来后果然发现床上有传国玉佩，就相信刚才的梦不假。

本来我不想管这件事，我听人说，这乌鸡国的国王也不是什么好东西，什么天灾，其实根本就是人祸，恨不得把天下的鸡毛都扒光了弄到自己家去，天下能太平吗？可我最恨那种杀人掠货、冒名顶替的强盗，我给您说过，我的少年生活就是被这些强盗整得残破不全。第二天我找悟空他们商量，看有没有什么好办法。八戒坚决反对，不愿意管这种闲事。可悟空是见了闲事就非管不可，而且要八戒做助手。八戒开始还骂娘，被悟空收拾了一下就老实从命了。

按照计划，第二天乌鸡国的太子来宝林寺上香，得先把他争取过来。仿照当年赵氏孤儿[1]的经典案例，悟空向乌鸡国太子讲述了整个事情的经过，告诉太子他是认贼作父。太子开始不相信，还向悟空发火：你这是挑拨我跟父王的关系啊，既然我不是我父王的种，难道你是我父王的种不成？还准备让他的手下把悟空拿下。

悟空告诉他：你的确是你父王的种，但下种的父王不是现在你看见的父王。通俗一点说，你是以前的乌鸡国国王射出的精子，

[1] 纪君祥作《赵氏孤儿》，全剧五折一楔子。讲晋灵公时，屠岸贾陷害赵盾，将其满门抄斩。仅其子赵朔驸马遗孤得脱，托付于门客程婴。屠欲斩草除根，程婴献亲子替代孤儿。屠遂收程婴为门客，将其子（实为赵氏孤儿）当作义子。后孤儿长大成人，程婴将旧事详述于他。赵氏孤儿杀屠岸贾，满门抄斩。

不是现在的乌鸡国国王射出的精子，一个人只能被射一次，也不存在两个人射出的精子造成一个人。以前的乌鸡国的国王射出的精子跟你现在的母后的卵子结合后变成了你，然后你在你母后的肚子里待了十个月，爬出来长成了现在这个样子。太子还是不信：什么精子银子，你他妈的才是精子呢！悟空只好拿出玉佩，对太子说：信不信由你，所谓朽木不可雕也，孺子不可教也，这是你亲爹的传世玉佩，你拿回去给你母后看，你母后看后要是流了眼泪，就是真的；你问你母后这几年跟你父王的夫妻生活如何，要是不和谐，那也证明我说得没错。太子问夫妻生活是什么，悟空告诉他：你现在是未成年人，各方面还发育不成熟，等你长大了，你猪八戒叔叔会免费教你的，他在这方面是个专家。太子半信半疑地走了，临走还没忘警告悟空：要是我妈没哭，回来找你算账，把你变成精子射出去。小沙说原来悟空做思想工作也不赖，实在应该调到宣教部门工作。

太子回去后拿玉佩给母后看，母后果然哭了。然后太子问母后这几年跟父王的夫妻生活如何。母后闻言神情悲凄，把太子抱怀里叹息道：我儿真是长大了，理解娘的苦心了[1]，娘这几年过得生不如死啊，以前你爹像个天神，让娘喜欢得不成，虽说后宫三千，可你爹天天都到娘的被窝，娘觉着像神仙一样的人儿。为了让娘高兴，你爹三年都不出宫，不上朝，像这样的好男人到哪

[1] 还有更体谅她娘苦心的，据《旧唐书·外戚列传》载，高宗女千金公主发掘了在洛阳大街上的药贩子薛怀义，用了几天就推荐给妈妈武则天，说：薛怀义很棒，特献上孝顺陛下。武一试果然。张昌宗原是太平公主包养的，太平公主为了孝顺妈妈武则天，就献了上去，武大为欢心。张宗昌又推荐了张易之，说：陛下，我弟弟更棒！于是弟兄俩一起陪武。

里找啊。可后来就突然变了，冷冰冰地当娘是石头，娘是在守活寡啊。三十如狼四十如虎，娘的心里好苦好苦。说着便伤心地大哭起来。太子一见这情形，就把所有的事讲给母后听，她这才恍然大悟。便急忙差太子来找我们商议对策。经过周密计划，决定先把真国王从井里捞出来，然后在伪国王临朝的时候，当场拿下，揭露整个事件的真相。接着拥立太子为乌鸡国新国王。太子有点担心：要是我爹活过来怎么办？八戒说：那时候你大权在握，号令天下，把他偷偷收拾了不就行了？不就是一点老鼠药，花不了几个钱。太子说行。

于是大家展开行动，先把真国王捞了出来。八戒在井下捞真国王的时候碰见了井龙王。我以前说过，玉帝治下，官吏实在是太多了，井里边也有龙王，厕所里有厕神，妓院里有妓神，厨房里有灶神[1]，等等。按照渊源，八戒以前是天蓬大元帅，井龙王只是他手下一个微不足道的马仔。井龙王对老上级表面上还算客气，八戒就开始拿自己当一回事了。吩咐人家帮他把真国王的尸体帮着搬上去。井龙王立马给了八戒一鼻子灰：大哥，你以前是天蓬大元帅没错，可你现在姓猪，叫猪八戒，人走茶凉的道理你不懂吗？退休了的宰相也不过是个老百姓，何况你这被开除了的！八戒没办法，只好自己扛了上来。

没想到乌鸡国的真国王脉搏还没有断，可能是井下的地气比较特殊吧。关于要不要救活乌鸡国的国王产生了严重的交锋。太子和八戒坚决反对，尤其是太子，他说："吾爱吾爹，吾更爱权力"

[1] 据历史文献载，厕神传说中叫紫姑；妓神为春秋时的明星政治家管仲；灶神相传为玉皇大帝的三太子。

（仿柏拉图所说：吾爱吾师，吾更爱真理。辛注），救活了他我怎么办，我他妈的不是白辛苦了吗？悟空、小沙跟我主张救活国王，悟空对太子说：怎么说他也是你爹啊，你是他做出来的啊。太子火了，振振有词道：孙悟空，别给我玩这个，就算我承认是他做出来的，我也不欠他什么啊，我没有要求他把我做出来啊，那是他高兴，他愿意做啊，管我屁事！我说太子你这样说就不对了，他把你养大不容易。太子说：他什么时候养过我？我吃的是保姆的奶，陪我玩的是太监，要你这样说，我是不是要认太监当爹啊？这次悟空火了：你这兔崽子来劲了是吧？只要他把你做出来就是你爹，提起裤子不认账的多的事，至少他还认你，太监要是你爹，他用什么做？混账东西！

大家讨论了一夜，彼此都引经据典，最后经过民主表决决定救活国王。至于方法，是悟空去太上老君处借他的灵丹。老君不给，他宁愿让自己手下的奴子拿着到处为非作歹，送给王母娘娘拍马屁，也不愿救人一命。悟空来了个以毒攻毒，就偷了过来。反正交上悟空这种朋友，老君也只能自认倒霉。

救活国王后我们赶赴乌鸡国国都。把那道士拿下，真的国王复了位。国王也盛情款待了我等。国王希望我们能多待几日，我说工作忙，就匆匆上路了。太子虽然心情不佳，也送了我们老远才依依惜别。分手时八戒安慰他：别再伤心了，看你那点出息，听猪叔叔的话，有点耐心，你爹老了，活不了几年了，平时多给他整点女人，很快就交差了，他一完蛋，位子不就是你的吗？我看你也是块料，只是别心急，小子！唉，八戒给人家出这种主意干什么？！不过我身体虚弱，也懒得说他了。

至于那道士，听悟空说原来是文殊菩萨座下的狮子。这事也是文殊菩萨故意安排的。因为当年菩萨到乌鸡国来，被国王绑起来泡在水里好些日子。菩萨回去后为了报复国王，就安排了这出戏。至于皇后那几年一直过着生不如死的苦日子，听悟空说，那狮子原本就是个太监一样的家伙。

希望一切都如文殊菩萨说得那么简单，不会有别的深意！可冤冤相报何时了，连文殊菩萨这样的长官也不能超脱。还是不说了，不说的好。愿您过得开心！

玄奘夜于砬州龙门客栈

第十九封信

红孩儿不尿悟空叔叔

贞观十六年 春二月 己卯

中国自尧舜时代开始，一直在强化道德教育，圣人的书印了不少，文章写了一大堆，各种文件何止汗牛充栋。可啥用也不顶，仁义道德全在嘴上了，实践起来没个样子。哪一个不是口口声声子曰诗云？哪一个不是扬言要“鞠躬尽瘁，死而后已”？可他们有几个不是上蹿下跳的家伙？

亲爱的观音老师：

近日可好？谢谢您在信里写了那么多宽慰的话。您说："现在整个佛界风气不正，一方面是世风日下，大环境不好，另外整个从业队伍也是良莠不齐、管理不善。对于你在信中反映的问题，灵山的首长心里都清楚，可找不到更好的法子。有人说，这是体制的问题，有人说这是法制的问题，也有人说这是道德的问题，说归说，谁也提不出可操作的策略。该下油锅的下了，该关的关了，该撤职的撤职了，道德教化也天天抓，可越整越多，总不能全部处理了吧。最近灵山成立了风纪部，准备来一次彻底的洗脑运动，恐怕也是走走过场而已。至于你说的玉皇大帝及其部下的事，我也无能为力，大家属于不同的系统，不便掺和。那个方丈已经被撤职了，开除了僧籍。可有什么用？他马上变成了道士，继续在那里主持工作。"

我理解您的苦心，大家都不容易。按照我朋友的说法，所谓体制问题、法制问题、道德问题，其实都是利益问题。大家都私欲熏心，体制怎么变，万变不离其宗，变来变去只是为了他们捞起来更方便。我佛的戒律也不可谓不多，有什么用，戒律要靠人来执行啊，很多时候是贼喊捉贼、自欺欺人。中国自尧舜时代开始，一直在强化道德教育[1]，圣人的书印了不少，文章写了一大堆，各种文件何止汗牛充栋。可啥用也不顶，仁义道德全在嘴上了，实

[1] 据《汉书·董仲舒传》，为了强化思想统治，董仲舒向汉武帝刘彻提出"罢黜百家·独尊儒术"的建议，被采纳。先有叔孙通吊起帝王的胃口，后有董仲舒一锤定音，儒家的投机总算大功告成了。

践起来没个样子。就大唐说吧，满朝的文武大臣哪一个不是读圣贤书上来的？哪一个不是口口声声子曰诗云？哪一个不是扬言要"鞠躬尽瘁，死而后已"？可他们有几个不是上蹿下跳的家伙？有几个不是整天泡在酒缸里"修身齐家治国平天下"？我朋友说这话不是主张把道德废了，他是坚决主张做人应该有基本的道德准则。他是反对伪君子、伪道德，反对那种把道德当做高帽子，要么拿它来装点门面，要么拿它来拍死别人的伪君子行径。

算了，不说这些了。前几回都是玉皇大帝的部下找麻烦，大家都骂他的娘，这次倒好，找麻烦的是自己人。整个情形大致上您是清楚的，我这里再补充一点。观音老师您可能不知道，那红孩儿原来是悟空的侄子。我敢肯定悟空没有给您说过，他这个人太爱面子了。悟空当年在江湖上混的时候，结交了不少黑社会的人，跟其中六个结成拜把子兄弟。有点像当年刘备他们的桃园三结义[1],反正都是割手腕啊喝鸡血啊赌咒发誓那些东西（**现在简单，一起打回架就行了，比起前辈，现在黑社会的素质每况愈下。辛注**）。用悟空的话说：大家出来混，多个朋友多一条路啊。何况在悟空眼中，他们都是男人中的男人。那红孩儿的爸爸就是悟空的结拜大哥牛魔王，号称平天大圣，另外几个好像也都叫什么圣。他们都喜欢给自己架个好看的大帽子，要是造反成功了，老百姓也就当真了。刘三就有所谓赤帝子杀白帝子，提三尺剑取天下[2]的说法，

---

[1] 详见明罗贯中《三国演义》第一回 宴桃园豪杰三结义 斩黄巾英雄首立功。

[2] 详见《史记·高祖本纪》,刘三酒醉杀大蛇，所谓赤帝子杀白帝子。这件事无疑把刘三打造成受命于天的英雄，起到了很好的宣传推广作用。"持三尺剑取天下"是刘三发达后自吹自擂，耍无赖。

其实不过就是沛县大街上一个小官吏罢了。据悟空说，在兄弟中，数他最小，他与牛魔王的关系最好。

按理说，长幼有序，红孩儿焉能不听叔叔的话。可悟空一上去就碰了一鼻子灰，回来对小沙直抱怨：唉，真是时代不同了，现在的新新人类就知道玩酷，什么都不信，为了自己痛快，什么下三烂的手段都使得出来。当年我混黑社会的时候，虽然见谁砍谁，可道上的情谊也得讲啊。我大哥做出来的这个东西六亲不认！小沙安慰悟空道：猴哥你就别伤感了，这叫青出于蓝而胜于蓝，我们的榜样也不怎样啊。

事情是这样的，自从我成名之后，很多人都要吃我的肉，包括像红孩儿这样的新新人类。他想办法把我弄到了洞里，扒光了放在石头上，准备下锅。也许是被下锅的次数多了，我觉着已经麻木了。

我对红孩儿说：小同学，怎么年纪这么小就出来混黑社会？应该好好在学校里读书啊。红孩儿在我肚子上画了个大王八，笑着说：老家伙，你懂什么，这叫成熟得早，学校里有什么好学的？我们班学习最好的几个到现在还没女朋友呢！我问出来混你爸妈不担心吗？红孩儿大不咧咧地道：你少提我爸妈，我爸妈都是黑社会，我爸爸整大忙着在外边傍富婆，我妈是更年期的老妖怪，烦得要命。再说我也是子承父业、光宗耀祖啊。看来，这也是一个问题家庭。

他们吃我的方法也比较特别，不是红烧、清炖，而是日耳曼汉堡高丽烧烤什么的。反正我也弄不明白。也许有了先前的经历，我觉着这次还是可以应付过去的，只是觉着有点感冒，鼻涕流个不停。

当红孩儿请来的厨师准备下手时，悟空找上门来。悟空一见红孩儿就笑眯眯地问：孩儿啊，你爸你妈好吗？红孩儿道：我爸我妈好不好关你什么事？你是什么鸟人，敢到爷爷这里叫板！毕竟是自己的侄子，悟空忍着没发作：我已经告诉你了，我是你孙叔叔啊，你这小兔崽子好没礼貌，我跟你爸爸是磕头兄弟，你倒成了我爷爷，那你把你爸爸往哪里搁？红孩儿不等悟空讲完，劈头盖脸杀将过来，悟空只好慌忙应战。红孩儿是枪枪见血封喉，悟空一边左躲右闪，还唠叨个没完：你这个畜生，六亲不认啊，牛魔王怎么造了这么个东西？！当年你爸看上你妈，你妈看不上你爸，要不是你孙叔叔穿针引线，给你妈下蒙汗药，让你爸生米煮成熟饭，这世上会有你吗？新新人类怎么了？那也得讲点良心啊。悟空说得越多，红孩儿就来得越狠。直到红孩儿喷出三昧真火，他什么就不说了。

后来红孩儿进到洞里对我说：你那个马仔跟我说他是我叔叔，要形没形，全身没一件名牌，我爸怎么能有他那种兄弟。说得也是，悟空身上那点东西还是我凑合着拾掇的。

悟空在太上老君的丹炉里锤炼过一段时候，在耐高温、抗腐蚀方面应该没什么问题。可他怕烟，自从那次跟黄老板过招吃了亏，视网膜脱落后，角膜一直就不怎么好。而红孩儿恰巧就用烟熏他，孙叔叔只好落荒而逃了。被自己的侄子修理了以后，据小沙说，悟空的心情坏到了极点。只好去东海请龙王来降伏三昧真火。从理论上讲，这是可以的，因为五行相生相克理论（**号称古代中国的伟大智慧之一，功效是拖累中国进步。辛注**）认为，水是克火的。

龙王开始不答应，推辞说借水这种事情得报玉皇大帝批准。

程序是先由东海管理委员会规划部提出可行性报告，然后组织专家进行论证，再由财务部、资产管理部、大型活动部、审计中心、质检部、后勤中心等等50个职能部门签署意见，然后报龙办，由龙王召集相关人员找一个风景秀丽、有桑拿按摩的高级酒店进行研究，研究完由秘书处草拟正式文件上报天庭水务委员会规划处，规划处组织专家研究后，提交水务委员会40个职能部门签署意见，然后报主任办，经过研究后分别报水务建设部、水务开发部、水务规划部，三部委研究后，报灵霄宫水务管理领导小组，小组成员研究并签署意见然后报玉帝办，由玉帝办主任转交玉帝，玉帝征求王母娘娘的意见，取得同意后才签署调水命令。这是比较正规的模式，中间少不了还要送人情，打通关节，最少也需要半年的时间。悟空急了：半年唐老师早被红孩儿吃了拉下来用做肥料种的树都长大了。悟空只好给龙王来硬的：老龙王，你信不信？当年我可以大闹龙宫，今天我也可以把你这破地方砸个稀巴烂。至于玉帝那儿我去说，你先借水，出了事我兜着。龙王还是不肯，说要砸你随便砸，反正都是公家的，大不了他找个池塘混吃等死。

龙王最后之所以答应马上借水，是因为悟空讲了另外一番话：老龙王，你给我耍赖，算你行，可你也不想想，你儿子现在是唐老师的部下，你也得为儿子考虑一下吧。你大不了退休后找地方等死，可他还年轻啊。以后你儿子的前途，不就是攥在唐老师的手里吗？上边会不会提拔他，唐老师的意见很重要啊。要是这次唐老师死在红孩儿的手中，我是完蛋了，你儿子也跟着倒霉！唐老师这种人平时你送礼他不会收，这次不是给了你一个拍马屁的千载难逢的机会吗？悟空的话让老龙王有一种醍醐灌顶的感觉，立马表示借水，还催促悟空赶紧回去看着我，自己随后就到。他是怕我被吃了，也怕我要是被提前救了，自己失去了这个好机会。悟空笑着问他：那玉帝那里……大圣快走，组织原则也要灵活运用嘛，我有的是办法。老龙王胸有成竹。

老龙王是来了，甚至调集了四海龙王一起赶到。这个人情也实在是太大了。可是没什么用，因为那三昧真火不是一般的火，普通的水降伏不了。悟空自己也受了雨淋，感冒得很厉害。实在没办法，就差八戒又去麻烦您。没想到八戒中了红孩儿的戏法，也被捉了来，跟我一起扒光了摆在石头上。我听红孩儿说，他要用这头肥猪来犒赏他的小弟兄们！后来还是悟空亲自请您来，您帮我们降伏了红孩儿，把他带到南海少年惩教所关上一段时间。大难不死，深为感谢。

悟空又惹您不高兴了，据说是他调戏您身边的小姑娘。我不是为自己的部下辩护，我想可能是您身边的小姑娘太矫情了。悟空这个人胡说八道、胡作非为，但搞性骚扰他是不会的，他根本就对女人不感兴趣。现在的小太妹就是这样，别人不理他，她觉着活得没劲，恨不得凉快到底提高回头率；别人跟她开个玩笑，以为人家要跟她怎么样，装得像贞洁烈女。

其实悟空也不高兴，第一是听说您给红孩儿也戴了个金刚圈，他觉着自己混得跟小流氓一样倒霉，很没面子。用他自己的话说，就算是流氓，毕竟他是老流氓啊，怎么也应该比小流氓的待遇高一些。第二，他知道大哥牛魔王迟早要来找他算账，就算兄弟情深牛魔王不计较，可牛魔王的老婆是个母老虎，他不会放过悟空的。

悟空说：我大哥什么都好，就是个怕老婆（从唐僧后边的信

中可以看出，所谓的牛魔王怕老婆，纯属子虚乌有，悟空在撒谎。辛注)，只要他老婆下了命令，让他砍亲爹他也干！真后悔当年那包蒙汗药，还不如换成老鼠药算了。不过牛魔王还没有找上门来，到时候再说吧。

愿您过得开心。

玄奘夜于王义庄庄主客房

第二十封信

和尚与道士车迟国斗法

贞观十六年　秋九月　甲寅

我不是政客，没有党同伐异的瘾，更不希望别人过生不如死的日子。不是谁灭掉谁，花园里也不能只有一种花绽放。其实世界很大，只要大家宽容一些、合作一点，完全可以相安无事的生活，可为什么一定要相互拆台，你死我活的斗个没完呢?

亲爱的观音老师：

最近好吗？这几日发生的事，实在让人心痛。表面上看，车迟国这场和尚与道士的恶斗，我们赢了。用悟空的话说：道士们正在过着生不如死的生活。我没有他那么高兴。尽管一路上玉帝的部下给我们制造了不小的麻烦，道士跟我们也不属于一个系统，但我不是政客，没有党同伐异的瘾，更不希望别人过生不如死的日子。不是谁灭掉谁，花园里也不能只有一种花绽放。其实世界很大，只要大家宽容一些、合作一点，完全可以相安无事的生活，可为什么一定要相互拆台，你死我活的斗个没完呢？我估计，人家这次不会善罢甘休的。

在去车迟国国都前，我们还跟玉帝的部下，黑水河的土匪头子干了一架。这家伙其实也是个贵胄子弟，他爸爸是以前的泾河龙王，在反腐败运动中被正法了。他妈妈是西海龙王的小妹妹，他从小在西海龙宫长大。跟所有的贵胄子弟一样，整天游手好闲，不务正业。西海龙王给找了好几个工作，可上班没三天就弄得鸡飞狗上墙，只好作罢。龙王没办法，就把他安置在黑水河这个地方。表面上黑水河的最高长官是黑水河神，可实际上大小事宜都得唯这个花花公子马首是瞻。河神无奈地对我说：在官场上混就是这样，领导家的奴才也得当神仙一般供奉，何况是顶头上司的外甥。

黑少爷找我们的茬，目的很明确，就是要吃我的肉。唉，我算是明白了，越是那些坏事做绝、该千刀万剐的畜生，就越怕死。记得我国历史上那几个杀人如麻、流血漂橹的家伙，就整天劳民伤财在找长生不老的药。秦始皇四次巡游六国故地，一个很重要的任务就是寻找长生不老药，并派徐福带3000童男童女赴东海访长生不老药。迷信方士，想尽办法以求长生，几乎所有的帝王晚年都是如此！而像孔夫子这样有学问的好人，没听说怕死怕到这种地步。

黑少爷虽然手段够毒辣无耻，但本领却不见得。悟空请了西海龙宫的太子来，就把他降伏了。龙太子开始给他的表弟做思想工作：表弟啊，咱龙宫里什么好吃的东西没有？你偏要吃和尚的肉，和尚的肉有什么好吃的？和尚们都吃素，肉也不鲜嫩，就放了他们吧，回宫去想吃什么哥哥给你张罗。黑少爷说：哥哥有所不知，那些山珍海味弟弟吃厌了，弟弟想找点野味换换口味，和尚是营养不够，可吃点粗粮对心血管有好处啊。龙公子说：弟弟可知道这和尚是从东土大唐来的，有来头啊，他有个徒弟叫孙悟空，当年混黑社会的时候，大闹过天宫呢，咱惹得起吗？黑少爷告诉表哥，他要吃的就是大唐的和尚。龙公子没办法，就只好跟悟空一起把这家伙铐了起来。一般来说，贵胄子弟铐起来后都比较老实，没有他祖宗造反时的英雄气概。

其实这是件小事，只是随便说说而已。大事发生在车迟国的国都。按照惯例，我们要到车迟国外事衙门办通关手续。可在都城不远的沙滩上，发现有很多和尚被道士们监督着搬石头。和尚们衣衫褴褛，面如菜色，稍有不慎，便被道士们抽得嗷嗷叫，死了被拖到一边喂狗。看着自己的同道这样受苦，心里确实很难受。有位老人告诉我那些和尚是被管制起来进行劳动改造的，劳动是手段，思想改造是目的。和尚们白天搬石头，晚上组织学习《太上经》和《玉帝圣训》，要求深挖头脑中的流毒，写交代材料，定期开批斗会。

老人说：其实这是近几年的事情，前些年不是这样。前些年这里是和尚的天下。原因很简单，以前的国王信佛，现在的国王信道。那时候和尚威风得很，想占谁家的房子就占谁家的房子，想砸谁家的锅就砸谁家的锅。当时在河滩上劳动改造的都是道士，整天除了念《释迦牟尼圣训》，还把道士们刮光了头，组织起来唱歌，老一点的百姓都会唱那些歌：

我们都是车迟国的害虫

反动派玉皇大帝是我们的祖宗

我们都是车迟国的害虫

我们应该千刀万剐断子绝孙

伟大的释迦牟尼啊

请您饶恕我们的罪行

把我们像屁一样扔进垃圾坑

我们都是车迟国的害虫

……

然后组织道士们跳反省舞。老人说了很多，我也记不大清了。车迟国的事我是第一次听说，但在我中华，和尚和道士的斗争，是经常发生的，甚至有过荼毒千百人的血案。想来让人心寒，大家都是出家人，都在出家时说自己看破红尘，要慈悲为怀，可为什么要这样水火不容、斗得你死我活呢？让别人猪狗不如的时候，自己能比猪狗好多少！

那一夜我失眠了，内心有一种无法言语的烦闷和痛苦。甚至有点怀疑自己走的路，是否还有什么意义。我不想介入这些无聊的斗争，我始终以为，出家人之间的这种斗争是对我们坚持的信念的最大亵渎。一走了之吧，又想起那些受罪的和尚无助的眼神，不能见死不救。于是把他们三个叫起来，商量一下对策。

八戒是坚决反对的，他说：唐老师，从组织关系上讲，我跟悟空小沙其实都是属于道士这个系统的，虽然我们现在跟着你混，但这只是工作关系。既然这里道士掌权，都是自家兄弟，我们吃喝上几天走了算了。悟空说：我对什么道士、和尚没兴趣，我他妈的什么系统也不是，在跟唐老师以前，老子一直就在单干，不过唐老师如果觉着看不过去，把那些道士灭了就是了。小沙说听我的。我权衡了半天，决定大家去找车迟国的国王讨个说法。希望国王能够给和尚们一个公正的待遇，至于悟空灭掉道士的建议，我是坚决反对的。

车迟国的国王在早朝时接见了我们。国王看见我们就雷霆震怒，喝令侍卫拿下。原来前一天晚上悟空与八戒闯了祸。悟空决定给道士头子先来个下马威，招呼八戒一起去袭击三清观。八戒本来是不情愿的，可当悟空告诉他三清观有吃有喝时，就改变了主意。悟空笑他：八戒，你不是属于道士那个系统吗？八戒不耐烦地说：去他妈的，老子才不管那么多，什么系统，谁让老子舒服老子就属于谁。悟空三人到了三清观先把里边的供品吃干净，然后砸掉了观里供奉的元始天尊、灵宝天尊、道德天尊塑像[1]。您

[1] 号称“三清”，道教最高神仙，全称为玉清元始天尊、上清灵宝天尊、太清道德天尊。其中以太上老君比附老子，他的著作也被视为宗教经典，实在是侮辱了他老人家。哲人的命运大抵上都是如此。

是知道的，这三天尊都是道教的元老，玉帝的老上级，太上皇级的人物。三人还变成三天尊的像，哄三个道士头子说是给他们圣水喝，实际上就是八戒的尿。在我大唐，据说童子尿喝了是治百病的，可八戒的尿差不多就是毒药。受了这等羞辱，国王和那三个道士头子自然要给我们好看。

在朝堂上上演了舌战群儒的一幕，国王、道士、大小官吏们集体向我过招。我说我是大唐的和尚，来这里只是换个关文，并没有什么恶意，我希望大家不要难为我们，也不要难为那些和尚。那道士说：那些和尚是牛鬼蛇神，自作自受！你也是和尚，自然要替他们说话。我说我承认我是和尚，也的确是在替他们说话，但并没有护短的意思，我是站在人道主义的立场上讲公道话，即使他们有什么罪过，也不能说人家就是牛鬼蛇神，说这种话要断子绝孙的，因为我们都是人，应该有起码的尊严，不能像畜生一样没有尊严地活着。当你把别人弄得跟牲口一样的时候，你自己离牲口又有多远？

显然，我的话让国王很上火，他厉声道：可你们这些和尚思想很坏、很反动！我对他说：陛下，我知道你法力无边，你有想灭谁就灭谁的资本，可是你记着，别说是你就是玉帝也不行，你们可以管别人干什么、说什么，但你管不了别人想什么（**可是历朝历代都有人想管别人想什么。辛注**）。恕我直言，那些连别人想什么都要管的人，不是自不量力就是神经有问题！可我现在要让你这个大唐来的什么都不会再想！他吩咐左右把我推出去砍了。我不怕他，我已经死过好多次了，冲他们道：我知道你不就是这点本事嘛，杀人谁不会啊，蚊子也会盯死人的。动不动就推出去砍了，智商多高啊，白痴也会啊！

国王听了我这话，反倒暂时不杀我了，他问三个道士头子：你们看这个家伙怎么办？道士中的大哥虎力大仙让国王放心，他有办法降伏我们。然后冲着我说：好吧，你既然口口声声说智商，那你敢不敢跟我赌一下到底谁聪明？优胜劣汰，如果你赢了，我们这些道士全部消失，如果你输了，你还有你的徒弟、那些和尚，老子要全部宰了以谢天下。国王也表示认可。我是不愿意赌的，尽管对于对联、对诗、猜谜语、解几何题这些我还是有信心的，但出家人怎么能好赌斗狠呢？可现在被他们逼得没办法，我只好答应了。等他说出赌的方法，我就傻眼了。比赛一共是三局，第一局划拳，第二局掷色子，第三局是玩牌九（**以上都是国术，输给别人很挫伤我们的民族自尊心。辛注**）。这些东西我虽然见过，可一窍不通啊。

悟空一见这局面就来劲了，他说师父你别怕，有我们呢，干这些事情我们哥仨最在行了。你只需告诉那道人，你看不起跟他过招，只需三个徒弟就行了。我只好照悟空的意思说了，并说要是你们打败了我的三个徒弟，我愿意与阁下一决雌雄。道士答应了。

朝堂上马上搭起了比赛的台子，国王还吩咐宫廷乐队现场演奏进行曲，一队宫女穿着迷你裙作宝贝样在台上热舞。比赛由国王亲自担任裁判。第一局代表我方出场的是八戒，对方是老二鹿力大仙。八戒激动得全身颤抖，泪流满面，向在场的所有人说：沧海桑田，已经离开舞台好多年了，午夜梦回，经常肝肠寸断，谢谢陛下，谢谢唐老师，终于给我一个重返舞台的机会，一个圆梦的机会，我一定会拿出最好的状态，赛出风格，赛出水平，绝不辜负大家的期望。八戒说他本来还想回顾一下自己当年纵横拳坛的经历，可国王的哨子已经响了，两人就在赛台中央干了起来。双方杀得难分难解，下边掌声、尖叫声如浪潮奔涌。最后还是八戒赢了。小沙说，两人的技战术水平在伯仲之间，八戒赢在心理上，因为八戒一到这种场合，就能全身心投入，平时训练的东西都能发挥出来，而鹿力大仙还是嫩了点。

开局不错，第二局出场的是悟空和虎力大仙。悟空说，他当年在黑社会混时，就从来没输过。可事实并非如此，上去没几个回合就败下阵来。悟空输了后极为沮丧，八戒终于可以出口恶气了，挖苦道：就这么点本事，还混黑社会，不会是外边看门的吧。悟空叹息道：今天不知道怎么了，发挥非常不好，可能是气候的问题，或者时差还没有转过来。我问小沙：悟空可能是输在心理上吧。小沙笑着偷偷告诉我：唐老师，根本就不是那么回事，悟空的技战术水平太差了，技术不行，心理素质再好有什么用，其实他还处在很业余的阶段。

大家打成了平局，第三局是制胜的一局。我有点担心，问小沙行不行，他说没问题，当年他在皇家蹴鞠队和黑社会混的时候，人家都尊称他是赌神，跟一万个高手同时过招，他都没有输过。在黑社会混，吃喝玩乐的功夫不行，怎么做大哥？第三局气氛非常紧张，朝堂里只听见大家急促的呼吸。后来听小沙说，他一上手就发现牌有问题，用他们黑社会的话说就是耍老千[1]。不过这种事他见多了，有的是办法，他也耍老千。两人你来我去大战了好

[1] 打牌作弊，耍流氓。实际上有点冤枉了赌徒们，大街上谁不耍老千啊。真正的高手就是永远也让你觉着他是个老实憨厚的正人君子，被认出了贼眉鼠眼像周润发一样的赌神大哥，实际上是不入流的小混混也。

多回合，直到黄昏时才分出胜负。最后小沙赢了。三局两胜，国王只能宣布我方取得最终胜利。那三个道士脸色阴冷得就像刚过了水的大理石。

我要国王兑现开始约定的承诺。他看了看那三个道士，说这事明天再议，然后吩咐我们先去王室招待所休息。我们只好先回去等待消息。晚饭后，悟空他们三个兴奋得不行，继续在灯下切磋技艺，我就早早睡了。没想到午夜时分，房间突然起了大火。不用说是国王和道士使的坏。我叫醒悟空他们三个急忙逃了出来。没走多远，三个道士就领着一帮侍卫冲了上来，与悟空他们干上了。他们自然不是悟空、八戒、小沙的对手，不消几刻钟，就被全部消灭，一个不留。我忍不住批评了他们几句，因为实在没必要这样滥杀无辜。悟空对我的话很上火：唐老师，你他妈的少假仁假义好不好？留着这些畜生干什么？！

事情还没完，当晚我们找了个小店休息。我是睡着了，他们三个却没有休息，偷偷去了三清观，把所有的道士杀了个干净，并放了一把火。接着把国王从被窝里揪了出来，跟他老婆一起挂在金殿大梁上。然后三个人找地方狂喝了一顿，回来像什么事也没发生，酣然入睡。第二天，也就是今天，城外的和尚已经冲了进来，占领了所有的衙门。国王从房梁上被解了下来，跟他的大小老婆一起关在王宫的水牢里。

罪孽啊，观音老师，真的。我原本是一片好心，却酿成了这样的惨剧。八戒还说什么这下子和尚们要扬眉吐气了！可是我们真的赢了吗？我看谁都没有赢。就像下棋一样，如果大家都不讲规则，都没有起码的道德水平，永远也不会分出胜负。

我们这算什么扬眉吐气？这是强盗的行径啊。你死我活地斗来斗去，大家算什么出家人？还不如直接上山去当土匪。话说回来，八戒他们也不想一想，道士们会善罢甘休吗？玉帝会善罢甘休吗？！

不知道下一步怎么办，就说这些吧，希望您能有一些好的意见。

玄奘夜于车迟国都悦来小店

第二十一封信

天庭审判唐僧的阴谋

贞观十六年　冬十二月　丁巳

犯人中也分三六九等，最狠的是杀人犯，用他们的话说，杀一个跟杀一万个没什么区别；最受欺负的是强奸犯或鸡奸犯，他们经常被强迫提供一些特殊服务，我终于亲眼目睹了以前小和尚师父用的酷刑了；最让人看不起的是思想犯，因为大家认为这种人有病，为了别人的幸福把自己关进去，实在是不可思议。

亲爱的观音老师：

刚从天庭回来不久，虽然是公费旅游，但玩得并不开心，或者说有一种被强暴了的感觉。我的话可能说得不够斯文，但实在找不出更合适的词来表达我的心情。我现在心情沉重，感觉自己困在一个复杂的棋局中，没有一点思路。我华夏有个词叫"进退失矩"，我想我现在就是这个样子。

玉帝很快知道了我们在车迟国制造的血案，据说气得心肌梗死，幸亏老君的速效救心丸，要不可能已经驾崩了。缓过气后他召开了灵霄宫管委会扩大会议，大家一致声讨要对我们几个绳之以法。老君更是强调在这个问题上绝不能手软，宁可错杀一千，不许一人漏网（**被一些强盗所执行的断子绝孙的路线。辛注**）。玉帝在征得老婆同意后，调集天兵天将，还是由托塔李天王率领，来捉拿我等。奇怪的是，他们指名道姓要抓的是悟空、八戒和小沙，却没有提我。后来我知道，其实这是一种策略。在我华夏兵学经典《孙子兵法 · 用间篇》中讲："兵者，诡道也。故能而示之不能，用而示之不用，近而示之远，远而示之近。"基本上就是这个意思。我朋友曾说过，在大部分历史时间里，中国人把最高的智慧和最多的精力都用在玩这些阴谋诡计上了。

天兵天将遮天蔽日而来，车迟国人人自危。论说当年悟空曾经大败李天王率领的天兵天将，大家用不着如此紧张。但悟空说，他们这次来绝对是有准备的，此一时彼一时也。八戒早吓得有些魂不守舍了。必须承认，李天王虽然行伍出身，但没有我们经常看到的那种兵痞和军阀作风。他让天兵天将在云中驻扎，自己带了几个手下来找我，礼数也很周全。他跟悟空、八戒、小沙曾经是同僚，先上去打了招呼。然后对我说：唐老师，我是个老粗，不太懂政治，在这里跟你不论是非，我只是领了命令来捉人，希望唐老师不要为难。没等我回话，悟空就挖苦李天王道：捉人？只怕你没有那个本事，你忘了五百年前被老子修理得屁滚尿流？！李天王依然不动神色地说：我现在只是来抓人，没兴趣跟别人讨论五百年前的事。

八戒一看形势不对，慌忙过去向李天王行礼道：李大哥，你还认得小弟吧？我是天蓬大元帅啊，咱们一起还喝过酒打过牌的，您贵人多忘事，我还给嫂夫人送过高档时装，咱们是一家人啊。我向天发誓，今天的事情与我没关系，我受组织教育多年，怎么能跟自己人过不去呢，如果是那样，我还是人吗？今天的事都是由唐僧策划，是那该死的弼马温跟沙和尚负责实施的。真的，我劝也劝不了他们，看着自己人一个个倒下，我真是心痛啊。说着就干嚎了起来。李天王没理会他，继续跟我理论。我说：这件事由我而起，与他们几个没有关系，要抓就抓我吧。李天王想了片刻说行！后来我知道，其实他们要抓的人就是我，只是拿他们三个做幌子。这样他们就可以堂而皇之地说不是他们故意跟我这个明星和尚作对，是我主动认罪伏法的。这可能就是所谓的政治艺术吧。

悟空要动手，被我制止了。我说悟空你还嫌这事闹得不大吗？我不会有事，你们几个好好待着等我回来，如果我回不来，或者死了，就照以前我们商议的和我写的遗嘱办吧。我怕走后八戒吃苦头，还特意叮咛了悟空几句。我看见悟空和小沙哭了。悟空哭的样子实在难看，龇牙咧嘴。他对我说：唐老师，我今天发现，原来你也是个男人，你他妈的也这么讲义气！要是玉帝老儿敢动你一根毫毛，老子就让他全家死光光！李天王显然对眼前的这种场面不感兴趣，在他的催促下，我们匆匆上路了。

我被关在天牢里等待审判，因为我这个犯人比较特殊，所以在伙食各方面还算不错。让我吃惊的是，这里竟然也关着很多人，不过和尚就我一个。犯人们的罪行也五花八门，盗窃犯、抢劫犯、杀人犯、强奸犯、鸡奸犯、贪污犯，还有一些思想犯。犯人中也分三六九等，最狠的是杀人犯，用他们的话说，杀一个跟杀一万个没什么区别；最受欺负的是强奸犯或鸡奸犯，他们经常被强迫提供一些特殊服务，我终于亲眼目睹了以前小和尚师父用的酷刑了；最让人看不起的是思想犯，因为大家认为这种人有病，为了别人的幸福把自己关进去，实在是不可思议（**就像耶稣被钉死时，他正在拯救的受苦受难的民众向他吐口水扔石头一样。辛注**）。在这些犯人中，往往做大哥大的是贪污犯，这些人虽然满身肥肉、拳头不行，可手腕了得。他总有办法摆平管犯人的狱吏，有了长官帮忙，别的犯人也只好老老实实听他号令。不过大哥大对我还比较照顾，一般来说刚进来的犯人要经受类似喝尿等酷刑[1]。他之所以照顾我，是因为他以前也是保安，在小沙手下做事。他说自己是贪污犯，但最看不起贪污犯，他最敬重的是小沙这种廉洁的官员！作为小沙的师傅，我算是沾光了。

我并没有见到玉帝跟老君，说实话，我倒想见见他们，我有好多事要跟他们理论。审判我的叫“唐僧专案小组”，应该是个临时法庭吧。主审是个慈祥的老人，他叫太白金星（**元老，用来装**

[1] 参见各类关于监狱生活的报告，其情状比玄奘所见怕是残酷很多。

点门面的工具。辛注)，观音老师您应该是知道的。至于副主审和其他的成员我就不认识了，听说是各衙门的头头，还有玉帝的大内总管。太白金星一上来就问我：唐僧，你知罪吗？我说我有罪。他又问：你知道你犯了什么罪？我说我不该纵容部下胡作非为。接着又问了些别的，我实话实说，这没有什么好隐瞒的。但我看得出，他们对这些事情并没有多大兴趣。那位副主审对太白金星的审判方式很不满。他阴乎乎地问我：你干这些事，是受谁指使的？我说没有，没有任何人指使我。他说你放老实点，没人指使你们在车迟国干这些事为什么？

我把事情经过简单复述了一遍，我说：和尚欺负道士是不对的，可道士整和尚就对了吗？你们今天在这里审判我，我认罪，那么你们的法庭是不是也应该审判他们呢？难道他们无罪吗？副主审冲我道：那是我们自己的事，用不着你操心，你必须交代是谁指使你！我说没有，因为没有。然后大家就反复在这个问题上纠缠。他甚至威胁我：难道你不害怕上刀山下油锅吗？我说随你的便，自从离开长安后，我已经被你们的手下实验过好多次了，我承认我有罪，我承认这事情是我干的，与别人无关。

他们一看我是个犟驴，就有点没办法了。咬着耳朵商议了片刻，便递给我一张已经写好的供词，让我在上边签字：只要你在上边签上你的名字，我们不但放你走，而且保证以后不再难为你！我一看供词上写的是我在车迟国的所作所为完全是观音菩萨指使的，就马上拒绝了。我不是因为您是我的上司，而是因为您确实没有指使我，换了别人，我也不会签，做人还得有点原则。后来他们对我用了刑，反正就是用烙铁烧红了在肉上烙啊坐老虎凳啊扎住包皮往嘴里灌水啊[1]等等，跟大唐相比，也没有什么创新的玩意。看来在摧残人方面，古今中外、天上人间没什么区别。尽管他们把我玩得死去活来，但看得出，他们比我还不开心，因为我到底没签字。后来我被拖回监狱里，单独关押起来。

趴在监狱的湿地上我感慨万千，没想到自己一生从不与人争，最后却被当做杀人犯处决。死并不可怕，只是这种死法有点滑稽可笑。有一天小学生们查字典，我那一条是否会这样写：玄奘，出家人，因为杀人，被玉帝处死。

没想到主审大人太白金星会一个人偷偷来看我，他对我说：唐老师，我很欣赏你这种人，出家人就应该是你这个样子。我苦笑着说：长官见笑了，我有罪，希望最后能来个痛快的就谢天谢地了。太白金星说：我对你实话实说，我在法庭上说那些废话是不得已，他们让我当这个主审只是个摆设，证明这事办得公正，其实我是什么用也不顶。唐老师你太不懂政治了，他们这次根本就不是冲着你来的，你明白吗？你死不了，他们要杀你早就杀了，他们不敢。你做得对，如果你今天签了字，怕你的命就保不住了，因为没人敢保你了。我知道你一路上受了不少苦，唉，有什么办法，有人跟你过不去嘛！不说了，小孙还好吧？他这个人虽然火气大满口脏话，不过也很有性格啊，现在真正有性格的人越来越少了，以后见着他捎个话，就说太白老星儿问他好。

虽然太白金星欲言又忍，但我明白他的意思，第一，只要我不承认受人指使，就不会被处死，甚至会被释放；第二，我离开长安后受到的种种刁难，很多都是天庭里有人故意安排的。知道

[1] 参见法国马丁·莫内斯蒂埃《人类死刑大观》中关于“水刑”的叙述。

这些事我并不高兴，而是悲哀，一种无所适从的悲哀！

事情的发展正如太白金星所言。虽然不停地过堂，或者有人来做工作，我都不承认有人指使。老君的师爷也来找我谈话，说现在你们大唐的天子姓李，他早认了老君当祖宗，大家都是一家人了，你当和尚是不识时务啊，再说，就算是你取回了经，人家会把你当一回事吗？我说：取经是我自己的事，我活着就想干这事，我没想过靠它升官发财、光宗耀祖，至于大唐的天子认谁做祖宗，跟我无关，跟这件事无关，就是他认了孔子做祖宗，我还是要取经！他唾了我一口就走了。说实话他的痰真的很臭，嘴这么臭的人，怎么给老君这么大的长官当师爷？

我知道为了这件事情观音老师您操了不少心，牵扯到您，我心里也很内疚。我听说为了把我捞出来，大家费了不少劲，也花了不少的钱。您不便出面，由另一个菩萨跟专案小组进行了好几轮谈判才确定了最终方案。玉帝答应放人，但观音菩萨必须救活那些道士，重修三清观的钱由和尚出；车迟国一分为二，一半由现在的国王执掌，奉信道教；另一半由太子执掌，信奉佛教；唐僧必须跟他的弟子做出深刻检查。

离开时太白金星来看过我，真是个好老头。我走的时候，狱友们都很伤感，尤其是那个大哥大，他说这一别恐怕再也见不到了。我说没关系，你投生时就投到我大唐吧。说完我就有点后悔了，我大唐的腐败分子已经够多了，再加上这个超级的，怕是更民不聊生了。

等我回来的时候车迟国已经乱成一团，战火四起。因为要分家，原来的邻居突然变成了仇人，不惜兵戎相见。到处是打家劫舍的强盗，到处都是衣衫褴褛的流民[1]。据说国王与太子因为分赃不均，已经干过好几架了。最可笑的是，内宫的女人们也闹了起来，好多要跟太子走，原来名义上她们都是国王的老婆，可国王的老婆太多了，很多根本就没见过国王的面，而是私下里一直跟太子来往（**比如隋炀帝杨广、唐高宗李治等也是这方面的杰出代表。辛注**），这是闲话。

悟空他们倒是活得很自在，我看见他和小沙跟几个和尚正赌得热火朝天，几个小姑娘在旁边敲背、扇扇子，他们还从皇家乐坊叫来了几个女学生，正在边上演奏小曲。见我进去，才急急忙忙把那些玩意收拾了起来。

八戒呢？我问。他们笑着指给我看——八戒被扒光了，五花大绑，站在一摞青砖上，脖子上系着一根绳子，挂在房梁上，稍有不慎，就会被吊死。看见我，八戒就哇哇地哭了起来：唐老师，快救救我，您走了这两个王八蛋就一直让我这样站着，已经几天几夜了，他们还不给我吃饭，只灌点马尿，您要不来，他们两个就要整死我了。我赶忙放下他，责怪悟空小沙怎么这样胡来，悟空说：唐老师你不知道，按照我们道上的规矩，对待叛徒那要砍成肉泥，这已经够人道主义了。

今天就说这些吧，我还要代替他们三个写检查。他们已经睡得跟死人一般了！似乎这一切已经与他们无关。

玄奘夜于来云庄某村舍

[1] 此种情形，在印巴分家的时候就上演过一次，伟大的哲人甘地就为此被谋杀了。他死得很绝望，明白了他的死，我更绝望。

第二十二封信

悟空和牛魔王的兄弟情

贞观十七年　春二月　己酉

百姓的公仆就不应该有点爱好了？就不可以有点要求了？什么是百姓的公仆？百姓的公仆就是拿百姓当公仆的人不是给百姓当公仆，让百姓过好日子的目的是为了让我们日子过得更好，这有什么不对吗？难道你大唐百姓的公仆不都是老爷？！

亲爱的观音老师：

您好啊！春天又来了。看着遍野的青草，总想起长安。想起约三五朋友，出外郊游的日子。正所谓：“明月何皎皎，照我罗床纬。忧愁不能寐，揽衣起徘徊。”不管我用多么尖刻的话批判过那片土地，但它永远牵扯着我的心，时时会触动我脆弱的思念的神经。家乡对所有人来说，永远都是一个梦，总想离开，离开了又想回去，想回去时却回不去了。就算你自己没变，可梦变了、碎了，落到时间的尘埃里去了。

大病一场，身体也一直不见转好。这几日不太忙，虽然也有一些麻烦，大体上还是比较平静的。主要的工作就是写检查，不但要写自己的，还要替悟空他们三个写。本以为八戒这方面还行，他也写了封给我看，看完我很失望，对八戒说：八戒，你这是检查吗？你这是投降书嘛。按照你检查上说的，我们死一万回怕也来不及啊。八戒说不是要求检讨得很深刻吗？我说再深刻也得把自己当人看啊。听了我这些话，他干脆不干了，只好我代他写。写完交上去总是通不过，说是在挖掘无政府主义思想方面很不够，重写。已经重写了好几遍了，这是明摆着折磨人罢了。

不过这几天悟空可没有闲着，他大哥牛魔王因为红孩儿的事，找他算账来了。本来我想给他们调和一下，可悟空不买我的人情。他说：唐老师，这是我们兄弟间的事情，你就少掺和。我们道上有道上办事的规矩，你不懂，你还是好好写检查吧，那才是你们文化人的老本行。悟空说得也对，很多有文化的人，甚至天才的知识分子，不就是把一辈子最好的年华、最多的精

力用来写检查了吗？（**也许这封检查太长了，到现在还没有写完。辛注**）

牛魔王一见悟空就要砍，并气呼呼地道：孙悟空，不，你已经被漂白了，应该叫你孙大人，还我孩儿来。悟空架住牛魔王的钢叉说：大哥，五百多年不见了，我想你想得好苦啊。牛魔王道：我不是你大哥，我是红孩儿的爹，老子今天来是要你的狗命！悟空眼含热泪，道：你可以不认我这个小弟，可在我心中，你永远是我的大哥，难道你忘了我们一起在道上的日子。牛魔王眼眶有些湿润：你他妈的别这么煽情好不好！亏孙大人还记得起道上的日子，你现在可是模范青年啊，我牛魔王攀不上。现在你是白道，我是黑道，大家黑白分明，不是你灭了我，就是我灭了你！悟空大声道：大哥你何必这样侮辱我，谁他妈稀罕在白道上混啊，我这是逼良为娼啊。你有点良心好不好，你难道忘了，你看上的女人，哪一次不是我给你拉皮条？你上窑子没钱，哪一次不是我去偷？你想想吧，为了你，我给多少人下过蒙汗药？！你天天装得风流倜傥、玉树临风，穿名牌，耍排场，装斯文，我戴着女人的长丝袜到处抢钱庄、爬有钱人家的墙头，我容易吗？我无怨无悔，你倒恩将仇报起来了！

悟空的话让牛魔王有些尴尬，他心里也有愧。可想起自己的老婆孩子，马上又阴沉下脸来：既然我们情深似海，那你为何要毁我儿的前程！悟空道：大哥，我哪里是毁他的前程，我这是帮着他成材啊，我还要说你几句呢，养子不教父之过也，小小年纪就出来混黑社会，你就不怕他被人砍吗？怎么也等牙长齐了出来吧。什么新新人类，玩什么飞标什么飞火轮，还说是极限运动，根本就是屁嘛！有这么混黑社会的吗？混黑社会也不能六亲不认啊，对不对，是你那种先向我下手的，没有我当年下蒙汗药，有他吗？现在被观音带了去，惩教上几年，对他的成长是有好处的。学点本事，以后不管是混黑社会还是白社会，也总被现在这样胡来有出息吧。牛魔王听了悟空这一席话，放下了钢叉。

悟空正准备上去跟他大哥拥抱，却被牛魔王推开了：老七，就算我念兄弟情分放过了你，可刹刹不会放过你的。刹刹就是牛魔王的老婆罗刹女，铁扇公主。

一提起刹刹，悟空很上火：大哥，你好意思提起刹刹！你以为你的事我不知道，上一次我回花果山探亲，三哥全都给我讲了。你傍了个富婆，就把刹刹不要了。好啊，当年道上的老大，堂堂平天大圣，玉树临风的牛公子，现在也傍着女人吃软饭了！牛魔王被悟空说得满脸通红，难堪至极，低声道：我跟刹刹性格不合嘛！何况我俩现在只是分居，没有离婚啊。悟空冷笑了一声道：性格不合，当年给人家下蒙汗药的时候你怎么不说？你那时不是说你们是司马相如与卓文君，珠联璧合吗？人家当时可是一朵花啊，后边跟着一大堆比你牛公子强一万倍的羊公子驴公子呢，你上了人家，搞大人家的肚子，给你下了种，你才发现性格不合！是嫌人家人老珠黄了吧？二围达不到牛公子要求的标准了吧？对不对？！悟空似乎从未有那么激动过。

牛魔王道：老七，你有所不知，自从你大闹天宫以后，动不动就严打，巡捕老盯着我，日子不好过啊，大丈夫能伸能屈嘛，再说现在这个女人虽然是个寡妇，可有钱身材又好，你知道你大哥的毛病，先暂时逍遥几天，不就是浪费点多余的力气嘛，刹刹也没有损失什么！我向天发誓，我心里装的还是刹刹啊。可你不知道，女人到了更年期脾气就怪得很，刹刹现在是性冷淡，你大哥我受不了啊。如果我再跟她住下去，大哥我也要跟你一样去出家了。现在黑道上生意这么不好做，上窑子大哥没钱，只好找个免费的了。悟空不想就这个问题再纠缠下去，便问牛魔王：我知道，大哥你就是这副操行，那今天这事怎么办？牛魔王道：老七，孩儿的事咱就不提了，怕是刹刹饶不了你！悟空说：那到时候我跟刹刹再理论！

然后牛魔王说要回去陪富婆，转身就走。悟空在后边喊了一声：牛公子，既然来了，不玩两把吗？牛魔王立马转过头，望着悟空坏笑：兄弟就是过上一万年还是兄弟，生我者母牛，知我者七爷也（孙悟空在道上排行老七，所谓七爷）。说完就冲过来跟悟空坐在地上，从袖子里掏出色子，掷了起来。悟空问：你不回去陪你的马子了？牛魔王不耐烦地道：去他妈的，女人不就是衣服嘛，老子喜欢穿就穿，不喜欢穿就扔！料子好的多穿几天，料子不好就一次性使用，最后都是一个字——扔！别废话，发牌！至于谁赢了，悟空没说。如果以前发生了这些事，我肯定要在给您的信里感慨上一堆。说得多了，自己也有些麻木了，您就姑妄一笑吧。

除了牛魔王，在通天河边还遇到了一点麻烦，不过已经顺利解决了，观音老师您大可放心。离开长安以来，跋山涉水，从没有见过这么浩瀚宽广的大河，如果我是个游人，或者正在苦旅的文化行者，可能要激动上一阵子，或者发表一堆煽情的文字。可我们是远道求法的苦行僧，碰上这么宽广的河就是大麻烦。主要还是我，悟空他们没问题。

在河边我们寻了一户人家暂憩一宿。主人也姓陈，按我大唐的话说，八百年前我们是一家人。他对我们很客气，招呼得也周到。晚饭后大家一起闲聊，聊着聊着他竟然哭了起来，都是因为通天河的父母官灵感大王。关于所谓父母官，我朋友有一番高论。他说既然长官们都是我们的爹和妈，按照我华夏的道德法则，儿子对老子只有绝对的服从，绝对的孝顺。仅仅这一个词，其实就已经道破了我华夏政治文化的本质，即家长制。因为儿不能嫌娘丑，他们再坏，大家也只好忍着吧。所谓君君、臣臣、父父、子子，父子关系才是最根本的，皇帝是官员们的爹，官员是老百姓的爹，爹的话不听行吗？被爹修理，天经地义，儿子能说爹的不是吗？说了就是不孝，孝可是我华夏道德伦理的根本，戴上不孝的帽子，几乎跟禽兽差不多了。

我问他：你不是说这灵感大王是个好长官吗？他把你们这里搞得风调雨顺，大家都很富裕，无论是农业生产、社会治安都非常出色啊。他告诉我：唐老师有所不知，这灵感大王确实是个好长官，有想法，也真抓实干，把通天河地区治理得井井有条，对于他的能力，老百姓是没得说，可他有个爱好，就是要经常送童男童女给他吃，你说像他这么大的长官，什么没吃过，偏要吃这个。今年轮到我们家了，我的身体一直有问题，五十岁才得了这么个孩子，不容易啊，指着他传香火呢！可现在要跟我小侄子一起送给大王吃。主人哭得很伤心，我问：不送不行吗？谁敢啊？不送就狂风暴雨，大家就没得活了，现在的长官，没本事的把大家拖死，有本事的把大家整死，反正老百姓的日子怎么也不好过，他说。

这种事情碰到了实在是应该管一管的。我找他们三个商量。悟空与小沙没意见，但八戒死活不干，说是上次被扒光了站在砖上，感冒了一直没好！一来身体不舒服，更怕有的畜生再暗算他。悟空听了要揍八戒，我赶紧挡住了。上次他俩的确做得有点过分。既然八戒现在还在发火，只好我们三个来解决问题了。我分析了一下情况，对悟空与小沙说：我觉着这个灵感大王跟以前碰见的那些胡作非为的官员不一样，我们应该先礼后兵，跟他谈判一下。悟空反对：唐老师，跟这种人谈什么判？灭了算了！我说等谈完了再说。

具体的方法是悟空与小沙变成俩上供的童男童女，引灵感大王来，然后由我出面跟他谈判。当时的场面很热闹，除了陈家，家家张灯结彩，像过节一样。看不出谁心里难过。也许在他们心中，反正今年供上去的，不是自己的孩子！就算明年可能轮到自己，但今年不是，高兴了再说。唉，老百姓！（**恩格斯说过，有怎样的群众就有怎样的领导，信哉斯言！辛注**）

那灵感大王到底来了。正准备下手时，悟空和小沙现了原身，大家打了起来。悟空告诉他：我们唐老师要跟你谈谈，谈完再打行不行？灵感大王同意了。

谈判就在庙里举行。我对灵感大王说：其实你是个有能力的长官，前途无量，何必要做这种事？他说：我做什么了？我把这里治理得这么好，他们现在丰衣足食，我提这么点要求不算过分吧。我说你是百姓的公仆，让百姓过好日子是你的本分。他有点火了：百姓的公仆就不应该有点爱好了？就不可以有点要求了？给我上课是吧？什么是百姓的公仆你知道吗？百姓的公仆就是拿百姓当公仆的人（前苏联部长会议主席雷日科夫说，什么是人民当家作主，主人就是老爷。可佐证灵感大王所言不假。辛注），不是给百姓当公仆，让百姓过好日子的目的是为了让我们日子过得更好，这有什么不对吗？难道你大唐百姓的公仆不都是老爷？！

他说得对，在我大唐百姓的公仆就是老爷，但我的思想工作还得继续：你为百姓出了力，百姓会记在心里的。他冷笑道：谁他妈的相信这些鬼话？今天你不干了，明天老百姓就把你忘干净了，百姓记着的只是现在的老爷！他们不是给你修庙了吗？我说。他们给我修庙，那是因为我还对他们有用，我还有办法收拾他们，你到处看看，庙里供奉的，要么是对他们有用的，要么就是他们害怕的，你以为他们拜的是泥菩萨，他们拜的是他们心里的那个菩萨！那你也不能吃人啊，这也太缺乏人道主义了吧！我有点急了。他突然笑了：秃子，你太书呆子了，什么叫吃人，不吃人怎么混，谁不吃人，只是吃法不一样罢了，我吃得光明正大，有人吃得偷偷摸摸！而且我要告诉你，今天本老爷还要吃你这大唐的秃子，既然你送上门来了，本大人我就不客气了。说着拎起我钻进水下他的府邸，悟空与小沙追赶不及。看来跟有些人讲道理，的确是一件麻烦的事。

我刚被扒光吊了起来，悟空和小沙就来了。我听见他们在衙门外先是彼此骂娘。悟空扯着嗓子骂：我操你妈，你这个混账东西，一点组织纪律性都不讲了，爷爷是齐天大圣，是你的上级，你他妈的一个屁大的官竟敢跟我作对！那家伙根本就不买他的账：我也操你八辈祖宗，齐天大圣有什么了不起？上级有什么了不起？

不过是投诚过来的黑社会的小混混，最多也就是我们收编过来的东西，谁把你当回事了？！骂完两人就打了起来，论技战术水平，灵感大王根本与悟空不是一个级别，何况还有小沙这么一个帮手。可悟空不习水战，最后大败而归。

没办法，悟空和小沙回去给八戒做工作，八戒在水战方面有特殊心得。八戒根本就不干，躺在床上装没听见。悟空揍了他一顿也没用，他说什么这次就是悟空搞死他，他也绝不屈服。悟空说：难道唐老师不是你的师父？他说：少拿唐老师说事，老子早干够了，他死了好，死了我们早点散伙。小沙也过来给八戒做工作，他这才答应了。不过他不白干，提了三个要求，说如果悟空和小沙不满足这三个条件，他宁死不从。八戒的三个条件是：第一、找个地方让他好好撮一顿；第二、以后碰见美女要先照顾他；第三、悟空和小沙给他写保证，以后唯他马首是瞻。结果不用我说您都能猜得出，他们的交易达成了。八戒出手，与悟空和小沙大闹通天河，把我救了出来。

如何处置灵感大王大家意见分歧很大，悟空他们认为应该就地正法，我觉着弄不好又要跟灵霄宫那帮人结梁子，由我们杀他未必妥当。最后只好交给通天河的百姓公审。结果完全出人意料，老百姓坚决反对处决灵感大王。大家一致认为只要灵感大王不再吃童男童女，就继续给他们当老爷。理由是，百姓们说要是来一个新长官，怕比这个更可怕，他们实在是被来来回回糟践害怕了。灵感大王答应了大家提出的条件，回通天河衙门去了。

至于驮我们过通天河的，是河中的一个老鳖[1]，他说自己已经修炼了一千三百年，还没有修炼成人形，希望我到天竺后跟灵山通通关节，让他早点修成人形。欠人家一个人情，也只好答应。可我心里想，幸亏他没修成人形，要是修成了人形，在这通天河里为非作歹的，恐怕就轮不到灵感大王了。

就说这些，天有点凉，坐着有点冷飕飕的，我需要钻到被窝里暖和一下。明天还要赶路呢。远方的祝福！

玄奘夜于通天河畔小庙

[1] 按照阴阳大师的说法，那老鳖最终修炼成了人形，后来投胎到了我中华，成了个大人物。

第二十三封信

当女儿国国王爱上唐僧

贞观十七年　夏六月　辛卯

这个谎言终将酿成无法挽回的悲剧，因为她的生命中多了虚幻的期待，而我们永远也不会有再见的日子。每一个人都是过客，我就是她的过客。也许到死她不会相信这是最终的现实，以为我最终会回来。如果故事本是虚妄，根本无法实现，倒不如绝望的好，在绝望中解脱，去寻找新的路。

亲爱的观音老师：

您好吗？这几日发生的事，实在是羞于开口。长了这么大，还没有被这么多女人耍来耍去，您不敢相信吧，我竟然两次上了女人的床，还上演了结婚入洞房的闹剧。不过还算幸运，到底守住了真阳，哈哈，现在还是个囫囵身子，真是死里逃生啊（**在玄奘这个年龄，这样的珍奇动物现在怕是灭绝了。辛注**）。真要是彻底被处理过了，怕是再也不敢给您写信了。

这一切都发生在西梁国，您能相信吗？这个国家竟然全是女人。先前读书时，只知道周天子会西王母[1]，据说那是女儿国。可能也只是传说而已，最多也就是个女人掌权男人当差的国家。现在我大唐的边远地区，还有很多类似的部落，头领都是女的，实行走婚，所有的孩子都是只知其母而不知其父。说来也怪，那些女人处于绝对领导地位的地方（不是我华夏那种女人干政或怕老婆），一般比男人主导的地方和谐。看来凡雄性动物，实在是支配权、占有欲太强了，也太好斗了。

这西梁国可是货真价实的女儿国。我们一在西梁国都出现，就引起了轩然大波。大概是少了伺候男人的劳作，也不用生孩子，女儿国的女人出落得一个赛一个漂亮，我敢说随便从大街上拎一个回去，参加大唐小姐选美大赛，绝对夺魁。我大唐帝国的女人要是不靠着化妆品或整容手术，能拿出来的还真不多。她们会说：自信就是美啊。自信是足够了，美倒未必。

一见有男人出现，大街上的女人们立马开始骚动。说实话，

[1] 参见古代文献《穆天子传》，记周穆王西巡访西王母作乐事。

对她们很多人来说，一货真价实的男人根本就没见过。她们扔下手中的活计，呼啸着冲了过来：男人来了！男人来了！把我们团团围住。很快全城的妇女都知道了，全部火速赶到，把我们密密匝匝围了一圈又一圈。我估摸有几十万之众。一个个瞪着狼一样的眼睛，哈喇子流个不停，夸张一点说，哈喇子都快流成了河，感觉大家是漂在水上。大概混乱中晕死的、踩死的也不少吧。记得离开长安时，也曾经有类似的场面，但也没这么气势磅礴啊。悟空混过黑社会、大闹过天宫，八戒当过“保一方平安先进个人”，也被这种场面震住了，全身发抖。看来今天非要被这些女人吃了不可。

做掉他们！做掉他们！女人们在呐喊，在哭泣，在祈祷。我知道她们这次绝不是要吃我们的肉，做掉是另一层意思，这层意思更可怕。八戒哭着说：虽然我一直梦想着有这么一天，自己成为百花簇拥的情圣，可也不能这么圆满啊，唐老师，要来真的我们几个还有命吗？！我假装镇定，让他们别急，看事态的发展。事实如我所料，就在做掉我们之前，她们因为程序问题发生了纠纷，彼此展开了血战，场面惨不忍睹。观音老师您想一想，两个女人打架已经足够惊心动魄，现在是几十万女人为了抢男人打成一团。各种骂语响成一片，分贝之高足够让人眩晕，满地都是扒下来的头发、撕下来的衣物。很多女人已经赤膊上阵，弄得血肉模糊。呜呼，就为了这点事，值得这样大动干戈吗？看着这种情景，想一想那些铤而走险的奸夫淫妇，倒是真可以理解了。如果这是男人国，我们几个是女人，恐怕这会儿满地的已经不是头发，而是脑袋了。

好在这时候出现了大队的皇家侍卫，冲进来把我们团团围住。为首的长官向人群喊话：同胞们，这几个和尚是从东土大唐来的，陛下要接见他们，希望大家不要闹事！人群中有人表示抗议：我们不管他是哪里来的，我们只管他们是男人，我们已经受够了！大家高声响应。长官厉声道：难道你们想造反吗？平时你们受的教育哪里去了？群众大呼：我们只要男人，少教训人！长官又道：只怕是陛下降罪下来，你们的脑袋保不住！有人喊：只要能做回女人，死了老娘也心甘情愿，只怕是陛下要自己享用吧，这不是腐败是什么！群众跟着喊：打倒腐败！打倒官僚主义！面对着这么多激动的群众，局面很难控制，时刻都有崩溃的危险。突然那长官一声令下，侍卫们放出烟幕弹。没想到女儿国也有化学武器，这武器好生了得，群众马上都晕了过去。我们才被转移到女工招待所。

群众苏醒过来后，迅速包围了女王招待所。口号声此起彼伏，她们提出要求：要么把男人还给她们，要么当众处死，谁也别占便宜。招待所的墙壁上贴满了大字报，有要求交出我们的，有讨伐朝廷腐败的，有呼吁女王下台的。一直闹到晚上也不见散去，她们点起篝火，载歌载舞，有人甚至绝食抗议。招待所老总说，这是女儿国上千年来从未有过之乱局。

悟空乐得看热闹，小沙嫌烦早就睡了，八戒是既兴奋又沮丧，兴奋的是从来没有这么多女人自动送上门，沮丧的是无处下手，不停地往阳台上跑，整个人都嘴唇发黑，有些虚脱，还在阳台上向下边的民众喊话：姐妹们，你们的热情让我感动涕零，我敢说你们是我见过的最最优秀的女人，你们把女人的优点发挥到了极致，你们都是女神。你们是勇士，你们大无畏的精神将永载史册。我多么想回到你们中间，跟你们同呼吸、共命运，战斗在一起，可是，姐妹们，你们要注意斗争的方式，要一个一个……下边群众狂呼：少废话，有本事下来，完了再说！八戒不敢下去，回来冲我直摇头：多好的姐妹啊，我们不应该给她们的热情泼冷水啊！悟空说：那你下去算了，光说不练顶个屁用。我一夜未眠，这固然是西梁国从未有过的乱局，也是我们从未经历的遭遇啊。

天快明时，国王差太师来跟我们谈判。她提出了两个方案，第一是唐僧跟国王成亲，其他几个徒弟分给大臣们；第二是唐僧跟国王成亲，其他几个徒弟由国王发给护照，继续西天取经。如果答应了国王的条件，可以确保我们的安全，至于那些闹事的群众，可以采取强硬的手段进行镇压，为了国王的幸福，杀点草民百姓算不了什么！如果我们不答应，就把我们交出去，后果可想而知。这不是明摆着趁火打劫嘛！我说我们是出家人，怎么能跟女人结婚呢？这违背基本的戒律和道德嘛。太师说：道德是个屁，陛下的幸福就是道德，陛下不幸福就是没道德，在这里没有出家人，只有男人！

八戒坚决主张执行第一套方案：唐老师，面对着这么热情的姐妹，我们能忍心一走了之吗？我们还是人吗？在这里有什么不好？我反正是不走了。小沙说如果唐老师要留下，他支持第二种方案，待在这种地方实在太危险。悟空一直不表态，等大家说完了，把我拉到一边悄悄说：唐老师，你就答应第二套方案，先跟他成亲，骗到通关文件，然后你说是送我们西行，等出了城，我们就有办法跑了。看来也只有这一条路了。

为了保证我跟女王的婚礼顺利进行，皇家侍卫对群众进行了镇压，据说场面极其惨烈，死伤好几万。有些人撤出城去，已经在附近展开游击战争。西梁国全城戒严，草木皆兵。说实话，女王是一个很不错的女人，无论长相举止都无可挑剔。第一次在金殿上看见她，心里真有点说不出的忐忑不安，用我朋友的比喻，她的眼神真的比得上百万雄师。婚礼当日就举行了，说是黄道吉日，其实都是她手下的马屁精在作怪，是她们的陛下等不及了。在所有的过程中，我感觉自己都像木偶一样任人摆布。唉，和尚做到最后，竟然成了新郎官。要真是喜欢做新郎官，当年就不用离开她了。

洞房（**这个词实在太色情了，希望管理机关以后禁绝，彻底从字典中删除，至少不允许在教科书中出现。辛注**）里布置得还算雅致，没想到西梁国也有大唐官窑的瓷器。国王亲自给我斟茶，本来要坐在腿上喂给我，被我拒绝了。国王还问我喜欢流行音乐还是古典音乐，我说我不懂音乐。但她还是弹奏了一首，她说这是特意给我做的“凤萧”[1]。说实话，她美得有点残忍，是男人怕都要魂不守舍，尤其她对着我笑，尤其她抚琴时。我默念了几回经似乎也降伏不了内心的波澜。老公，你老那么紧张干什么？我们都拜过堂成夫妻了，她嗲嗲地说道。我赶紧说：陛下，我有些不习惯。还叫人家陛下，奴家都是你的人了，以后这天下你坐，奴家给你做饭洗衣服生孩子！她这一说“老公”我反倒心情安静了下来。因为我最烦这个词，老公的意思不就是民间对太监的俗称嘛！接着她要给我脱衣服，我说今天太累了，等明日送走了他

[1] 是“阶下篝龙露角，庭前雏凤吹萧；历经霜雪不老，看君百年逍遥”，不是“璩美凤吹萧”。

们三个再说。她问我：老公不会是真身吧？我问为什么这么说？她说现在的男人有几个是真身的？所以她更觉着我是个宝。

晚上我穿着衣服跟她在床上躺了一夜，尽管她不时准备向我发动进攻，但都有惊无险，被我一一化解。感觉那是我记忆中最漫长的一夜。

翌日清晨，匆匆换了关文，我与国王一起送悟空他们三个出城，也就是逃跑。八戒死活不走，并以死相逼，并说要向国王揭发我们的阴谋。最后被悟空变戏法弄成哑巴，只好泪流满面，一步三回头。国王也很感动，对我说；看来这个徒弟跟老公感情最深，这么舍不得离开老公，真是个至情至性的好男人！出城三十里，悟空正准备做法定住国王和她的部下，突然一阵狂风，把我卷了起来，等我醒过神，已经在另一个女人的床上了。

那地方叫琵琶洞，洞主是个琵琶精，虽然也美艳无比，但跟女王相比，也就是平康里穿着牛皮短裙叼着烟站大街的姑娘而已。女人有时候真不可思议，时髦起来，明明是大家闺秀，却偏偏要把自己弄成站大街的样子。屋子布置也俗气无比，贴着很多肌肉发达的猛男照，其中有一张我认识，就是牛魔王。那妖精穿衣服很凉快，一个劲搔首弄姿。一上来就要扒我的衣服。我在努力挣扎，她却笑声不断：吆，大哥，害羞是吧？还是个童子吧？让姐姐今天好好教教你，嫌吃亏是吧？难道姐姐这一身玉还比不上那老娘们，她懂什么叫情调啊？我喘着气说：我不习惯这样。嫌没情趣是吧？你这个小牛犊子，姐姐给你跳一段钢管舞艺术一下你。说着跳下去抱着柱子跳所谓的钢管舞，简直是惨不忍睹。我大唐国学院的大师曾做过考证，钢管舞实为国粹，是我华夏族对人类文化的巨大贡献。钢管舞发端于商汤时期，据《淮南子》《尸子》等记载，商汤曾在桑林举行祭祀活动，边祷告，边有裸体男女舞蹈，其中有人抱着树干舞蹈，此后来钢管舞之雏形也。

在长安时，听说平康里也有钢管舞，大小官员下了班就往那儿跑，有人还说那是发扬我大唐的国粹。他们不知道，其实大唐的国粹已经普及全世界了。唉，在这女儿国，连妖精也如此！（据《唐僧日记》，他当时被琵琶精扒光了，被琵琶精压在榻上搏斗了一个时辰，唐僧在给观音的信中显然掩饰了这些，不过可以理解。辛注）

后来还是悟空去找了您，才救我出来。那妖精的计划是先做后吃，也真够毒的啊。大唐现在流行一个词叫"效益最大化"，看来她贯彻得最好了。离开琵琶洞我们不敢有丝毫懈怠，急忙逃离女儿国。可在出关时，却被国王挡住了，她的身后是千军万马！原来她一直在这里等我。看见她我只好自认倒霉，免不了又是一场浩劫。她下了马，向我走来，我心里有鬼，不敢抬头。

她走在我面前，说：奴家知道你不会留下，你在撒谎，可毕竟我们已经拜堂成亲，奴家已经是你的人了，你既然要走，奴家不留你，此去西天路途遥远，希望你多多保重。如果你愿意回来，奴家等着你，就在这路口，如果你不愿意回来，奴家也等着你，就在这路口。我只求你留下一片衣袖，等奴家死后，把它跟奴家埋在一起，下一世里，奴家就不是一个人了！

风吹起她的长发，眼泪在风里飞。我剪下一片衣袖递给她，无言以对。

直到走了很远很远，我看见她依然在风中伫立。我知道，我留下了一个多么可悲的谎言，不管我为自己的谎言找到多么动人的借口，这个谎言终将酿成无法挽回的悲剧，因为她的生命中多了虚幻的期待，而我们永远也不会有再见的日子。每一个人都是过客，我就是她的过客。也许到死她不会相信这是最终的现实，她，也许，也许以为我最终会回来。如果故事本是虚妄，根本无法实现，倒不如绝望的好，在绝望中解脱，去寻找新的路。

就这样吧，写到这里的时候，冰凉的眼泪落在纸上，我无言以对，无言以对。我要睡了，梦中会有怎样的故事呢？

玄奘夜于红庄某村舍

第二十四封信

如来和太上老君的较量

贞观十七年　秋八月　乙酉

因为吏部掌管官员的升迁和饭碗，所以是六部中权力最大的。权力越大腐败也就越厉害、效率也就越低。据说大将军李靖曾经发明了个机器，给在京的官员测智商，成绩最差的是国子监教授，吏部官员根本没办法记成绩，因为每次他们把脑袋伸进去，机器显示的都是石头。

亲爱的观音老师：

近来可好？逃离女儿国后我们抓紧赶路，开始几天还算顺利。给灵霄宫的检查，也勉强通过了。太白金星还特意写了信来，说了不少知心话，大概是说他老了，已经不大管业务上的事。本来准备退休了做些理论研究工作，现在也决定放弃。因为看不出有什么必要，说了等于白说，说多了别人还不高兴。不过从种种行状看，我们大概是彻底得罪太上老君了，这位老上级铁了心要给我们点颜色看看。也许我是以小人之心，度君子之腹，想得不对！

在一个叫金蔸山的地方，我们遇到了麻烦，山上有伙强盗，他们的头头叫独角兕大王。他抓我们的目的很简单，就是要吃我的肉，原因也没什么新意，为了所谓长生不老！也许这些都是表面现象，后边更有不可告人的目的吧。

我问他：兕老板，万一您吃了我的肉长生不了，岂不是有点冤？他拍着我的屁股笑着说：我们的原则是宁可错吃一万，不能放过一人，你现在的主要工作是尽量把肠子里的东西打扫干净，其他的事情就别操心了。

悟空化缘回来，不见我们，就找上门来。那兕大王以前也听说过孙悟空的大名，多少有点紧张。按照交战的一般程序，他俩先是骂一会对方的娘，很显然在这方面兕大王占不了便宜。接下来，两人打得难解难分，技战术水平也在伯仲之间。突然那兕大王拿出一个钢圈，扔向悟空。悟空虽然侧身躲了过去，但金箍棒却到了兕大王手中。没了武器，悟空只好落荒而逃。悟空打输了觉着很窝囊，一时又想不出别的招。后来合计了一下，想这家伙也许又是天上哪个官员逃了出来。

悟空去灵霄宫找职员司，要求查查最近有没有官员外逃。大家都知道，在各衙门里，职员司是最黑最狠的。在我大唐，向来中央有六部衙门的建制，吏部掌管官吏选拔、任免、升降、考试等，户部掌管户口、经济、财政等，礼部掌管礼仪、祭祀、科举、学校、教育等，兵部掌管武官选拔和军事行政，刑部掌管司法行政和审判，工部掌管各项工程建设和后勤有关工作。

因为吏部掌管官员的升迁和饭碗，所以是六部中权力最大的。权力越大腐败就越厉害、效率也就越低。一般来说这个部门的头头不是陛下的亲戚就是他的亲信，在整个干部队伍中素质最低。据说大将军李靖曾经发明了个机器，给在京的官员测智商，成绩最差的是国子监的教授，吏部官员根本没办法记成绩，因为每次他们把脑袋伸进去，机器显示的都是石头（《新唐书》《旧唐书》《资治通鉴》均不载，估计是史官怕给天朝大国抹黑而故意疏漏。辛注）！其实他们要什么高智商也是浪费，整人的事谁不会啊。

开始管考勤的马仔不给查，因为悟空没有送红包。悟空马上摆出黑社会流氓的架势，他们才答应了，谁也不愿意把这种事闹大。查来查去，最近好像没有官员外逃，连出差的也没有。其实就灵霄宫的管理水平，逃了也未必查出来。悟空没办法，只好回来，路上碰见了托塔李天王。

李天王刚从外地休假回来，见孙悟空行色匆匆，就拦住问发生了什么事情。他俩根本是一对冤家，用悟空的话说就是谁也不尿谁。既然碰见了，悟空就把事情的原委说了。李天王说：要不我去看看？悟空说：我都搞不定，你去有什么用，当年……悟空正准备细说从头，却被李天王叫停了：过去的事就别提了，大家各为其主，我也承认你厉害，上次抓唐老师，其实我心里也有点过不去，有些事情我也不懂，这次我带几个兄弟去，要是灭了那强盗，算是补个人情。说完李天王就回家收拾了一下，带着哪吒等跟悟空直奔金莵山。

虽然李天王身经百战，但这么难缠的角儿还是第一次碰见。哪吒上去没几个回合就败下阵来，兵器也被兕大王没收了。其他的几个手下上去，根本就不是对手。李天王没办法，合计了一下，就决定采用火攻的战术，派人去请火德星君（**相当于天庭的能源部部长。辛注**）。火德星君一听是李天王招呼，激动得语无伦次，能被天王这么大的上级使唤一次，那是祖上修的福啊。火德星君匆匆赶来，开始施展手段。大火顷刻间在金莵山燃烧起来，并且蔓延到方圆几十公里。可是根本就拿兕大王没办法，看来他在耐高温方面跟悟空不相上下。不过当地的百姓可是遭了殃，伤亡人数巨大。李天王急忙让他停火：让你烧金莵山，你把场面搞那么大干什么？火德星君跪在地上连呼饶命：天王有所不知，我这项技术由于科研经费不够，只进行了一半，一放起火来就控制不住！

没办法李天王决定水攻。在水德星君（**相当于天庭的水利部部长。辛注**）开始作法前，李天王有点担心，问他：你这水的控制性如何？水德星君拍着胸脯道：首长放心，俺这放水技术可以说是目前世界上最先进的，获得过国际ABCC权威认证，精确度非常高，要是想淹死一只蚊子，绝对不会祸及边上的苍蝇。于是就做起法来，结果惊涛骇浪，四处奔涌，那兕大王依然无恙，可大水蔓延了几百公里，大地一片泽国，百姓流离失所。李天王气得想煽水德星君的耳光，这家伙还说：天王饶命，可能是把参数搞错了，要不再来一次？赶走水德星君，李天王也没辙了：小孙，我是没什么脾气了，你自己想办法吧。

悟空只好去西天找我佛如来，显然如来心里是清楚怎么回事的，但他没有明说。听说悟空还在如来那里骂娘：如来老儿，唐僧是你的弟子，你要管就管不管拉倒，我无所谓，我是混黑社会的，根本对这种工作没兴趣。你把我压在五行山下五百年，我不找你算账已经够大度的了。希望如来您不要生气，悟空就这么个德行。这次如来没有收拾悟空，只是差他跟十八罗汉去降伏兕大王。十八罗汉[1]在我佛的阵营里，大概算是一流的高手吧。悟空以为他们一出手就能制服兕大王。可事实并非如此。他们玩尽全身解数，也拿兕大王不得。

这自然给了悟空嘲笑的机会：十八罗汉，十八饭桶吧，也就是一个个装得像大哥！罗汉到底是有素质的人，不跟他计较：小孙，我们现在主要是做管理工作，有的基本上是搞理论研究，经常不操练了，技战术水平确实下降了很多，你就别寒碜人了。悟空有点火：那关在洞里的你们的那个秃子怎么办？！让人宰了算了！也好，今天你们都在场，唐老师完蛋了不是我的错，以后别再找我的麻烦，我回花果山去了。罗汉拉住悟空道：小孙，你个子不大脾气倒不小，我们来时，如来说如果收拾不了这家伙，就让你去找太上老君，他有办法。如来叮咛，一定要对老君说，是如来让你找他的。

太上老君的地方悟空熟悉。一见老君，悟空就大不咧咧地问：

[1] 梵语 Arahan 的音译。意为杀贼、应供、不生。大乘佛教中，级别排在佛陀、菩萨之后。佛陀死后，受佛嘱咐在世间护持佛法。初为十六罗汉，五世纪后期传入中国，唐末宋初发展成十八罗汉。形象为十八个猛男。

老君，又是你手下的哪个狗东西跑到凡间跟我作对吧？太上老君说：绝对没有，小孙你放心，我太上老君不是那种人，当年你在我这里胡作非为，咱俩还不是称兄道弟吗？悟空见太上老君不承认，就说：老君，你是比较了解我这个人的，我根本就对他妈的什么西天取经没兴趣，以前我是当大哥的，现在给人当马仔，晦气！其实有时我都想干掉那个秃子！不过今天我来这里，是如来让我找你的。一听这话老君就不再气定神闲了：如来怎么知道的？悟空说不知道。见此光景，老君也只好老实交代，那兕大王原来是他座下的青牛，那钢圈是他的宝物。不过老君说他实在是蒙在鼓里，不知道。

一听这话悟空就火了，口无遮拦骂了一通，声音巨大，据说天庭里很多人都听见了，大家都很佩服齐天大圣骂街的本领：老君，你这个老家伙，你天天骑的东西没了你能不知道吗？你装什么白痴，想玩死我是不是？上一次是你手下的两小混混，这次是你座下的畜生，那下一次到底是你们家的苍蝇还是蚊子？我当年混黑社会的时候，要动手也是自己来啊，你怎么这么孬……玉帝怕影响太坏，赶紧差太白金星劝说悟空闭口了。有官员问老君：孙悟空那么骂您，您怎么不修理他？老君说：他几百年都不刷牙，嘴里能干净吗？三岁的孩子把屎拉在床上，你有必要跟他计较？骂他不丢身份吗？！

结果还是老君制服了那兕大王。后来八戒找我，揭发悟空骂太上老君一事，要我念紧箍咒修理悟空，我没理！

就说这些，愿您一切顺心！

玄奘夜金莞山麓金莞寺僧舍

第二十五封信

真假孙悟空的大闹剧

贞观十八年　夏四月　甲申

其实悟空没必要为这事如此上火，现在假冒伪劣的东西实在太多。假酒假烟假耗子药，掺了水的感情，上了光的友谊，满地都是。按照老君他们的说法，真假相辅相成，完全是合理的啊。

亲爱的观音老师：

好吗？最近让真假孙悟空的事弄得很烦。当然，悟空比我还烦。一个孙悟空已经够乱了，如果再克隆出一个，恐怕这世界将永无宁日了。好在如来为我们解决了这个问题，否则大家非被折腾死不可。您在信中提到老君的事，要我们忍让克制，不要生事。观音老师啊，我何尝是生事的人，也没有功夫跟他们过不去。就算你整天躲着，他们也不停地找你的麻烦。至于悟空臭骂老君，我已经给您说过，他就是那么个德行，在这个世界上，他会把谁放在眼里？谁不敢骂？我是他的老师，他也动不动向我挥舞中指，骂我的娘！话说回来，难道老君就不该骂吗？用悟空的话说，他就是模范的老政客，该骂。

话说回来，经过这段时间磨合，悟空吃了不少亏，脾气也改变了很多。可江山易改、本性难移，让他彻底改变在黑社会养成的各种习气，恐怕不易。前几天我们又干了一架，大概情况您是知道的，据说他已经在您那里告了我的状。

当时天近黄昏，大家都忙着赶路，想寻个晚上落脚的地方。走着走着他们三个就掉队了，原来是口渴去附近的果园里偷东西。结果半路上我遇到了一伙强盗。一个个光着膀子，染着红头发，纹身，提着马刀斧头。虽然在造型上颇有些新意，但抢劫方式还是很传统，比如说什么此树是我栽，此路是我开，若要从此过，留下买路财等等。单从字面上看，他们哪里是抢劫？不过是在收养路费而已。我朋友说过，即便是强盗，也要为自己的行为寻找一个冠冕堂皇的理由，诚哉斯言。

我告诉那伙强盗我是出家人，没有什么财物。为首的老大冲我大吼：你给我老实点，现在的出家人哪个不是阔佬？说着就吩咐他的手下搜身，到底也没找到什么。老大显然很沮丧，不停地骂怎么碰上这么个穷鬼：好吧，就算老子倒霉，把身上的衣物扒下来。我慌忙道：这都是旧衣服，也不是什么名牌，值不了几个钱，你们拿走了，我穿什么？老大火了：大哥，我要是还操心你穿什么，不就是你妈了吗？你总得有点良心吧，你忍心让弟兄们白忙活半天？！接着吩咐手下扒我身上的衣服。

就在这时，悟空他们三个赶上来了。望着悟空三人，其中一个强盗皮笑肉不笑地说：老大，他们的造型还是蛮酷的嘛！显然小弟的话让老大很没面子：他奶奶的，老子最恨谁比我还酷，上！说着就扑了上来。他们岂是悟空的对手，很快就被悟空放翻了一片，剩下的跟着老大狼狈逃窜！悟空要冲上去斩草除根，被我制止了，他显然不解气，把倒在地上的几个强盗的脑袋砸个稀巴烂，脑浆流了一地。我恶心得从马上掉了下来，忍不住道：悟空，你何必用这种手段，至少他还没伤着我们！悟空冷笑道：在我面前玩酷、充老大？！老子最看不惯的就是这个，染个红头发屁股上涂点油彩就以为自己是黑社会了！

晚上我们住在附近一民户家中，看得出他们的光景还不错，两个老人，一对年轻母子。对我们的照顾也很周全。晚饭后闲聊，我问老太太：怎么不见孩子他爸？老太太说：出去了，做生意去了，孩子大了不由娘啊！我说那敢情好，还是个生意人啊！老太太显然不愿就这个问题继续下去，又闲说了一些别的，就招呼我们休息。睡到半夜时分，突然有人敲门，冲进来的是老头：唐老师，你们快走吧，我儿子回来了，他知道你们在这里，怕是要找人砍你们。我不安地问：少爷不是生意人吗？老头直摇头：那都是他妈爱面子，在胡说搪塞你，他跟你们遇到的强盗是一伙的！原来现在的生意人也做这个。我们慌忙收拾了行李逃走，走时老太太哭着对我说：唐老师，你要是碰见我的孽畜，看在白发人的面上，就饶了他，我就这么一个孩子，独苗啊！我答应了。

没走出多远那伙人就追了上来，为首的就是老太太的儿子，染着绿头发。悟空一见就扑上去大打出手，我想制止他根本不听。片刻之间，所有的强盗都一命呜呼，悟空还特意割下老太太儿子的头，滴着血，拎到我面前：我让你这个小流氓害得老子睡不成觉！在他看来，打扰了他睡觉就是罪莫大焉，可他不曾想这世上有人没了儿子，有人没了丈夫，有人成了孤儿！

我彻底被气疯了，就让他滚，滚得远远的。他不听，我就念了紧箍咒，疼得他满地打滚：好，我走！走了你别后悔！我大声吼道：少个土匪我有什么后悔的？！我永远也不想见你！杀人放火你随便，别让我看见，老子受够了！

听悟空后来说，他本来想回花果山，可觉着这样回去很没面子；想找道上以前的兄弟，又怕别人看不起。想来想去，心中的怨气实在宣泄不了，就到了您那里，告我的状。

悟空走了，我们三个继续赶路，老头已经向官府报了案，幸亏因为交不起诉讼费，也没有给长官送红包，官府迟迟未采取行动。没想到行路间，又碰见这个孽畜，我拉着脸问：你不是走了吗？回来干什么？他二话不说，上来就给我来了一家伙。等我醒来的时候，发现所有的行李都没了。后来明了那悟空是假的，但当时大家没有意识到。八戒说：唐老师，孙悟空现在也跟我们作对，再加上一路的大小妖精，我看大家散伙算了，何必自己找死！小沙气得发抖，他要我们找个山洞先藏起来，自己去找观音，好好收拾一下这个畜生。

小沙没想到会在您那里见到悟空，一见面小沙就冲上去砍。两人都在气头上，打起来自然要玩命。听说您那里的家具，也被他们两个毁得差不多了，尤其是您养的那些珍贵的热带鱼，也全部被弄死了。实在是罪过，希望您能够宽恕，都是我管教无方。幸亏您及时制止了他们，要不这两个亡命徒非弄出人命不可。听了小沙的复述，大家才知道这是一场误会。

对于这个假孙悟空，悟空气得毛都竖了起来：妈的！竟然敢有人冒充齐天大圣孙爷爷，老子非让他粉身碎骨不可！其实悟空没必要为这事如此上火，现在假冒伪劣的东西实在太多。假酒假烟假耗子药，掺了水的感情，上了光的友谊，满地都是。按照老君他们的说法，真假相辅相成，完全是合理的啊。

悟空离开观音老师那里就直接去了花果山，果然看见一个跟自己一样的猴子在那里作威作福。为了叙述的方便，我们不妨把真孙悟空简称为孙A，假孙悟空简称为孙B。孙A冲上去掏出金箍棒就打：你他妈的这个赝品！孙B也掏出金箍棒迎了上来：你他妈的这个赝品！孙A道：老子今天非灭了你这个假货不可！孙B亦说：老子今天非灭了你这个假货不可！孙A说什么孙B也说什么，孙A变什么戏法孙B就变什么戏法。两人无论身高、毛色、着装、武器装备、口音、手段完全一样，孙A的屁股上有颗痣，孙B在同样的位置也有一颗。孙A来吸心大法，孙B也来吸心大法，孙A来降龙十八掌，孙B也来降龙十八掌！实在没办法，孙A只好找您来帮忙，孙B也去。您没办法，唯一可资鉴别的方法就是念紧箍咒，没想到他们都趴在地上打滚！听说观音老师您也只有无奈地感慨现在造假技术的高超，真货、假货连神仙也看不出来啊。

小沙回来跟我说了，我心里也着急。但我判断既然他们这么相像，从生物学的角度讲，应该是相近的品种。而在生物分类学方面，我大唐在全世界都是领先的。国学院有位博士告诉我，据他保守地估计，在一万年内，我华夏在这一领域的领先地位不会有任何动摇。于是我吩咐小沙弄点真假孙悟空的毛发，去大唐国学院找专家鉴定一下，以他们的水平应该没多大问题。小沙搞了点猴毛，就匆匆到长安去了。

小沙拿着我的介绍信找到国学院。国学院就在平康里附近，小沙说他被站街的姑娘抓住，纠缠了好一阵子。国学院说最近搞皇上50大寿的献礼工程，没有太多精力研究这个问题，让小沙去找国学院下属的生命科学研究中心。生命科学研究中心的主管接待了小沙，听了小沙的讲述说：这个问题你得找哲学中心，学科调整后，这些课题不在我们的研究范畴之中，我们现在主要从事应用科学的研究。小沙拿出弄来的猴毛，希望能鉴定一下。主管看了看，吩咐实验室的研究人员去做。小沙说走进国学院生命科学研究中心实验室（国家级重点实验室）他大吃一惊，里边养满了鸡，完全是一个大型养鸡场，只是在犄角旮旯放着几台满是尘土的实验设备。小沙问那位青年实验人员所为何故。他回答说：这没什么奇怪啊，一方面现在的科研经费都被上级吃了，或用来种树修马路（为了给礼部长官看），大家只好搞点三产以副养主。

另一方面，现在的潮流就是搞应用科学嘛！他为了显示国学院在应用科学研究方面的杰出成就，领小沙参观了部分实验室，有的养猪，有的养狐狸，有的养王八，还有一些小沙不认识，说是从大食引进的珍稀品种，主要是从它们的尿液中提纯一种东西，比传统的大力丸效能要好几倍，现在主要是供应王公大臣，如果进行大批量生产，市场前景非常好（**一般来说，太平盛世人的肾都不太好，看看满大街的广告就知道了。辛注**）。

实验人员经过反复化验，得出的结论有三：第一、这是动物的毛发；第二、有可能是猴毛；第三、估计是猴皮肤上的毛。小沙听完这个结论哭笑不得，要得出这样的结论还需要化验吗？他不早就说清楚了吗？他问二者的区别，实验人员让他去找哲学中心。

哲学中心[1]很重视这个问题，某学界泰斗亲自接待了小沙。等小沙简单说了事情原委，泰斗说：猴毛者，物质也，物质有金木水火土，猴性躁，属火，欲探求猴毛之奥妙，需证道，道可道非常道……一边说一边拿出《诗经》《论语》《孟子》《史记》在查，最后告诉小沙：据我判断，这两个孙悟空都是物质，而且是非常相近的物质，有可能是猴，也有可能不是猴，或者似猴非猴，要辩证地看这个问题，二者有区别也有联系，有矛盾也有统一，最后是一个字——道！并送给小沙一条幅，以资鼓励：大道之行，锲而不舍！小沙听了这些屁话觉着没什么用，就辞别而归。

离开长安前，大唐帝国的礼部尚书接见了他，问他取经的事

[1] 大唐的哲学中心主要的工作就是格物致知，格来格去，最终要格到天理人伦上去。从逻辑上讲，答案是提前准备好了的，只需要找一堆东西套上行了。

进展如何，希望抓紧时间，最好能参加祝贺皇上50大寿的献礼工程。另外小沙顺便还去了我以前待过的那个寺庙，小沙说那里发生了很大改观。现在做方丈的是我以前的弟子，寺庙的厕所和方丈办公室都修成了五星级的标准。寺庙周围全部建成商品房出租，有很多酒吧、茶馆和洗头房，到处可看见穿着皮裙在大街上拉客的姑娘，那里已经成为长安最有名的娱乐一条街了。方丈，也就是我的弟子因为开拓创新，多次被评选为模范和十大俊杰之一。

最后实在没办法，孙A和孙B就闹到我佛如来那里。没想到，我佛如来在生物分类学方面，也有那么高的造诣。他一眼就认出了真假，并进行了科学阐述。我佛如来解释说：根据生物分类学，猴子这种东西一般分四类，如灵明石猴、赤屁马猴、通臂猿猴、六耳猕猴，孙A是灵明石猴，孙B是六耳猕猴。六耳猕猴的基本特征是听力佳、聪明，知晓万事万物。说着便命令手下把孙B拿下，并让他现出原形，果然如如来所言。如来阻拦不及，悟空冲上去就把它做成肉泥。据说为这事如来很生气：悟空你怎么可以这样胡来？这六耳猕猴可是濒临灭绝的动物啊！用悟空自己的话说，世界上根本就无所谓濒临灭绝的动物，而是怎么让那些跟他作对的通通灭绝。

悟空又回来了，也许因为发生了这场闹剧，冲淡了彼此的矛盾，谁也不愿提起过去的事，就当没有发生过。我也不想说，说了徒增是非，弄得大家又不愉快，反正已经过去了，对不对，观音老师？

玄奘夜于五柳塬五柳观

第二十六封信

悟空和牛夫人的爱恨情仇

贞观十八年　冬十一月　庚午

在我还是一个小女孩的时候，我一直梦想着能够碰见一个至情至性的男人，我想着做他的新娘跟他过一辈子。可我碰见的都是孙悟空、牛魔王这样的东西，我的梦破碎了。五百年来，我告诉自己那只是我给自己的一个美丽谎言，这种想法使我对生命失去了尊重和勇气。可我不死心，五百年来我等着有人来告诉我最终的答案。尽管我已经老了，但这个答案让我感到安慰。我还会用另一个五百年去等待，等一个至情至性的男人来娶我。

亲爱的观音老师：

您好！解决了真假孙悟空的问题，我们继续西行。按说这是隆冬时节，应该天寒地冻才对，可奇怪得很，气温却越来越热。悟空他们身上只挂着一方短裤，走两步就气喘吁吁。我只听说过温带大陆性气候昼夜温差大，没想到连季节也可以颠倒过来。后来遇着一位老者才知道，原来前边有一座很奇特的山，名叫火焰山，终年燃烧，热辐射好生了得。地方政府本想用它来发展旅游业，可游客在几十里外就烤糊了，只好作罢。听老者说，这火焰山本是山清水秀的清凉之地，五百年前突然燃烧起来。地质学家说这是地火奔腾而出；大儒们说这是皇上不学好，引来祖宗的惩罚；风水先生说这是因为国王老爸埋错了方向；诗人说这是阿波罗[1]的灵魂在燃烧；悟空说他们都是扯淡，那是老子当年打翻了老君的丹炉，从天上掉下来的火。

悟空说这句话的时候很得意，但听了老者下边的话，他就得意不起来了。因为老者说，要灭火，只有芭蕉扇，芭蕉扇在翠云山芭蕉洞铁扇公主的手里，这个女人是个泼妇，是黑社会老大牛魔王的老婆，谁也惹不起。铁扇公主就是罗刹女，悟空最怕见的人。但要过火焰山，借芭蕉扇的差事也只好承包给他了。

找到芭蕉洞并不难，但悟空说，那段路他感觉走了五百年。芭蕉洞洞门大开，没有一个小妖出现，罗刹女坐在洞中央的石台上，背对着悟空。后边的石壁上刻着一排大字：天下的男人都不是东西！

---

[1] 希腊神话中的太阳神，天神宙斯的私生子，象征着光明、文学艺术等等。

你到底来了！罗刹女阴冷地说。看着罗刹女的背影，悟空伤感地说：刹刹！不要叫我刹刹，刹刹已经死了！罗刹女道。牛夫人！悟空道。不要叫我牛夫人，这里没有牛夫人！罗刹女道。那我应该怎么称呼你？悟空有点火。叫我孩儿他妈！罗刹女说着转过身，脸色阴沉对着悟空。悟空不知所措。

当年的刹刹的确老了，看得出胸部已经下垂，肚子上多了一圈圈的肥肉，那两条惊世骇俗的美腿，已经跟大象能当亲姐妹了。原本闭月羞花的脸，也只看见片片雪花飞舞（可能是用了太多的劣质雪花膏。辛注）。

刹刹，这五百年你过得好吗？悟空轻轻问道！我已经警告过你了，这里没有刹刹，只有孩儿他妈，小心老娘割了你的舌头！罗刹女说着拔出宝剑，直抵悟空的喉咙：我等你好久了，孙悟空，你这只臭猴子！你害了我一辈子，你还有脸来见我！要借芭蕉扇是吧？那得赢了老娘手中这把宝剑！

她说着挥剑刺向悟空，剑锋穿过了悟空的胸膛。他没有动，血在流！悟空说女人最受不了这种煽情的方式。也许吧，在长安街头我看见过有男生被女生唾了一脸，还深情地注视着人家。

悟空苦笑着道：刹刹，不，孩儿他妈，我知道我对不起你，要杀要剐随你，可在我心中你永远是刹刹，五百年没有改变过！臭猴子，你少给我来这一套！你怎么不混黑社会，当起诗人来了？！刹刹，你骂我什么都行，你也不能这样侮辱我，说我是诗人！毕竟我们以前是青梅竹马[1]的朋友！哈哈，好一个青梅竹马

[1] 参考白《长干行》中诗句：妾发初复额，折花门前剧。郎骑竹马来，绕床弄青梅。同居长干里，两小无嫌猜。十四为君妇，羞颜未尝开……

的朋友，好一个侠骨柔情的齐天大圣，你竟然还有脸说这些。当年你在黑社会混，混得跟狗一样，我罗刹女一门心思跟着你，给你洗臭脚洗裤头，你偷人时我给你放哨，你被人砍了我背你回来。你说要跟我在天愿为比翼鸟，不求同生但求同死，我好傻，当时竟然信了！罗刹女说话时手一直在发抖。

刹刹，我知道我不是个好男人，我长得不帅，也没本事，所以我忍痛割爱，成全了你跟牛公子。悟空说得有点言不由衷。看看！多么伟大的情种，多么无私的男人，多够哥们义气，我现在不是五百年前那个傻女孩了！臭猴子，收起你那些屁话，你以为我不知道你干的下流事？！你把我玩腻了，就给我下蒙汗药，让牛魔王占了我的便宜，有这样青梅竹马的吗？有这样对待自己的女人的吗？除了你跟牛魔王，全世界哪个畜生能干出这种事？！

刹刹，你不能这样说，其实离开你我也很痛苦，你没看出这五百年我都瘦了吗？都是因为心里想你！悟空道。想我？！行了！男人都是这种嘴脸，放屁也要装着脱裤子，你什么时候肥过？！罗刹女道。刹刹，你以前不是这样粗鲁啊，整天叠千纸鹤念红红翠翠唱爱你心头口难开，怎么？……我变了是吧？我现在像个泼妇是不是？我不够温柔了是不是？老遇上你这种男人，我能不变吗？你知道这五百年我怎么过来的吗？你知道这五百年牛魔王除了我还有多少个女人？你知道牛魔王总共陪过我几天吗？要不要我把数字报给你听？你这是成全我吗？

悟空太了解大哥牛魔王的德行了，心里自然有愧，就辩解道：刹刹，你真的不明白，不是我故意要给你下蒙汗药，我是因为自己不行，要不我当和尚干什么！本来我准备把这个秘密一直留在心底，既然今天你一定要问罪，我就告诉你好了。说着脱下衣服，罗刹女发现他那儿果然没有什么，便问：那你为什么不早说？悟空道：那时候你还是个懵懂的女孩，我也是一个纯情的少年，我们一起在憧憬着美丽的未来，你叫我怎么忍心出口？你那么纯洁，那么可爱，你怎么知道我心里的痛苦！其实悟空是灵机一动故意变没了。

悟空的话让罗刹女多少有些伤感，叹息了一声，道：就算过去的事情过去了，那你为何要难为我的孩儿？这五百年来，他是我唯一的希望，我就指着他活着，可你把他毁了！刹刹，我知道你爱他，可他不学好……罗刹女打断了他的话，冷笑道：他不学好？可比起你跟你那牛公子牛大哥，我看好上几百倍，至少他不会天天上窑子院，他不会抢钱庄，他不会给女人下蒙汗药，他不会为了出名去大闹天宫，就算他杀了唐僧，那比起齐天大圣杀的人，实在是太少了！

可是，刹刹，他只是在观音老师那里学习一段时间，回头会还给你的，悟空急忙解释道。也好，我今天不杀你，你可以走，走得远远的，让我永远不要看见你！罗刹女抽回剑，转过身去。

悟空定了定神，低声说：刹刹，那你把芭蕉扇借我用一下。罗刹女不吭声，想了很久，突然转过身，对悟空说：扇子我可以借给你，但你必须答应我三个条件：第一，必须把跟牛魔王一起的那个狐狸精毁容；第二，在花果山刻上“天下的男人都不是东西”这几个字；第三、必须让唐僧陪我几天。

悟空觉着前两件事比较好办。他们在混黑社会的时候，经常毁别人的容，虽然牛魔王现在指着那女人吃软饭，关键时候还是会照顾一下弟兄。花果山是自己的，刻几个字算不了什么。难办的是最后一个，他跟罗刹女商量：刹刹，我知道这几年你没有男人陪，心里难受，可人家唐老师是明星和尚，从来不陪女人的，要不我陪你几天，就算是弥补我曾经的过错。

罗刹女笑了：臭猴子，你也太拿自己当回事了，我当时是因为爱你，所以也就不在乎你那副贼眉鼠眼的样子。可我老了，我已经不知道什么叫恋爱了，我心里的激情早都被你们这些东西磨完了。我现在只想跟男人睡觉，睡觉是什么意思你不明白吗？我现在看男人不再是爱不爱我，我看他是不是足够强壮，你觉着自己是吗？罗刹女的话让悟空无地自容。罗刹女坚持要我陪，如果不答应，就休想拿走芭蕉扇。

悟空回来后心情沉重，对我说：唐老师，要不你就陪她几天吧，虽然她现在人老珠黄，你就当是做善事，普度众生了。我也无言以对，但结果肯定是拒绝，即便是不过火焰山也不能答应。八戒说要不他牺牲一下，反正为了取经事业，他也管不了那么多。悟空说要是八戒去，怕是活着回不来了。后来悟空一个人走了，听八戒说，他先去办另外两件事。其实那两件事，实在也不该做的，可当时我真的不知道。

悟空找到牛魔王，把事情的来龙去脉说了一遍，牛魔王不干：老七，我现在整天指着这个女人过日子，怎么能毁人家的容呢？要不我回家把那个臭婊子好好修理一顿，把芭蕉扇要回来给你？悟空说：免了！咱俩也够对不起人家了，你要是经常回去多陪她几天，也不至于酿成今天的祸端。大哥，富婆多得是，今天你毁了她，回头再找一个嘛！悟空道。

牛魔王无奈地道：老七你是不理解大哥的苦楚，现在的富婆精得很，不但要你年轻，长得帅，而且对你的三角肌也有很苛刻的要求，大哥年轻的时候各项指标肯定都是超标的，可大哥老了，竞争实力越来越差，找一个不容易啊。悟空觉着也是，但想不出两全齐美的法子，只好对牛魔王说：这样吧，咱俩还是按道上的规矩解决，掷色子，如果我赢了，就毁她的容；如果输了，我另想办法。一听赌博牛魔王就来劲，满口答应了。结果很不幸，悟空赢了，他是靠耍老千赢的。按照道上的规矩，这是终审判决，牛魔王只能接受。

悟空说，他长这么大，砍过不少人，但毁大哥女人的容还是第一次，多少有些紧张。牛魔王对那女人说：心肝，我虽然爱你比天高比海深，可我输了，你就让老七在你脸上划几刀吧，你也不希望自己心爱的男人是个不讲信用、没有良心、不负责任的人吧。那女人没有吭声，很平静地在梳妆台前仔细化妆。牛魔王在一边催：心肝，差不多就行了，人家还忙着呢！女人化完妆，回过头把脸递给悟空，微笑着。悟空说那张脸美得惊人，但他还是在上面划了几刀，女人一直没有吭声，只是缓缓地问：行了吗？罪过，想起这一幕我就做噩梦。回头悟空把那女人送给罗刹女检查，算是过关了。等悟空回来时，牛魔王已经拿着家里所有值钱的东西，跑了。说不定牛公子正在什么地方跟别的女人缠绵吧！

至于陪罗刹女的事，我想了很久，决定亲自去找她，跟她谈个明白。小沙让我别去，去了肯定回不来，一个女人熬了五百年，后果可想而知。八戒说他陪我去，要是我应付不了，他可以帮忙。我说我不会做什么，要么她收回无理的要求，要么我死。悟空领我们到了洞口，我吩咐他们在外边等着，就进去了。

罗刹女靠在床上，看着我，她在笑，那种笑容让我不安。我以为你不会来，她问我。既然夫人请我来，我焉有不来的道理！我行了礼说。你是来陪我的！她说。我定了一下神，说：我是出家人，出家人有自己的规矩，不陪任何女人，自然也不陪夫人。你长得很帅！她又笑了。我说我不知道自己长什么样，也从没有关心过这件事，我长得帅不帅与这件事情没有关系。很多女人喜欢你？她问。我说我不知道，也不想知道这些事情。她坐起身，问我：你从来没有爱过一个女人？你可以不回答。爱过，但那是很久以前的事情了，我说。她在你的心中有多重要？她问。我说：我不知道她在我的心中有多重要，但我每天都想忘掉她，却记得更深刻，她让我明白了一个道理，忘记一个人需要一生！你相信天荒地老吗？她问。我不相信，因为纵然是天荒地老，有些东西也不能改变，只是你把她留在你的心里，不让别人看见，我说。

她请我坐下，递给我杯茶，问：你不愿意跟别的女人做什么，是不是因为心里有那个女人？不是！我说：会不会随便跟别的女人做什么与心里有没有一个女人无关，心里有一个人的人照样跟别人什么都做，这是两回事！罗刹女显然同意我的看法，她又问：既然忘不了她，为什么要离开她？忘不了一个人并不能证明你一定要跟她一路走，这两件事没有必然的联系，这要看造化，你可以选择一辈子记住谁，但很多时候你没有权利选择跟谁在一起，我说。那如果总是碰上那种不入流的东西呢？罗刹女问。我说：那只是你的手气不好，老抓到臭牌，但这不能证明你永远抓到的都是臭牌！

彼此又说了许多，像久别重逢的朋友。最后，她拿出芭蕉扇，递给我。我不能确定她什么意思，她说她已经决定借给我。

当我拿着芭蕉扇忐忑不安地走到洞口时，听见罗刹女在后边叫我。我回过头，看见她眼角的泪水，尽管她老了，但我肯定流着眼泪的她还是很美。

她说：你知道我为什么把芭蕉扇给你吗？其实让你陪我不过是个借口，我只是想见你，我早就听说过你。在我还是一个小女孩的时候，我一直梦想着能够碰见一个至情至性的男人，我想着做他的新娘跟他过一辈子。可我碰见的都是孙悟空、牛魔王这样的东西，我的梦破碎了。五百年来，我告诉自己那只是我给自己的一个美丽谎言，这种想法使我对生命失去了尊重和勇气。可我不死心，五百年来我等着有人来告诉我最终的答案。尽管我已经老了，但这个答案让我感到安慰。我还会用另一个五百年去等待，等一个至情至性的男人来娶我。

她的话让我很辛酸，没有言语就走了出来。八戒见我拿着芭蕉扇出来就问：怎么样，不吃亏吧？分享一下。我说什么都没发生他们都不相信，说世界上不会有这么便宜的事。悟空心情更差：随便吧，反正肥水不流外人田就行了！

突然想起“子见南子”的故事，这恐怕又成一桩公案了。这个故事《论语·雍也》里有，南子是卫灵公老婆，被社会舆论称为荡妇，据说对孔子感兴趣。当时孔子流落于卫，寄人篱下，不得不去见了她一面。出来后他的学生子路很不高兴，认为孔老师不检点。孔子发誓：我要是胡来了，就让天抛弃我吧！到底孔子有没有什么做出格的事，众说纷纭，成为公案。更有好事者把它编成戏文，娱乐大众。

翻越火焰山时，回望着烟云缭绕的翠云山，我在心里向那个女人默默祝福，但愿在将来的五百年里，她能等到她梦中的那个人，做他的新娘。

玄奘夜于火焰山麓硫磺村农舍

第二十七封信

唐僧与毒贩子的交易

贞观十九年　夏五月　甲辰

曹植是罕见的大才子，只是政治上太幼稚了。曹丕让他七步成诗，否则就让他死。七步之内，曹植吟出：煮豆燃豆萁，豆在釜中泣；本是同根生，相煎何太急。总算保住了小命，最后郁郁而终。据我朋友说，其实这首诗应该这样写更切合实际：煮豆燃豆萁，别在釜中泣；因为同根生，所以要煎你。

亲爱的观音老师：

还好吧？趁现在有点空，把最近发生的事向您汇报一下。在车迟国我们已经跟老君结了梁子，您也在来信中劝告我要克制。尽管我是战战兢兢、如履薄冰，到底是冤家路窄，躲也躲不过去，在祭赛国又发生了严重冲突。表面上看这是几个地方上的小混混跟我们斗法，但我知道事情不会这么简单。您在南海[1]未必有我这么深刻的感受，和尚与道士为了抢地盘，斗争已经激化到何种程度！甚至不惜利用地痞来达到他们的目的，手段也越来越阴险。

在我们路过的国家中，祭赛国的条件应该说是最差的。放眼望去都是茫茫戈壁荒漠，只有在河谷地带有少量农田。听路人说，祭赛国历代的国王没一个好东西，他们的老祖宗以贩毒发了财，然后豢养了一批亡命徒，靠烧杀抢掠拿下这片江山。后代子孙们一个个都是匪徒，他们的继承制就是兄弟相残（**虽然中国没有这样的制度，却不停演绎着一样的事实。辛注**），最后剩下的一个继承王位。这种继承制的好处就是实现优胜劣汰，保证江山永远控制在强人手里。这种兄弟相残的事，我华夏历史上多的是。大英雄曹操死后，他的长子曹丕继承了王位。曹丕对以前的王位竞争对手、亲弟弟曹植恨得要死，掌权后就想要了他的命。曹植是罕见的大才子，只是政治上太幼稚了。曹丕让他七步成诗，否则就让他死。七步之内，曹植吟出：煮豆燃豆萁，豆在釜中泣；本是同根生，相煎何太急。总算保住了小命，最后郁郁而终。据我朋友说，其实这首诗应该这样写更切合实际：煮豆燃豆萁，别在釜

[1] 传说中观音菩萨住在南海落珈山。

中泣；因为同根生，所以要煎你。也许是吧。

听人说以前的祭赛国富得流油，仅国都就有各国的娱乐业者十余万，繁荣昌盛可见一斑。祭赛国之所以这么牛，一是因为贩毒，在祭赛国几乎人人都是毒贩子，毒品贸易是其重要的经济支柱，很多国家机构就是专门为毒品贸易而设置的；二是祭赛国有个金光寺，寺中有塔，塔上据说有一宝物，光芒万丈，被附近国家的臣民视为圣物。为此吸引了大量的朝圣者和游客，有力地带动了祭赛国旅游业的发展，每年为祭赛国带来丰厚的外汇收入。也就是说，祭赛国守着这宝物，就可以整天过神仙日子。

以前，在祭赛国最受尊崇的是两类人，大毒枭与和尚，国王就是最大的毒贩子，每年评选十大模范国民，毒贩子与和尚平分秋色。而在文化思想界，完全是和尚的天下，任何学说都被视为异端。在祭赛国，除过三类书，其他的书籍全部被烧掉，有私藏者要株连九族。这三类书首先是佛经，另外两种是有关贩毒和房中术的书。为了更好地统一思想，有位高僧还发明了一种机器，这种机器可以测定一个人心里想什么。每年全体国民都要接受检查，如果谁心里想的是异端，就会当场活埋。祭赛国每年都有几万人因为想法不正确被活埋。鉴于祭赛国在纯洁思想方面取得的巨大成就，灵山曾授予其"道德文明典范之邦"的称号。在祭赛国，老百姓除了念经、贩毒、睡觉什么都不想，什么也不敢想。思想是长官与和尚们独有的权利。

不过我看到的祭赛国已经是民生凋敝、满目疮痍。一是因为长期的思想专制使国民的脑容量越来越低，从而在国际毒品贸易中失去了竞争力，被赶出了毒品市场；二是三年前突然下了一场血雨，金光寺塔上的宝物不翼而飞，既然圣物不在，祭赛国就不复为圣地，附近国家的臣民不再过来，从而使祭赛国的旅游业遭受了毁灭性打击。娱乐场所全部关门，剩下的几个流莺整天在大街上游来逛去。祭赛国的臣民们除了念经和睡觉什么都不会，每年都有很多人饿死。国王迁怒于和尚，把他们全部拿下，卖身为奴，尼姑也被派往军中服务。国王这样做也是拿和尚垫背，为自己开脱罪责。

金光寺已是破旧不堪，只有几个僧人戴着枷锁，在院子里养鸡。他们见着我哭诉了整整一夜。悟空说不如明天把国王和手下宰了算了，然后把祭赛国所有的人刮光脑袋，有不从者，杀无赦。我相信悟空的能力，但没必要这样冤冤相报。我说可能是因为血雨污染了佛塔，以致宝物被佛界没收，乃天意所在。明天我去诚心扫塔，或许会有所转机。我的话引得悟空嘲笑不已：唐老师，说你脑子有病你还不信，找一个比你蠢的人怕是太难了！我说反正我已经决定了，你少管就是。

第二天在扫塔时，意外揭开了整个事件的秘密。在塔顶我们发现了两个正在吃喝玩乐的小混混。经过审讯，他交代塔上的宝物是舍利子，被附近碧潭的龙王差人偷走了，至于龙王何故如此，他们并不知晓。按照天堂的编制，这个龙王相当于正九品小官吏。悟空在两个小混混的屁股上打了几个洞，用钢丝拴起来，带着他们去见国王。

祭赛国的王宫依旧富丽堂皇，大臣们挤满了朝堂。原因很简单，现在经济大环境太差，毒贩子们没地方谋食，只好挤进衙门吃皇粮。据说仅王室的厕所，就有十几个正四品的大臣管理着。按照一般的规律，越是落后的地方，官员就越多，心也就越黑。俗话说穷乡僻壤出刁民，其实穷乡僻壤更出刁官，因为刁民也是刁官逼出来的。作为刁民与刁官的领袖，祭赛国的国王也是个很刁蛮的家伙。祭赛国的朝会的确让人眼界大开。金銮殿乌烟瘴气，呛得人发晕。国王和王后躺在龙床上，光着脚一边由宫女修指甲，一边抽大烟。下边是一排排的红木大床，大臣们带着夫人躺在上边吞云吐雾。大家穿着睡衣抽着烟议论朝政[1]。如果有人尿急，马上就有太监拿过一个牛皮管子，接在他的下边，至于大便怎么处理，我就不知道了。除非国王说某某某你这个混蛋出来，被唤的大臣才被夫人扶着跪在丹樨下回话。他们称国王为老大，自称小弟，这是祖宗留下的传统，所谓祖制。我开始称他为陛下，险些招来杀身之祸。尽管看着这种场面很恶心，可想想这可能就是人家的民族文化吧，也就罢了。

国王听我们讲述了整个经过，就阴阳怪气地说：凭什么老子要信你们几个？我说：老大，这两个小混混已经承认了！他哼了几声，皮笑肉不笑地道：不会是玩老子吧？听说你手下那个猴子很会变戏法！说完满朝的文武哄堂大笑，兼有女人的阵阵浪笑。悟空气得嗷嗷叫，准备动手被我拉住了：老大，我是东土大唐的和尚，这里有大唐皇帝的介绍信，不是江湖骗子。他搓了一团鼻屎，弹进旁边太监张开的嘴里，说：大唐的和尚？听说你们那儿搞得很不错，也没给哥哥捎点什么土特产？我说只有介绍信他就火了：我靠，那不就

[1] 宋以前大臣们在朝堂上是坐着回话的。宋以后只能站着回话。到了明朝，回话时必须下跪，但可以看着皇上。到了清朝，跪着说话除非皇上让抬头，只能撅着屁股低着脑袋。大臣们膝盖越来越软，地位越来越低，中国也就越来越不像个样子了。

是张擦屁股的纸吗？老子一天可以开几万份！弟兄们，把这几个大唐的混账东西给我拿下。话音未落，一帮警卫就冲了上来。

幸亏他们的户部大臣讲了几句话，要不然非出乱子，他说：我最最伟大崇高不朽的老大请息怒，小弟以为，杀几个和尚不要紧，要紧的是现在也只有大唐的李总裁还要我们的货，要是得罪了他们，恐怕我国就没有一点外汇收入了。原来李总裁跟祭赛国一直在做毒品生意！国王想了想，道：也好，放了这几个和尚，让他们走。

事情应该说已经完了，我们可以一走了之。但想起那些受罪的和尚，我又多说了几句：既然金光寺的嫌疑犯是龙王，老大能不能放过那些和尚？国王阴笑着道：老子看在李总裁的面子上放你们一马，你还要为那些东西说话，帅哥，你是活得不耐烦还是脑子有病？滚！侍卫上来就赶我们走。没办法我只好向他喊：那你怎样才能放了他们？他说：很简单，谁让老子有钱花，老子就买谁的账，只要你们能把那宝物给我重新找回来，不要说放了他们，就是要老子的家眷，老子也给。我想了想就答应了。回来跟悟空他们商量，大家都反对，认为还不如把这个混账剁了算了。我做了一晚上工作，才勉强答应了。

悟空他们三个去找碧潭龙王算账，要回宝物。在整个官僚体系中，碧潭龙王也就是个芝麻大的官，本事也不怎么样，根本就不是悟空的对手。可他有个女婿手艺很不错，有九个头，奇丑无比。而碧潭龙王的女儿可是一绝色美人，按理说出身这种家庭的女孩子应该整天红红翠翠躲在绣楼上等穷书生从墙头爬过来[1]。可

---

[1] 参见元曲《西厢记》、《墙头马上》等等。在中国古典小说中，多数是小姐在楼上思春，穷书生翻墙而入，巫山云雨，结果爸爸妈妈反对弄得悲悲凄凄。后来穷书生考中状元，娶了小姐，皆大欢喜。

这位龙女却整天喝酒打架飞鹰走狗，搞得龙宫里不得安生。虽说貌如天仙，可没人敢来提亲。龙王拖人找了好些人家都被拒绝。也有一些大流氓找上门来，但基本上见过龙女后胳膊腿都不全了。最后上门的就是这个九头怪物，一见龙女就大打出手，先是煽了9999个耳光，用烙铁打了9999下屁股，挂在房梁上七七四十九天，而且放了10000只蜘蛛在她的身上爬，直到她晕死过去。

等龙女醒来时，彻底爱上了他，爱得死去活来。两人不但是生活伴侣，也是事业上的知己，一起打架，一起抢劫，一起偷盗，一起杀人放火。在夫婿的支持下，龙女几乎偷遍了全世界，连王母娘娘的灵芝草也偷来玩。龙王知道后紧张得夜夜尿床，惶惶不可终日。为了赎罪，在灵霄宫做官的朋友指点下，就以偷走金光寺的宝物，彻底搞垮和尚在祭赛国的势力立功赎罪。所以，这件事情真正的谋主绝对不是他，他只是一个具体的操办者。

九头驸马不好对付，狡猾且狠毒。悟空他们几个一时想不到更好的办法，只好回来再做打算。不想在路上遇到了二郎神。二郎神意气风发，飞鹰走狗，刚从围场打猎回来。看着二郎神活得这么滋润，悟空和八戒心里都不是滋味。二郎神跟悟空一样，以前都是混黑社会的，两人还是拜把子兄弟，一起制造过不少命案。后来都被天堂招安了，不过结局完全不同。悟空被招安后依然匪性不改，后来大闹天宫，被压在五行山下500年，日子也够悲惨。可二郎神却从此飞黄腾达，过上了锦衣玉食的生活。二郎神为了向灵霄宫表示自己彻底改造的决心，亲手把亲妹妹压在华山下，永世不得翻身。原因只是他妹妹喜欢上凡间一秀才，不小心有了孩子[1]（跟《西厢记》等故事大同小异。辛注）。对混官场的人来说，这种事情根本就算不了什么。二郎神不过是为了自己的前程，拿亲妹妹作秀而已。

看着悟空落魄的样子，二郎神问：大哥，何以至此？悟空道：有什么办法，我没有妹妹压在山下嘛！二郎神道：大哥又是糟践人了，我也是不得已啊，我们这些被招安过来的，人家本来就不放心，要是不玩点苦肉计能行吗？人非草木、焉能无情，不脱了裤子自己修理一下，过不了关啊。八戒插话道：管那么多干什么，只要自己活着快活就行！二郎神说：年轻的时候混黑社会还行，年龄大了，就得找个养老的地方，混黑社会是快活，可毕竟在世人眼中是个瘪三啊！以大哥的本事，要是老老实实投诚过来，怎么也比小弟混得好啊。悟空一听话不投机，就不再说下去。只有感叹曾经沧海难为水，很多东西已改变了，不再是先前的模样。想想自己的大哥牛魔王，何尝又不是如此！

二郎神招待悟空他们饱餐一顿，直到全部喝得晕晕乎乎，就起身去找碧潭龙王一家算账。二郎神扶着悟空感慨道：孙大哥，其实还是混黑社会痛快，今天总算又找到了感觉！九头驸马一见来了几个醉鬼，根本不放在眼里，冲上来就砍。九个头同时向他们几个发动攻击。就在这时，二郎神吹了个口哨，他的通天犬冲了上来，一口拿下驸马的一个头。原来那九个头是同一个神经系统，干掉一个剩下的全部完蛋，倒地身毙！其他的龙王、龙婆、龙女

---

[1] 参见《劈山救母》一剧。秀才刘彦昌上京赶考，半路上碰见二郎神下凡的妹妹，彼此立马找到感觉。刘半夜翻墙进去，两人云雨一番。二郎神知道后把妹妹压在华山下。后来他们的私生子劈开华山，把妈妈救了出来，刘也做了官，全家团聚，云云。

根本不堪一击，全部活捉。

碧潭龙王在处死前跪在地上泪流满面，向天祷告：陛下，奴才有罪，祭赛国又落入和尚手中，不过奴才已经尽力了，唯有一死以谢陛下！据说还写了诗，说什么自古英雄谁无死，留取忠诚照青史，云云！龙王这一番大义凛然的表白，正好可以佐证我开始的判断，这件事是有人一手安排的！

宝物取回，金光寺塔又是光芒万丈，相信不久的将来祭赛国又恢复往日的光彩。和尚们将恢复在祭赛国尊崇的地位，他们发明的测定思想的机器，大概又有了用武之地。国王对我们感激不尽，特意下了一道谕旨，说在祭赛国我们想要什么就给什么，想要谁就给谁，包括自己的也不例外！尽管八戒希望有所作为，但被我制止了。

休息了一夜，我们又匆匆上路了。祭赛国已在身后，类似不祥的故事可能还要继续，除非我们被干掉，或者已经到达天竺，也许就是我们被干掉了，这场闹剧也不会谢幕！谁知道，不想太多了。

远方祝您安康！

玄奘清晨于山中旧庙

第二十八封信

如来佛也有假冒伪劣

贞观十九年　秋九月　己酉

说什么大肚能容容天下难容之事，开口常笑笑天下可笑之人，是不是也太多是作秀的成分？真要是大度宽容，就不用天天说这种话了。在我大唐，这种现世的弥勒佛我见得太多了，不小心就被他们算计。他们装得像世外高人，可使用的手段从来让人不敢恭维。

亲爱的观音老师：

您好！距离天竺越来越近了，故事也随之越来越荒诞。我不能肯定这些故事是专门为我们准备的，但我们总会被巧妙地卷入其中。您在来信中欲言又止，显然不愿意涉及灵霄宫的是非。您不说我也明白，取经的事业，始终是以老君为头头的那伙人的心病，不到最后的时刻，他们绝对不会善罢甘休。原因很简单，大家在抢大唐的地盘，现在看来，我已经成为其中最重要的一个砝码。毕竟大唐帝国现在是世界老大，在大唐的这场博弈将对佛与道的扩张产生决定性影响。如果以前我只是简单的揣测，现在完全可以相信自己的判断。得出这样的结论使我无限悲哀，感觉自己无处可逃，始终是别人棋盘上的棋子，仅此而已。

退一步讲，老君他们的所作所为也可以理解，毕竟属于不同的系统，多少年来大家始终明争暗斗、貌合神离，说一套做一套罢了。让人费解的是，普贤菩萨和文殊菩萨作为自己人，也要从中作梗。我这样说绝非是要刻意诋毁长官，而是有确切的证据。弥勒佛[1]在临走时讲了句话：我要找普贤这小子赔我的金钵！显然黄眉老怪的作为是弥勒佛一手操办，而站在弥勒佛后边的，应该是普贤菩萨。至于原因，我百思而不得其解，故事的情节显得更加诡秘莫测。

恕我直言，从这件事可以看出，弥勒佛的正人君子形象很让人怀疑。尽管整天装出一副大不咧咧什么都不在乎的样子，其实

[1] 弥勒，梵文 Maitreya，在早期的《阿含经》里已出现。为佛弟子，先佛灭度，居住在六欲天中的兜率天宫。是继释迦牟尼之后出世的未来佛。

心里也许满是花花肠子。说什么大肚能容容天下难容之事，开口常笑笑天下可笑之人，是不是也太多是作秀的成分？真要是大度宽容，就不用天天说这种话了。在我大唐，这种现世的弥勒佛我见得太多了，不小心就被他们算计。他们装得像世外高人，可使用的手段从来让人不敢恭维。弥勒佛这次被普贤菩萨当枪使，我也能理解，尽管他是老前辈，级别也比普贤高，可现在普贤是我佛如来的红人啊，况且前途无量，也算是一种投资吧。这就是人类社会的游戏规则，但用在出家人身上，我以为很不妥。这些心里话也只能讲给您听，就当我随便发发牢骚罢了。

最荒诞的是，在小西天这个地方，连如来佛也有假冒伪劣的，而作假的人，竟然是我佛如来的部下。想起这些事，真让人哭笑不得。我们老是说天庭的管理如何如何，看来我们比别人也强不到哪里去。

为了玩我们，那黄眉老怪在小西天造了一个小雷音寺（姑且就说是他干的），规模比我佛如来的大雷音寺小点，但整个形制完全一样。看见小雷音寺大家都很兴奋，至少证明离天竺不远了。自从离开长安，已经快十年了，大家确实已经疲惫不堪。本以为在小雷音寺可以见到我佛如来的法相，没想到蹲在上面等我们朝拜的，竟然是个盗版的水货。连如来都盗版，天下还有什么是正版的？盗版也太猖獗了吧。黄眉老怪的目的很简单，就是要干掉我。原因也没什么新意，还是因为吃了我可以长生不老。我现在倒相信自己真可以长生不老了，被他们吃来吃去，我竟然还活着，不能说不是奇迹。

跟其他想吃我的家伙相比，黄眉老怪还比较客气。他知道我跑不了，不但没有捆绑我，还煮了茶跟我聊天。他说：唐老师这次从大唐不远万里到天竺来，真是不容易啊，佩服！我说：黄老板客气了，最不容易的是你们，为了吃我的肉，长期战斗在荒山野岭，为工作不辞辛劳，值得我等好好学习啊！黄眉老怪摆摆手，说：唐老师您太谦虚了，还是应该向您学习。那就彼此促进，共同进步吧！我说。老怪敬了我一杯茶，说：唐老师，有件事情要请教。黄老板何必这么客气！我说。他说：我要吃唐老师的肉，不知道哪种吃法更好一点？我放下茶杯，脱了衣服，指着自己的身体比划道：这个我也不太清楚，只是提供一些建议给黄老板思考，要吃我无非是清蒸、清炖、油炸三种，鉴于我的肉比较嫩，我是建议黄老板最好清蒸，这样可以保证肉质的鲜嫩，不过在清蒸的时候要注意火候，大概有八成熟就行了，另外适当加点盐、花椒、茴香，这样味道会更好一些。他又问清蒸的部位，我说：这个不好说，我建议黄老板多吃点屁股上的肉，记着要放点醋，这样一方面可以去腥味，也不至于人油腻！

老怪听了我的话很感激：太谢谢唐老师了，真帮了我一个大忙，没想到唐老师也精通烹调！我说没关系不用谢，希望他有个好胃口。他吩咐我洗干净了等着下锅，我说行，我不会让他失望！被别人玩来玩去，我自己也被玩成个油条了。反正游戏就是这样，何必苦大仇深呢！

后来悟空他们冲了进来，跟黄眉老怪干上了。论武功老怪不是他们三个的对手，可他有两件宝物，一个是金钵，另一个是白布口袋。老怪拿出金钵把悟空压在里边，悟空用尽全身解数也逃不出去。悟空被捉，八戒和小沙也只好落荒而逃。没办法，悟空只好唤来地方小吏，比如土地神等等，让他们给天庭传信搬救兵。其实这种局面正中灵霄宫那帮人的下怀，不用他们动手，我们就被自己灭了。不过既然悟空来信求救，他们还是要上演一下政治秀，便派了一堆小混混来。没想到，其中一个小混混倒真是帮上了忙，用牛角撬开金钵，让悟空逃了出来。悟空出来后为了解气，把金钵砸个粉碎，接着大家又去找黄眉老怪算账。

老怪很烦：唐老师，对不起，你这个徒弟老找事！我说你忙吧，我洗好了等着呢！他又拿出布口袋，把小混混全收了。这次悟空聪明，提前溜了。黄眉老怪回来后要清蒸我，我给他建议：黄老板，你刚做完运动，吃这么油腻的东西，怕是对你的消化系统不太好吧！他听了也以为如此，就吩咐手下来日再清蒸我。其实我也是缓兵之计，我想自己不至于死。

天庭来的小混混不顶用，悟空他们三个实在想不出好办法。大家心里都明白，那帮人明摆着是幸灾乐祸，作壁上观（没有落井下石已经算行善了），再去找是自讨没趣。后来小沙想了个办法，他说当年他当门卫的时候，武当山的上帝祖师为了得到重修武当的财政拨款，托他跟王母娘娘走过关系，也算落了个人情，要不他去请祖师来帮忙降伏这个黄眉毛的家伙。大家说行，小沙就去了。

上帝祖师脾气很大，大老粗，人倒不坏，也很感念小沙当年的帮助。见小沙有困难，拍着胸脯只说没问题。可等小沙说明了原委，他马上露出难为之色：老沙，兄弟我绝非那种忘恩负义的小人，只要哥哥你开口，什么事我都愿意干，可这事真的很为难，因为灵霄宫在这个问题上是有文件的，绝不容许下边的人插手，如果有人帮了唐老师的忙，不但要撤职，还要追究刑事责任！咱吃这口饭，该听不该听的也要听啊！小沙见祖师为难，转身就走。

祖师实在面子上过不去，就建议他不出面，派几个部下去。走时还特意嘱咐小沙，一定不要说这些人是他派去的，如果灵霄宫知道了，追究起来，他也有回旋的余地，就说他根本不知道，都是手下违反纪律而已，大不了处理掉他们就可以过关了。

可以想象，上帝祖师的部下更不是黄眉老怪的对手，一上去全部就被装进口袋里。气得悟空大骂了几个时辰：这帮混蛋平时都跟爷爷哥长弟短，关键时候就掉链子，真是无耻，老子有一天非宰了他们不可！小沙说人家能派人来就不错了，猴哥你就别发火了。悟空发完火一筹莫展，八戒建议既然这样，大家散伙算了，反正也没什么对不起唐老师的，大家都尽力了。悟空听了不舒服，揍了八戒一顿：散伙？那我齐天大圣的面子往那里搁？！他只好又找来本地的小官吏商议，他们说可以请大圣国师菩萨来，她的手段很高，肯定能搞定。再说菩萨是自己人，没有不帮忙的道理。悟空他们三个觉得也是。

没想到自己人大国师菩萨也不帮忙。悟空彻底火了，破口大骂：好啊，你们他妈的都不管，那只好让人吃了算了，那秃子是你们的人，你们既然见死不救，我那么着急干什么，死了好，死了老子回花果山快活去，省得整天过这种猪狗不如的生活！菩萨说：小孙你不要生气，情况我都了解，按理说我们不应该落井下石、见死不救，可我也是有难处啊，不是我不帮忙，我是不敢帮忙啊！悟空冷笑道：找这么个借口，以为我是三岁的孩子！菩萨急忙说：小孙信不信由你，这件事情没你想得那么简单，不是好事人人都举手赞成，在你看来是好事，在别人看来就未必，做人难，做神仙更难啊，很多事你不知道，我也就不说了，以后你会明白的！

悟空根本就不关心他说的那些东西，只是问：那这事你到底怎么办？菩萨想了想，叹口气道：我当这个官看着像回事，可他娘的谁也惹不起，要不就让我手下的小张太子跟你去降伏那黄眉老怪，不过小孙你可一定要答应我，这事一点都不敢声张啊！悟空说行，就领了小张太子奔小西天而来。

小张以前是流沙国的太子，所以被叫做小张太子。小张太子吹牛还行，本事一般得很，也许大国师菩萨只是搪塞悟空罢了，来个两头都不得罪。小张太子跟黄眉老怪对骂完还来不及动手，就被老怪给收了。老怪进到府里对我说：你那个徒弟真是个犟驴，把我的胃口都搞坏了！我说没事，等吃了我的肉，你的胃口就会好起来。小张太子被抓使悟空他们三个彻底绝望了，八戒说：现在灵霄宫跟我们为难，菩萨们撒手不管，我们几个又拿这个混蛋没办法，我看大家只好散伙了，各回各的窝。小沙说就算要走，也要等确定唐老师被吃了以后。八戒这次吸取上次我不幸活过来的教训，马上准备动身。悟空也没有阻拦。

就在这个时候，黄眉老怪的主子出现了。弥勒佛之所以突然现身，是因为我佛如来知道了这件事，非常恼火。眼看戏要穿帮，只好出来救救场了。弥勒佛依然笑容满面、大不咧咧，一副看破红尘、世外高人的风采。无人不被他的豁达所感染。在我大唐，他可是很多人学习模仿的偶像。可世人何曾知道，弥勒佛有严重的心脏病！这是一位高僧告诉我的。听完这话我笑了一夜，在我看来，没有比这更滑稽的事了。

尽管弥勒佛地位尊崇，可在悟空眼中什么都不是。少不了又要被悟空臭骂上一顿，言辞也不会干净到哪里去。原来那黄眉老怪是弥勒佛手下的一个小童子，具体的工作是给弥勒佛演奏小曲。那金钵与白布口袋也是弥勒佛随身的器物。可笑的是，他竟然说他对发生在小西天的事浑然不知。这个谎撒得也实在太没有水准了吧。自己手下的童子，天天在身上带的器物不见了，他竟然不知道，再不拘小节，也不至于粗疏到这种地步吧。看来所谓的高人跟我们最大的区别就是他总把假话说得跟真话一样，而且没有丝毫的难为情！

就这他还不依不饶，因为悟空打碎了他的金钵，要我们赔！我说已经碎了那怎么办？他说碎了也要还给他，那可是金子做的啊！可悟空不知扔到什么地方，根本找不见了。他说那你们就折合成银子赔给我。我说我们都是出家人，应该视金钱如粪土啊。他说你少给我上课，既然你们不赔，那我回头让普贤这小子赔！说完就带着黄眉老怪走了。

尽管失望的情绪一天天厚重，但您放心，我还是会继续西行的。因为这是我一生的事业，不管结果如何，都不应该半途而废。说得狭隘一些，这样做也是为了自己，人一旦丧失了目标，想象不出生活会是怎样一个样子。

愿您过得比我顺心！

玄奘夜于小西天红园农舍

第二十九封信

内奸猪八戒谋害唐僧

贞观二十年　春三月　戊戌

不读书怎么能有这些招呢，读书不就是为了学这些吗？书上讲的不都是这些东西吗？！读书人有两种，一种是越读越蠢，被别人当工具一样玩；一种是越读越聪明，把别人当工具一样玩，你觉得自己是哪一种？

亲爱的观音老师：

一切都好！您的来信我已读过，读完心情并不见好。您在信中叮嘱我不要胡乱猜想，更不要说灵山的是非。至于关乎普贤菩萨和弥勒佛的种种事项，也只是偶然。但愿如此吧，我并不想跟别人过不去，何况还是所谓的自己人。更希望那些事情与菩萨们无关，是下边小混混们在胡作非为！感谢您提醒我要小心行事，丝毫不能放松警惕。越是黎明将至，夜色就愈加厚重，越是希望迫近的时候，就会更加险象环生。只是老老实实走自己的路就行了[1]，一切不会向太坏的方向发展。您说得也对，大不了就是死，我已经死过无数回了。

有道是你方唱罢我登场。刚过了弥勒佛的部下这一关，老君的麻烦又来了。这一次玩得比前几次更邪乎。现在给您讲这些事，背上还感到寒风飕飕。他们这次是派了几个风骚女人来，先把八戒拉下了水，准备里应外合，把我们一网打尽。现在八戒就在我旁边呼呼大睡，我不知道也不想知道，难道在他的心里永远就没有丁点的惭愧吗？

这场闹剧是从盘丝洞开始的。盘丝洞就是那七个风骚女人的火线指挥所。她们按照长官的部署，在那里等着我们。事情是这样的，我去化缘，不巧碰见了七个女人，身材和脸蛋都很不错，穿着也很时尚，很凉快，至少2/3的胸露在外边，光着腰，肚脐上拴着各种饰品。裤子松松垮垮，最多也就盖住了1/2的屁股。

[1] 诗人但丁说：走自己的路，让别人去说吧。这只能在理论上成立，事实是：走别人的路，让自己去说吧。

总而言之，暴露程度甚至超过平康里站大街的姑娘。看见她们我拔腿就跑，可为时已晚，被她们上来团团围住。

她们浪笑着开始扒我的衣服，其中那个被称作大姐的把我的上衣撕得粉碎，对着我道：没想到这个小白脸这么招人爱，一点也不逊色我伺候过的那些大长官。等她们折腾够了。那位大姐便从肚脐眼里喷出一缕丝，把我拴了起来，就这样拉着我回到了盘丝洞，绑在一张床上，床上尽是些无聊的玩意。

回到洞里她们都脱了衣服，在我面前走来走去，商量如何对我下手，基本的模式还是先办后吃。我对她们说：七位姐妹，能不能穿上衣服？小心感冒！看着她们光溜溜的样子实在觉着闹心。吆，这和尚还真会怜香惜玉，一会姐姐好好料理你！我的话又引来她们一阵浪语荡笑，只好闭嘴，等着她们下一步的动作。反正睡在女人床上等着处理已经不是第一回了。后来悟空他们找上门来，悟空变成苍蝇飞了进来，落在床上开我的玩笑：唐老师日子过得不错嘛，又躺在这里当新郎官啊！我说悟空就别取笑我了，躺在这里我是生不如死啊。

悟空本来想亲手灭了这几个女人，但因为白骨精的事，不想再对这几个女人下重手，就回去跟八戒、小沙商量。八戒一听就来劲了，强烈要求把这个艰巨的任务交给他，他保证完成任务。考虑到八戒的特长，悟空与小沙同意了。

八戒到盘丝洞的时候那七个女人正在澡堂子里洗澡，八戒看得哈喇子直流，全身发烧，就冲她们道：各位姐姐，想不想洗鸳鸯浴啊？猪哥哥陪你们好不好？她们见八戒的样子就笑：猪哥哥，有种就下来啊，站在上边废话有什么用。八戒兴奋得来不及脱衣服，就做了一个夸张的入水动作（**向前翻腾一周半屁股先入水。辛注**），跳了下去，跟那七个女人在水里玩了起来。那位大姐突然抓住八戒的大耳朵道：猪八戒，你这个挨千刀的，你害得人家好苦！她的话让八戒很纳闷，直到她把后背递到八戒眼前，他才明白了。

背上有一片朱红色的胎记，八戒对那片胎记太熟悉了。八戒亲着胎记哽咽道：小红，没想到是你啊！原来她以前是天庭红楼酒店的服务生，叫小红，八戒当天蓬大元帅时，经常陪他。小红泪眼盈盈，对八戒说：玩了人家就把人家忘了，害得人家苦苦等了几百年，都荒草萋萋白露洲了，男人没一个好东西！八戒把小红搂在怀里，深情地看着她说：小红妹妹，我是那样的人吗？这几百年来我分分秒秒都想着你啊，因为心里有你，我从来就没有碰过别的女人，问世间情为何物，直叫人生死相许！八戒说着就泪流满面，说如果小红不相信，可以当场检查。小红说爱一个人就要相信他，她是绝对相信她的猪哥哥的。小红跟其他的姐妹把八戒洗干净（洗干净他真不容易），左拥右抱回到了洞中。

这时候，小红向八戒交了底。她这次来是受灵霄宫的安排，一定要拿下唐僧，希望得到八戒的帮助。她说其实唐僧这个小白脸好对付，麻烦的是那个孙悟空，除非八戒跟她们合作，来个里应外合。八戒开始不同意，他说自己现在是唐僧的徒弟，徒弟搞死老师，怕传出去名声不好，最可怕的是观音找他算账！小红一听八戒的话就又哭又闹：你还口口声声说喜欢妹妹，你心里哪里有妹妹啊？就知道玩了人家走人！既然喜欢妹妹，连这点忙也不帮，徒弟搞死老师怎么了？把老师搞死的徒弟还少吗？不搞死老师徒弟怎么出头啊？有老君在后边撑腰，你还怕观音什么？你不要忘了，你可是正儿八经的大元帅啊！八戒认为小红讲得没错，可心里还是不踏实。小红道：猪哥哥，你也不为自己想想，跟着那个和尚能有什么前途啊，干掉他，你可以回去继续当元帅，我跟几个妹妹整天伺候着你，过神仙快活日子。你要是不答应，我就死给你看！

八戒想了想道：小红你休要这样胡说，心疼死哥哥了！小红说：都是妹妹烂嘴，羞辱了哥哥，哥哥是大名鼎鼎的元帅啊！八戒抱着小红说：还是小红最了解我！哥哥听小红的，不就是几个秃子吗？灭了不就行了？我早就不想干了！

当时她们就在我的隔壁，所有的话我都听见了。至于下一步如何动作，由于声音小我没有听清楚。尽管对八戒的叛变我有些许伤心，但也没有到激愤的程度。他本来就不想干，也叛变过好几回了。我也不愿意对悟空他们说，说了恐怕八戒的小命也保不住。反正工作也快完了，完了大家就散伙吧。

接着我就被八戒救了出来，显然这是她们计划的第一步。八戒救出我后对悟空和小沙大吹大擂，说什么自己大义凛然抗拒诱惑、怎么跟七个妖精苦战几个时辰等等。我听着心里一阵阵泛恶心，想吐在他脸上，但装作一无所知没有做声。八戒说：为了唐老师，就算是英勇捐躯，我也愿意啊！悟空和小沙对八戒表扬了几句。大家收拾了行李，由八戒带路，继续西行。大约在黄昏时分，我们到了一处道观。鉴于以前跟道士们的过节，我主张大家在路上歇一宿算了。可八戒说外边凉，他有些感冒，极力要求大家去道观投宿。悟空也赞成，起码可以进去讨杯水喝，实在不行，另做打算不迟。

道观不大，道长是个年轻人，长得很帅，对我们也很热情。他说：其实佛道本来是一家啊，在你们大唐的经典里，不就有“老子化胡”[1]这一说嘛，就算那只是传说，可说到最后，还不都是一路过来的。所谓“老子化胡”的故事我是知道的，西晋道士王浮撰《老子化胡经》中有记载，讲老子写完《道德经》后，骑牛离开了我华夏，西入天竺，化导胡人，我佛如来就是其后世弟子。其实这个传闻在东汉桓帝时已经有了，随后成为一桩公案，为此和尚和道士一直是打口水仗。为了否定这一传闻，有些多事的和尚伪造证据，把我佛如来的出生日期提前了上百年。

看来这道士不但心肠不错，还是个文化人。说实话。在我大唐，出家人虽然故作深沉，道骨仙风，有文化的倒不见得有多少。道长安排小道士给我们准备斋饭，饭前我俩还就一些哲学问题进行了充分交流，大有知己难逢、相见恨晚的感觉。为了表达更多的诚意，道长还拿出自己珍藏的茶叶给我们喝。说这种茶极为罕见，茶树只有两株，所产的茶叶只供应给玉皇大帝、王母娘娘和三清天尊，一般人怕是见也见不到。他说茶树就在后山，他跟茶园的园长熟，偷偷要了点。

茶的确是好茶，温水一冲马上满屋生香。我们四个都满饮了一杯，喝下去就不香了。原因是里边有毒，毒性发作，让人肝肠寸断！道长马上露出狰狞的面孔，完全没了文化人的那份儒雅。阴险地笑道：请问大唐的高僧，这茶叶的味道如何！我说你怎么能这样，亏你读了那么多圣贤书。他唾了我一口，笑道：是啊，

[1] 唐法琳在《对傅奕废佛僧事》一文中胡说佛祖生辰为周昭王二十四年（公元前977年）。不过是为了争权夺利刻意制造的闹剧罢了。

不读书怎么能有这些招呢，读书不就是为了学这些吗？书上讲的不都是这些东西吗？！读书人有两种，一种是越读越蠢，被别人当工具一样玩；一种是越读越聪明，把别人当工具一样玩，你觉得自己是哪一种？哈哈！说着打了个响指，那七个女人从幕后笑吟吟地走了出来，拥在道长的周围。

悟空、八戒、小沙抱着肚子四肢无力、痛苦万分，可见这毒药好生了得，连悟空这样免疫力超强的人也抵抗不了。后来我知道，那毒药是老君的丹炉里炼出来的，据说一旦服用，必死无疑。

可以想象八戒看着小红依偎在道长身边，简直有生不如死之感。他痛苦地问：你不是说有一杯没有毒吗？小红浪笑道：帅哥，你拿自己的猪头当玛瑙了，当年你是天蓬大元帅，我心甘情愿，可你现在是小混混猪八戒，我小红也不是谁都能用的啊，你现在的级别差得太远了，对我来说你现在不过是一头猪而已，我留着你干什么？！八戒这才知道，自己被人玩了，正想爬起来揍小红一顿，可一翻身就晕了过去。当然我们也一样。

道长吩咐手下准备锅灶，一会儿煮了我们饱餐一顿，自己先去跟小红她们快活去了。我感觉这次真的是在劫难逃了。过不了几个时辰，大家可能只剩下一堆尸骨了。事情的原委很简单，按计划八戒引我们来这道观，然后毒死我们。八戒没有想到的是，他也成了牺牲品。是啊，在他们眼中，八戒不就是个工具吗？用完了还留着干什么？天天在酒店里陪着大小长官，躺在每个男人怀里都叫老公的女人，能简单吗？跟那种人谈情说爱，能有好下场吗？

所谓天无绝人之路，也算是我们的造化。悟空内力深厚，最后苏醒了过来。悟空醒来后找道长算账。向道长要解药。道长不给，两个人就打了起来。那七个女人也一哄而上，把悟空团团围住。她们的肚脐里都喷出一缕缕五色丝线，缠在悟空身上，手脚施展不开。那道长也非等闲之辈，一路猛攻，悟空只有招架之功。最后只有落荒而逃。没办法悟空去找了毗蓝婆菩萨，在菩萨的帮助下，灭掉了道长，原来是只蜈蚣精，早先是地方上的混混，被小红用美人计制服后，投降了天庭，这次专门派他来对付我们，听小红的指挥。那七个女人被悟空用钢丝锁在石崖上，等候发落。

服了解药，我跟小沙很快恢复了体力。八戒依旧倒在地上，气若悬丝。悟空跟小沙都拒绝给他解药，显然他们一致认为大家是被八戒出卖了。我心里明白，但我不能看着八戒就这样死去，毕竟大家一起混了十年了，一路走来也不容易。我只好装腔作势为他解围：悟空啊，你们怕是冤枉他了！悟空咬牙切齿地道：他对小红说有一杯没毒，这不是明摆着串通好了算计我们吗？！这种混账东西让他活着干什么？我解释道：悟空，八戒还不至于吧，他也许是毒昏了头在胡说，唐老师可以给你保证，看在唐老师的面子上，看在大家当了这么些年兄弟的份上，救救他吧，唐老师求你了。悟空见我神情很伤感，就叹息一声答应了。取出解药，在上边撒了泡尿，塞到八戒的嘴里。其实他也不能确定八戒真的叛变了，否则我说什么都是没用的。

八戒醒来后又表白了一番，反正都是些冠冕堂皇的屁话。为了检验八戒的忠诚度，按照黑社会的规矩，悟空把那七个女人交给了八戒。我是反对处死她们的，一是杀几个已经被废掉的女人没必要，也不人道；二是不要再激化与灵霄宫的矛盾，让她们回去继续为长官们服务。可悟空不答应，他让我闭嘴。要是以前，我肯定要念紧箍咒了，可死过好多回后，我大概也有些麻木了！八戒提着钢耙向她们走去，眼中充满怒火。其他的几个都惊恐地泪流满面，求八戒饶命，可小红没有。小红平静地看着八戒，眼神中没有丝毫的恐惧，什么都没有。

八戒站在她面前，道：你这个骚货为什么要骗我？小红微笑：我骗你了吗？你心里没鬼，我骗得了你吗？我承认我是个千人踏万人踩的东西，可那是我的工作，我已经尽力了，要杀要剐随便，我觉着这一辈子已经值了，无数的男人拜倒在我的石榴裙下，活着不就是为这个吗？八戒不言语，一耙砍了过去。小红在临死前告诉八戒：忘了告诉你，猪元帅，在我陪过的男人里，你的级别是最低的！八戒自然恼羞成怒，把其他几个大卸八块。

呜呼，这算是什么？这算是什么？！我不知道，不知道自己在做什么。八戒是过关了，我们的团队暂时又恢复了团结，可谁知道我内心的悲凉，谁知道！观音老师，谁知道我的痛苦与绝望啊？！

玄奘夜于神寿寺僧舍

第三十封信

如来舅舅背后的黑手

贞观二十年　夏六月　甲寅

大鹏说着就往外窜，不料被如来伸出手去，抓住了脖子，疼得直叫：有你这样对舅舅的吗？你这是大逆不道啊，回头告我姐去。如来有点火：给你个脸你都不要，连我妈都是盗版的，你这个舅舅算什么？真把自己当个东西了，小心我废了你。要不是普贤与文殊出面求情，他非被如来掐死不可。

亲爱的观音老师：

还好吧？这几日遇到了大麻烦，大致的情形您是知道的。您上次在信中劝我不要非议菩贤和文殊等长官，不要拨弄是非。可实际上没有您说得那么简单，如果按照您的判断，那狮驼岭上发生的一切又怎样解释呢？老好人太白金星来了，他对我讲了一席话，让我震惊不已。按他的意思，千方百计阻拦我取经的，不单是灵霄宫那帮人。也许在灵山，大家的意见也不一致。我想这些事不会是单纯针对我吧，我只是一个凡夫俗子而已。既然不针对我，那枪口又是对着谁呢？恐怕您比我要明白一些。我把话说得难听一些，现在有的人已经彻底坐不住了，大有破釜沉舟、狗急跳墙的架势。要不然为了区区一大唐的和尚，在狮驼岭布下五万重兵，而且还挑选自己最能干的奴才来统领。

太白金星是在我们去狮驼岭之前来的，官场上难得有他这样的好人。他对我说：唐老师，上次的事很抱歉，有句话不知当讲不当讲……我说您就随便说吧，大家是老朋友了。太白金星接着说：我劝唐老师就此作罢吧，恐怕这狮驼岭你们是过不去的，几万人马，为首的三个头头武功好生了得，当年数万天兵天将都抵挡不了，幸亏被文殊与菩贤给招安了！我看小孙也未必是他们的对手，唐老师您想想，明摆着这是灵山有人跟你过不去啊，你还取经干什么？不是狼入虎口吗？我问：为何灵山有人还要跟我过不去？太白金星只是打哈哈，说你回头问观音菩萨就知道了！我想了很久也没有想出个究竟，或许真如太白金星所言，观音老师您心里是清楚的，只是不愿意讲明白而已。太白金星劝我放弃，不要再给别人当枪使。

我说取经是我的愿望，不管怎样也应该有个结果。太白金星最后摇着头走了，说但愿傻人有个傻福吧。

我心里明白，狮驼岭绝非善地，那里早就准备好了杀人的坟场。我召集他们三个开了个小会，商议对策。八戒说我们是否可以绕路逃跑，我说没用，他们这次就是对着我们来的，除非彻底打败他们，否则只有死路一条。经过合议，决定悟空先去摸摸情况。悟空一去就是好几个时辰，回来后脸色有些沉重。对他这样素来无法无天的人来说，这种表情的确很少见。悟空探到的情况跟太白金星先前的描述完全一致。果真有数万妖兵把守着各个要塞，我们恐怕插翅难飞。悟空说那三个魔头绝非等闲之辈，几万妖众兵强马壮、进退有序，显然是深得用兵之道。在魔头的办公室里，悟空还发现了几本大唐的兵书，比如《孙子兵法》《鬼谷子》等等，没想到这些搞阴谋诡计的教科书，在西方世界也广为流播。相传《鬼谷子》是我华夏春秋时期鬼谷子的作品，被认为是玩阴谋诡计的经典教科书。鬼谷子为纵横家之鼻祖，其席下弟子顶尖者有苏秦、张仪、孙膑、庞涓，皆为一代之雄。

既然这样，反正是一死，倒不如放手一搏。按计划是悟空他们三个一起上，可八戒突然说他有点拉肚子只好作罢。悟空与小沙到狮驼洞挑战，三个魔头点齐兵将冲了出来。按游戏规则互相对骂了一会儿后，双方展开厮杀。悟空和小沙被重兵包围，四周都是刀枪剑戟，大战几百回合后，两人渐渐不支。结果悟空被活捉，小沙侥幸逃了回来。小沙逃回来后浑身是血，八戒见这光景，肚子拉得更厉害了。悟空被绑到魔头的办公室，装进了一个瓶子里。好在悟空抗腐蚀的能力比较强，要不早就化成了水。三个魔头捉了悟空，就觉着已经大功告成，因为我们三个显然不是他们的对手，他们唯一害怕的就是当年大闹天宫的齐天大圣。于是他们找了几个女妖到后边快活去了。

他们没想到悟空身上有您赠的几根猴毛，悟空用猴毛捅开瓶盖，逃了出来。悟空出来后直奔后堂，见三个魔头正在跟几个女妖狂喝烂饮，机会难得，便掏出金箍棒迎头就打。那三个魔头来不及收拾好裤子，光着屁股操起家伙慌忙迎战。要是平常，悟空未必是他们三个的对手，可现在他们三个喝高了，手艺自然大打折扣。就在悟空以为胜券在握的时候，魔头中的老大突然张开大口，把悟空吞进了肚子里。

不过这倒是给了悟空整治他的机会。他在魔头的肚子里又是撒尿，又是大便，又是用金箍棒搅肠子，把魔头的肚子当成了公共厕所和排练场，疼得魔头要死要活，告饶不止：孙爷爷，亲爹！您就饶了我吧！悟空说除非你吃屎给我看，那魔头只好让手下拉了灌到他嘴里；悟空让他喝尿，他就喝尿……只要悟空说什么他都照办，完全没有了刚才的威风，真所谓大丈夫能屈能伸。经过谈判，只要悟空出来，魔头答应不再找我们的麻烦，并且八抬大轿送我们过狮驼岭。悟空知道魔头在骗他，出来时也留了一手，在魔头的心上栓了一根绳子，一头抓在自己手里，只要他轻轻一抖动，那魔头就疼得要命。

魔头没办法，只好命令手下敲锣打鼓，送我们过岭。悟空牵着绳子，魔头如哈巴狗一般跟在后边。走了几十里地，就到了狮驼国的国都。我跟悟空商量了一下，觉着现在没什么危险了，就放了他。毕竟他上面还有人，我们惹不起。悟空说行，为了报复，还特意过去给魔头几个耳光，然后放开绳子让魔头回去。

本以为到了狮驼国国都就没事了，大家还为侥幸逃离狮驼岭兴奋不已。没想到又一次落到了他们的手中，不过这一次被抓的是我们三个，悟空跑了。原来这狮驼国已经是三魔头的天下了，现在的国王就是他们中的老三，最阴鸷古怪的一个。我们上殿换通关文书，自然成了网中之鱼。被关起来后我听见魔头老大说：幸亏三弟聪明，设计拿下了几个家伙，真要是让他们跑了，咱兄弟几个怎么向二位菩萨交代？！至于二位菩萨是谁，他没有说。他们害怕夜长梦多，这次立马开始行动，吩咐手下烧开水，架上蒸笼，准备清蒸我们。看来这狮驼岭，真是我们的亡命之乡了！

蒸笼有三层，我跟八戒、小沙每人一层。就搁放的次序，八戒与魔头发生了口角。魔头认为他太沉，应该放在最下层，可八戒坚决反对。他嚷道：你们怎么这么没规矩？我是堂堂的正三品，论级别比他们高得多，放在他们的下面，这不符合游戏规则嘛！魔头扇了他一耳光，骂他死到临头还放不下臭架子。八戒不依不饶死也要死得体面点啊。八戒其实上是在耍滑头，他以为在上面会死得慢一点。他说：再说，我这全身都是肥肉，热量太高，吃了容易得脂肪肝、高血压、糖尿病啊。那魔头道：这个就不用你操心了，我们主要是把你蒸熟了喂狗！我实在忍不住，就对八戒说：八戒，你婆婆妈妈地干什么？哪一层不都一样嘛！他这才闭上嘴。小沙一声不吭，等着被抬上去。

趴在蒸笼里就像是洗桑拿，我说：八戒、小沙，都是唐老师连累了你们。小沙说：反正人终归一死，跟唐老师死在一起我没有任何怨言，死了好，活着也没什么劲。八戒在下面乱折腾，想逃出去没一点机会，只好认了。他喘着气问我：唐老师，大家反正要完蛋了，你老实说有没有找过女人？我说：八戒，你何出此言？八戒说他不相信我没有跟罗刹女、女儿国国王那些送上来的女人有点什么。死到临头，八戒还关心这些问题，这种敬业的精神真是难得。八戒还说因为盘丝洞的事情要感谢我，我说算了吧，好好趴着这样会死得快一些。幸亏后来悟空弄灭了火，要不我们已经在别人的肚子里了。

后来悟空去找了您，您说不便出面悟空就火了，听说骂的话很难听，比如说骗子、小人等等。您这样做我能理解，怕是得罪普贤与文殊菩萨吧？可悟空怎么会知道其中的真意。如果我没有猜错，您怕自己出手反倒惹急了普贤和文殊他们，不但救我们不了，还要惹一身臊！是不是？也许还有别的意思，我就不得而知了。至少我是不会怀疑您对我等的好意的，否则就没必要一路费尽周折，保我们西天取经了。您给悟空出了个主意，让他去找如来。悟空开始不干，让您废掉紧箍咒，他要马上回花果山。最后经过反复做工作他才答应了。听悟空说，您还特意叮嘱他，让他不要对别人说自己到观音菩萨这里来过！

悟空到灵山直接冲上雷音寺，在大殿上又吵又骂，弄得我佛如来极为尴尬。如来听了悟空一番话后就明白了怎么回事。原来那魔头老大、老二是普贤菩萨、文殊菩萨座下的狮子和白象，而老三论辈分还是如来的舅舅。全是一窝自己人跟我们在作对，跟太白金星说的完全一致。如来训斥普贤与文殊为何纵容部下如此胡作非为，他两个都推说对这件事情全不知晓。除过傻子，谁会相信这种鬼话？自己天天骑着的东西，丢了会不知道吗？悟空指着普贤与文殊骂道：我现在警告你这两个混蛋，不要一而再、再而三地跟老子作对！把老子逼急了小心修理你！要杀唐僧，不麻烦你们动手，有我就行了，站在庙堂之上一个个油光粉面，干的事却让人不齿，看不出比我这黑社会的小混混文明多少。悟空的话显然有些过分，可普贤与文殊心里有鬼，也不做声，怕把事情闹大。

如来斥责了悟空几句，就带着普贤与文殊奔狮驼国而来。如来之所以亲自来，害怕他那个舅舅别人收拾不了。听如来说，天地开化时有了飞禽走兽，飞禽的头头是凤凰，凤凰糊里糊涂弄大了肚子（类似于我中华的帝王妈妈们糊里糊涂大肚子一样），生下了一对双胞胎，一个是孔雀，一个是大鹏。这两个混账东西都不学好，整天到处游逛，吃人为生，完全是应该被砍死一万回的犯罪分子。当年如来在雪山修炼时，就被孔雀吃到了肚子里，好在如来内功不错，否则早被消化了。消化不掉，孔雀只好准备把如来拉出来，可堂堂佛国领袖，从后边出来实在有失尊严。最后没办法，如来就撕破孔雀的肚子爬了出来（类似于今天的剖腹产。辛注）。如来爬出来就想灭了孔雀，但遭到佛国道德委员会委员们的一致反对：既然世尊在孔雀肚子里呆过，她就相当于尊妈，因为每个人或神只有在他妈的肚子里呆过，世尊要杀孔雀，就是亲手弑母，万恶不赦之罪啊！如果如来知道杀妈妈的人大有人在，也许他会坚持自己的干法。在我华夏，汉武帝刘彻立少子刘弗陵为太子，怕大权旁落，杀掉了刘弗陵的妈妈他最爱的小老婆钩弋夫人，开立子杀母的先河。北魏实行立子杀母的制度，延续了好几代，直至宣武帝元恪"立皇子（元）诩为太子，始不杀其母"。才废除了这个灭绝人性的制度。之所以要杀掉皇帝的妈妈，是怕天下落在了别人手中。

如来没办法，只好把那孔雀封了个佛母孔雀大明王菩萨供着，尽管他知道他这个妈妈是盗版的，可迫于佛界道德委员会的压力，也只好如此。以此类推，那大鹏俨然就是如来的舅舅了。如来本来给他舅舅找了好几个挺滋润的工作，可他游手好闲惯了，到处惹是生非，反正灵山也没人敢惹他。不过他倒是跟普贤与文殊很合得来。

魔头老大和老二见普贤与文殊来了，就老老实实现了原身。没有完成任务，只好回去等着收拾。难缠的是那大鹏，死活不合作。如来对他说：舅舅，你就别闹了行不行？你不给我长脸算了，也别给我添乱啊。大鹏道：我的事你少管，咱俩井水不犯河水！如来说：可我现在是一把手，你这样乱搞，我怎么管理别人？还是回去好好过日子吧。大鹏就是不回去，道：你还好意思说，你看你现在提拔的都是什么人，这些人跟我们有什么关系，我是你舅舅啊，你连个菩萨的位置都不给我，你这不是寒碜人吗？！如来道：可舅舅你能干什么？业务太差了，我提拔你，别人不说闲话吗？大鹏气呼呼地说：好好，我是个混蛋，好了吧？你既然不提拔我，也就别管我，回去给我姐姐带个好！

大鹏说着就往外窜，不料被如来伸出手去，抓住了脖子，疼得直叫：有你这样对舅舅的吗？你这是大逆不道啊，回头告我姐去。如来有点火：给你个脸你都不要，连我妈都是盗版的，你这个舅舅算什么？真把自己当个东西了，小心我废了你。要不是普贤与文殊出面求情，他非被如来掐死不可。

树倒猢狲散，几万妖众马上作鸟兽散。我们把狮驼国的旧臣们召集了起来，开了会拥立了新国王。因为先国王一家已经被大鹏灭门，新国王只能从他的亲属中产生。为了到底选国王的侄子还是外甥，大臣们大打出手，直至血溅金銮殿。没办法最后只好由我主持，抓阄决定（**大明末代皇帝崇祯选内阁大臣时，也经常采用抓阄的方法。辛注**），国王的侄子胜出，成为新国王。为了平衡各种政治势力，又立了几十个副国王。

狮驼岭一难是躲过了，但遭此一劫，的确让人有点心灰意冷。没想到事情会弄到这种地步，这样的乌烟瘴气。这场戏没完没了，何时才有个尽头？

想必观音老师您也如我一般烦吧。也就不说了，说了心里难受。

玄奘夜于麒麟山麓麒麟村村舍

第三十一封信

小美女缠上唐僧叔叔

贞观二十一年　春正月　己亥

纯粹的路线斗争只能在为政治理想而奋斗的政治家之间展开，他们绝对不会以消灭别人的存在作为实现其目的的唯一手段，因为他们的政治行为首先建立在个人道德的基础上。政客之间是不存在纯粹的路线斗争的，他们根本就不在乎所谓的个人道德，而是为了目的往往会不择手段。

亲爱的观音老师：

您好！很感谢您在来信中讲了很多快慰的话。您终于认可了我的判断。您说在西天取经这件事情上，灵山的确有着严重的分歧。如来基本上是支持您的，而普贤与文殊菩萨是反对派。至于原因，您没有说，怕也是有难言之隐吧，我就不多问了。但凭直觉，普贤与文殊菩萨数次要置我于死地，恐怕绝非简单的路线斗争可以解释。因为在我大唐，每一次所谓的路线斗争都是冠冕堂皇的借口，实质上是个人或某些集团为了政治权力与经济利益展开的殊死争斗。纯粹的路线斗争只能在为政治理想而奋斗的政治家之间展开，他们绝对不会以消灭别人的存在作为实现其目的的唯一手段，因为他们的政治行为首先建立在个人道德的基础上。政客之间是不存在纯粹的路线斗争的，他们根本就不在乎所谓的个人道德，而是为了目的往往会不择手段。我说这些话丝毫没有诋毁您的意思，我只是复述一种事实而已。希望您不要想太多，误解了我的意思。

这次在信中，要给您说说发生在比丘国的事。只听名字，原以为是深得我佛教化之地，可事实并非如此。放眼天下，这种挂着羊头卖狗肉的事情实在太多了。就拿我华夏族历史来说吧，帝王们口口声声说什么“民为本，社稷次之，君为轻”[1]。战国时期的圣贤孟子也讲过“民为本，社稷次之，君为轻”，“君有大过则谏，反复之不听，则易位”，“君之视臣如犬马，则臣视君如国人，君之视臣如土芥，则臣视君如寇仇”等等。可历史的基本事实是“君

[1] 孟子的这些话让和尚皇帝朱元璋很上火，统统从经典中删除，要是孟子活着，怕小命也保不住。

为本，社稷为轻，民最次之”。帝国的大小官员们都说自己是父母官，可丝毫没有体恤苍生之心，倒是整起人来，比家长还威风。其中的高人们天天说自己在养浩然之气，可一个个都因为位子和票子熬成了心脏病。所谓的太平盛世，也不过是表面亢奋罢了，底子里烂得也差不多了。

在比丘国的都城，我们发现了一件很奇怪的事。很多人的家门上都挂着一个装鹅的笼子，笼子布裹得严严实实。后来才知道，那笼子里装的并不是鹅，而是小孩。目的是杀了这些小孩扒出肝脏为国王做药引子（**这样的变态故事实在太多了。辛注**）。看来这个国王的确病得不清，这种天良丧尽的事他也干得出来。按照规矩，这是严重的反人类罪啊，就算是凌迟处死也不足以平民愤。

可比丘国的国民早被这个主子整害怕了，眼泪只能往肚子里流，没人敢放一个屁。好在他们还没有发明测定思想的机器，否则全国恐怕只剩下国王一个人了。有人竟然说，比丘国是治理得最好的国家，因为从来听不见一句反对的意见。所谓防民之口，甚于防川，这样的伟大朝代，在我华夏也不是没有，至于伟大到什么地步，我是一点不敢恭维。

显然国王的病被无限地夸大了。按照要求，比丘国的臣民每天早中晚三次都要祈祷国王万寿无疆，谁不小心疏忽了，就会招来灭门之祸。其实国王的病也就是身边的女人太多了，肾功能衰弱，身体像面条一样软。原因是前几年比丘国来了一个道士，按理说道士在比丘国是没什么市场的，但他用一件礼物就把国王搞定了。礼物就是他的女儿，据说长得国色天香，国王一见她就心花怒放，立马收编为小老婆。那女人的本事也好生了得，从此国王不早朝，天天躺在床上修身齐家治国平天下。不出半年就不行了，走几步路也要一堆人扶着。

为了治好国王的病，比丘国几乎所有的大夫，连兽医也不放过，全部作了动员，可是怎么也想不出有效的方子。结果自然是比丘国一个大夫都没了，他们全部被活埋在乱坟岗上。其实他们心里都清楚，国王的病不就是和女人弄成这样子嘛！可他们敢说吗？！最后是他的道士岳父大人出了个馊主意，用1000个健康童子的肝脏做药引子。于是国王贴出皇榜，向全国募捐童子，凡主动献出自己的儿子做药引子者，被授予“模范子民”的称号，并获得国王的御笔签名。可谁愿意把自己的儿子送给别人吃啊！国王见没人响应，就命令皇家侍卫到处搜查，共搜刮到童子10000多名，然后精心挑选，除去有传染病的、残疾的，剩下整整1000名。

据说那段时间比丘国弥漫着童子的惨叫，很多家长亲手剁掉了亲生儿子的胳膊或小腿等等。说不好听点，这也不干我们的事，我们完全可以办完手续一走了之。可想想那些孩子被活活扒出内脏，心里就很不忍。所以我决定找那家伙理论理论。

国王在后殿召见了我们，他躺在龙床上，完全是个将死的人。屋子里满是天竺淫香和脂粉味。我说：陛下，我本外邦之人，依据国际条约不该过问贵国之事，可看着那些童子实在不忍，求陛下发恻隐之心，放了他们吧。国王有气无力地说：你是站着说话不腰疼，放了他们，我怎么办？可是陛下这样做，会失去民心的啊！我说。国王不耐烦地说：没必要你来教训我，什么是民心？我活不成了要民心干什么？民心我用，你懂不懂？只有我活着，才有所谓的民心！你少废话，把我惹火了，怕是你的小命也保不住。

我还想争辩，他命令我滚：有事找国丈说去，别烦我。国丈就是那道士，实际上现在的比丘国就操控他手中，为了展示自己的权威，朝中的大臣已经被他砍了一半。至于比丘国的和尚，已经全部被他斩草除根，处理得干干净净了。

国丈看见我们神情有些紧张。后来我才知道，他认出了悟空他们三个。当然，悟空也认出了他，知道他是个来路不正的野货。悟空一吆喝他们三个就冲上去揍他。国丈自然不是悟空他们的对手，慌忙抽身而逃。就在悟空要灭掉这个野货的时候，南极老寿星[1]碰巧出现了，拦住了悟空。观音老师您觉着可笑不可笑，他们总是在自己的奴才要被灭的时候碰巧出现，可在我们被灭的时候他们从来都没碰巧过。这种下三烂的招数实在是太不入流了，闹剧也不能这样反反复复地上演，没有一点新意。更乏味的是，南极老寿星说这事他不知道，他下棋忘了看管他手下的畜生（道士是他的梅花鹿，道士女儿是他养的狐狸），幸亏他没有洗澡，要不怕是身上的虱子也逃出来跟我们作对了。像南极老寿星这样一大把年龄的退休老长官也卷入其中，看来那帮人差不多是黔驴计穷了。

就在国丈被收拾了的当晚，宫中传出惊人的消息，国王因病驾崩了。可事实并非如此，他是被他的儿子剁了。太子一直就想剁了他爸爸，只是怯于国丈的手段不敢动手。国丈刚被收拾，他就急不可耐地展开行动。悟空在梁上目睹了整个过程，他说国王看见太子提着斧头进来，惊恐万分地道：儿啊，你这是干什么？

---

[1] 南极仙翁，司长寿之神，一个白胡、持杖、大脑壳的老家伙，传说中为仙人彭祖，活到八百多岁还嫌命短。以他为首的老家伙，整天下棋养狐狸，可是把大家害苦了。

太子唾了他爸爸一口说：老东西，我等这一天好多年了，这位子也应该轮到我了。说完就抡起斧头砍向他爸爸，悟空说一共砍了89刀，中间太子还休息了一会，喝了杯茶。我问他为什么不制止，悟空说反正那老家伙也不是什么好东西，死了活该！

太子即位后大赦天下，自然那些童子也幸免于难。在我们离开比丘国的时候，太子正给他爸爸举行国葬，他扑在老国王的棺木上，哭得让天地动容、日月含悲。并下令全国守丧三月，而且向天下臣民宣告，为了哀悼父王不幸辞世，他将三年不食酒肉，不近女色。将来的史书上一定会记下这个千古不遇的大孝子。

还有一件事顺便要告诉您，我不小心做了李天王的女婿。离了比丘国后我们匆匆赶路，不想在路上遇到了一个小女生，那小女生被绑在树上，哭得好生可怜。我放下她问何故如此，她说：唐叔叔你也看见了，人家长得花样人儿，俗话说女人好看是非多，哪个男生见了都想纠缠人家，烦扰得人家书也读不成变成了个目不识丁的蠢货，也找不到一个正经工作，唯一能找到的工作就是当二奶。妈妈给人家找了个有钱的老头，说是做皮货生意的，满身狐臭熏得人家喘不过气。人家不从就逃了出来，不想遇到强盗，把人家绑在树上，说是先去抢劫，回来把人家带到办公室去那个！唐叔叔，你看看，他们把人家弄得……说着就要脱了衣服给我看身上的伤疤，我说免了。

我见她可怜，又在荒山野岭，就决定带着她走一段路。可悟空坚决反对，他说那女生是妖精，要向她下手。那小女生拉着我的衣襟，泪流满面：唐叔叔，这位猴叔叔好好凶也，怕是要对人家不利，呜呜！我说悟空你是太过敏了吧，八戒也埋怨悟空是性压抑成了变态狂，看见女人就当是妖精。悟空气得直骂：唐老师，你这个愣头，非死在女人手中不可。

晚上我们留宿在镇海寺。寺里的小和尚见来了这么一个俏丽的小女生，皆目瞪口呆。晚饭过后，大家都休息了，我在灯下读书，突然看见那小女生走了进来，笑得很可爱，唯一不当之处就是衣服穿得太少。我放下书问：这么晚了，还不睡？她过来毫不客气地坐在我的书桌上，不停地晃着小腿，道：人家睡不着嘛，看见唐叔叔屋里灯亮着，就过来了。我催促她赶忙睡去，她看我的眼神实在让人不自在。赶人家走是吧？也不问人家为何睡不着！她说。我没吭声。她站起来说：唐叔叔真的好帅，好有型，人家第一眼看见唐叔叔就心里痒痒！我说你一个小孩子家休要胡说。她指着自己身体道：唐叔叔仔细看看，人家哪里还是小孩子？人家都十六岁了，该有的都有了，该想的都想了！人家好喜欢唐叔叔这种又成熟、又有学问的靓仔！我一听这话就知道麻烦来了。我说你别乱来，我可是你叔叔啊。她说：只要人家喜欢，叔叔又怎么了？说着就开始动手动脚。幸亏隔壁屋子里有人醒了，她才蛮不情愿地走了。

第二天听八戒说，他晚上偷偷去找那小女生交流，不想有几个寺里的小和尚已经在里边交流上了。看八戒的神情很是失望，也难怪跟我一样，失眠了一夜。吃过早餐我们继续赶路，这次我也不赞成再带着她。她哭天抢地，寻死觅活，说把她留在这荒山野寺，那几十个像狼一样的家伙还不把她给吃了。八戒也给我做工作，我只好答应了，出了这片山地，再分手也不迟。一路上八戒动不动就偷偷摸人家的屁股，被人家唾了一脸，还在嘿嘿地笑，真是丢人。我警告他几遍他也不听。悟空和小沙实在看不下去，就往前面去了。

就在这时候麻烦来了。她突然抓起我逃之夭夭。等我醒过神，发现自己已经躺在一石洞的大床上。小女生坐在床边上看着我：唐叔叔放心，人家不吃你的肉，人家心疼还来不及呢。看来悟空的判断是正确的。我说：那你要干什么？她笑着说：人家要唐叔叔当老公，天天陪着人家，跟人家生小宝宝，过快活日子。我一听，完了，忙道：小妹妹休要胡闹，我是出家人啊。她掐了我一把，道：出家人怎么了？男欢女爱是天经地义啊，唐叔叔一定守着个童身有什么用？现在能值几文钱啊！我说：反正落在你手里要杀要剐由你，你说的事我做不到。她听了我的话脸色有点不对了：做也得做，不做也得做，由不得你，人家不把你处理成自家的老公，是不会罢休的。我说你年轻漂亮，找个好男人过日子有何不好，非要为难我这个和尚。她笑道：想要人家的男人都排成队了，可是人家就是不喜欢，感情这种事情是不能强求的嘛，人家看见唐叔叔心里就怦怦跳，就那么有感觉，这是前世的缘分，人家命中注定要给唐叔叔当老婆。说着就吩咐手下准备酒宴，收拾床被，说是喝完了就入洞房，别的词我就不说了，羞于开口。

结果是酒也没喝成，洞房也没入成。悟空他们二个就领着李天王赶来了。原来这小女生以前是个老鼠精，曾经犯了天条，本该处死，李天王却饶了她。她感激李天王的恩情，拜李天王为干爹。所谓少女怀春，就偷偷跑到凡间来找男人，不想被我们碰到了。至于别的恶念倒是没有。

李天王拿下她，对我开玩笑道：唐老师，咱以后可是亲戚了！

我说：比李天王我还是差一点，人家早认您当干爹了！

李天王走后我们继续赶路，八戒一路上直叹息：这世道真他妈的不公，想要的老没有，不想要的接连送上门！旅途中的一段小故事，您就当是个笑话吧。

玄奘夜于苏堡川小庙

第三十二封信

八戒再会老冤家嫦娥

贞观二十一年　冬十月　庚子

当年布道的哲人不见了，再也看不到一个清瘦的长者坐在菩提树下缓缓讲述着死亡与希望，再没有那明火一样的目光在晚风中穿透祇树给孤独园，穿透印度大陆，穿透五湖四海，穿透宇宙，落在白云与青草间，落在每个人的心上，长出欢喜的花朵，无论我们是否拥有、是否受伤。

亲爱的观音老师：

您好。读完您的信心里畅快了许多。您在来信中说，取经事业离成功没几步了，希望大家不要自暴自弃，多少年风风雨雨、生生死死都过来了，何必在乎几日的得失。您的话我明白，我以为也是如此。您在信中说，我们已进入了灵山控制的势力范围，就算谁有天大的祸心，绝对不敢在这种地方取我们的性命，因为谁也担当不起在灵山直辖的地盘上灭掉求法僧人的罪过。但您特别提醒我们，虽然说性命之忧是没有了，其他的小动作不会停止，毁掉一个人有很多种方法，不单是夺命一途。您的判断是对的，最近发生的事诚如所言。老君那帮人一路追杀未果，在灵山直接控制的地盘上再也不敢兴师动众，只好使出更下作的招数了。

在给您汇报他们如何攻击我下三路之前，要给您顺便讲讲凤仙郡的事。凤仙郡是天竺的外郡，表面上隶属于天竺王国，实际上是个主权独立的国家。凤仙郡三年大旱，民不聊生，全郡的树皮都被扒光，所有的野菜被挖尽，百姓们甚至易子而食，可谓惨绝人寰。当然，郡主和手下的大小官员依然花天酒地。听人说，郡主也装着吃粗米粑粑，与民同苦。实际上连他豢养的几只狼狗，喝的都是进口的红酒。与其说是天灾，其实根本就是人祸，所谓的天灾不过是一个借口而已。

在我华夏族历史上，这样的故事比比皆是。"豪杰们"天天烧杀抢掠、醉生梦死，就算是风调雨顺又能怎样？我华夏晋帝国建立后，晋武帝为皇权永固，封了27个同姓王，结果诸王为争夺中央统治权斗得你死我活，战火延绵，生灵涂炭，造成所谓"八王之乱”。其实八王之乱的时候，并没有多严重的天旱水灾，白骨曝于野、千里无鸡鸣、百姓易子而食的人间惨剧，都是这些混账王爷为了一己之私在胡作非为啊。人间的混账王爷加上天上政客推波助澜，太平富裕的日子能有吗？虽说后来龙王降了雨，短期内缓解了旱情，可想起这件事我还是心情很沉重。龙王降雨可救一时之急，可以后的日子呢？人的问题不解决，就是自己造个龙王爷，怕是也于事无补吧。如果能如《孟子 · 梁惠王上》中所说“老吾老，以及人之老，幼吾幼，以及人之幼”，即便是手气再坏，也不至于闹出这样的惨剧。

还是说老君那帮人如何攻击我们的事吧。事情发生是天竺国都。在去天竺国都之前，我们特意朝拜了我佛曾讲法的祇树给孤独园[1]。在大唐的时候，想起祇树给孤独园就无限向往，是我等出家人心中的圣地。我佛曾在此讲法，阐释佛法的绝妙精义，那些言语如日光一般照彻我们的心灵，是真理的光引导着我们的人生，悲欣交集，生生死死。我佛在祇树给孤独园讲法的故事就像所有高贵的传说一样，神圣、美丽、智慧、让人遐思。可悲的是，在后来传法人的身上，却很少看见这种智慧的光芒。也许当我佛离开祇树给孤独园的时候，那抹纯净的智慧光芒开始在世俗的风雨中异变，只有传说依然留在如我一般做梦人的心中，无法释怀，也茫然无所去处。

祇树给孤独园已经是残垣断壁，荒草萋萋。所有的故事都淹没在黄昏的日光里，浑浊地撒落在一棵棵菩提树上。当年布道的

[1] 相传位于舍卫国（应该是个城邦国家）近郊，释迦牟尼在园内居住说法传道25年。

哲人不见了，再也看不到一个清瘦的长者坐在菩提树下缓缓讲述着死亡与希望，再没有那明火一样的目光在晚风中穿透祇树给孤独园，穿透印度大陆，穿透五湖四海，穿透宇宙，落在白云与青草间，落在每个人的心上，长出欢喜的花朵，无论我们是否拥有、是否受伤。清瘦的哲人走了，在灵山上君临宇宙，他的体重现在少说也有1000磅。当年静心修性，坐而悟道的学子们不见了，他们曾经每天清晨从这里出发，衣衫褴褛地走过每一条街道，把福音送到每个受伤的窗口。黄昏回来，他们围坐在哲人身旁，让那智慧的光洗涤自己的灵魂。清晨与黄昏依然在交替，可再没有人来也不再有人去，他们都占了山头，躺在上面等着别人磕头，等着别人上供。再也看不到那动人的景象，被人唾弃的贱民和妓女匍匐在哲人身前，哲人轻轻地抚摸着她们的额头，告诉她们生命中总会有希望的火在燃烧，无论高贵低贱，每个人都可以平等地拥有希望。她们的眼中挂着泪水，被风吹落，落在哲人的衣襟上。剩下的只是深夜从墙上爬来爬去的脚步声。

站在这废墟上，“无我相、无人相、无众生相、无寿者相……”[1]这些词破空而来，眼前却是一片苍茫。

残垣断壁被附近的农人用篱笆围了起来，在里边养了不少的鸡，好像还有狐狸，说是专门给王后娘娘养的，据说吃了狐狸肉可以美容。也许吧，在我大唐一度流行喝尿，也说是可以驻颜养容（**当今也有人喝尿美容，据说胡瓜先生是这方面的模范。辛注**），长安的女人每天起来的第一件事就是自己尿上一杯，然后在丹炉中加热，加上蜂蜜、盐、花椒、醋、红糖，喝了当早餐。上班或

[1] 见鸠摩罗什译《金刚般若波罗蜜多经》。

出门时，每个人都带一个尿壶，尿急了随时可以接下来回去熬汤喝。国学院还专门成立了一个学术小组从事这方面的研究，户部拨出专款支持这个科研项目。那时候女人们一见面就相互吹捧：呀！最近漂亮了好多，又用了什么牌子的尿啊？说着就拿出尿壶，倒在夜光杯里，仔细地切磋起来。后来由于男人抗议，被禁绝了。原因是女人们满嘴尿味，严重影响了他们的心情，国际卫生组织也对大唐的这种潮流很不满。尿是不喝了，后来我听说又流行吃鸟粪可以美容，至于详情就不得而知了。当年我佛在下边涅槃的菩提树也不见了，说是被天竺国王伐去修了“逍遥宫”。

距离祇树给孤独园不远就是天竺国国都。城里张灯结彩，甚是热闹。听人说，国王的女儿要举行驸马招聘大会。跟我大唐前朝的明星皇帝杨广一样，天竺国王在耍排场方面有着极高的造诣[1]。杨广营建洛阳、巡行全国、征讨高丽时，极尽奢华排场之能事，为后世长官们人搞形象工程做出了杰出表率。城里所有的树都用绸缎包裹起来，自然那些绸缎都是从市民家里搜刮来的，很多就是拆下来的床单被罩。马路两边挂满了各种灯笼，有的直径达100米左右，为了做这些灯笼，当年所有的教育经费被挪用。马路上的砖都看上去金光灿灿，据说是镀了一层金。由于国库中的黄金不够，就把寺里的金佛像、市民的首饰熔化了救急。每个厕所里都定时喷洒从罗马帝国进口的香水，屋面上爬满临时贴上去的牵牛花。国王的大殿足够十个马球场大，柱子直径达几十米，里边取暖的炉子据说也有9999个。大街上到处有来自世界各地的文艺团体在表演，仅此一项开支，就相当于天竺国一年的财政收入。城中央还有一个举世无双

[1] 参见《资治通鉴》181、182、183等卷。

的广场，走一圈需要三天。广场的中央树立着国王类似大卫造型的雕像（大卫是犹太人的国王，大师米开朗基罗曾为其造像。辛注），仅耳朵眼里就经常有上万只乌鸦在夜宿。

招聘会在王宫前面的空地上举行。舞台少说也有上万平方米，上面铺着厚厚的丝绸。不过会场上的人并不是太多。为了搭这个台子，很多市民的裤子被搜刮来做台布，光着屁股出不来了。比起我大唐帝国，天竺还是个穷国家，很多家庭是一家人穿一条裤子，谁出去谁穿。国王坐在舞台中央，搽了粉，戴着假发，抹了口红。旁边是他如蚂蚁一般的大臣和大小老婆，另外还有1000多只进口的狼狗。公主跟国王坐在一起，鞋上镶嵌着几十颗闪闪发光的宝石。听有的市民说，公主穿的内衣上也有几十颗价值连城的宝石。我说不会吧，公主的屁股难道是不锈钢做的？在招聘会场舞台后，拉着一横幅，上书：天竺国驸马国际招聘大会。

招聘大会由天竺国的宰相主持。先是国王讲话，接着是皇后讲话，随之是王国各衙门的头头、公主的姐姐、哥哥、姥姥、爷爷奶奶、舅舅叔叔等讲话。一直从中午讲到了黄昏时分。中间八戒出去小便8次。讲完话后是大型文艺表演，据说舞蹈队的编制是5000人，乐队的编制是2000人。演出完了招聘大会正式开始。模式很简单，公主在上边扔绣球，打在谁头上谁就是驸马。很不幸，绣球打在了我的头上。旁边有几个望眼欲穿的帅哥心里实在愤恨，抓住我就一顿拳头。当时悟空他们被挤散了，要不是大内侍卫及时赶到，我怕是命也保不住了。那几个帅哥被当场处决，脑袋到现在还挂在舞台的旗杆上。

我被大内侍卫押着（我的感觉就是这样）到皇宫中去。悟空他们被安置在王室招待所等候消息。王宫里的奢华不言而喻，摆着不少纯金做的硕大无比的苍蝇或蚊子的雕塑（**据说他们的祖先是老祖母被苍蝇和蚊子一块咬了生下的。辛注**）。国王打量了我一番道：还是我闺女有眼光，挑了这么一个有型的小帅哥。然后我被太监带到后殿扒光了检查身体。身体检查的程序非常复杂。比如测试皮肤的弹性、有几颗牙齿，胸围腰围的尺寸，有没有狐臭等等。最难堪的是检查生殖系统是不是正常。太监找了一堆美女在我面前搔首弄姿，看我有没有反应。试了好几次都没用。只好记下这些数据去向国王报告。据说国王对这个结果很不满意，可公主说唐老师是和尚，没见过这种大场面，怕是太紧张影响了发挥。国王说那你想好吧，反正是你用不是我用，到时候发现质量不过关别怨老爸！公主说：老爸您还不相信女儿的眼光与实力吗？

在大殿上我表示这是误会，我自东土大唐而来，是往西天取经，万里迢迢不是跑到西天给人当老公。国王听了我的话很不高兴：小唐你这样说就不对了，我的女儿还能嫁不出去？这都是缘分啊，我佛门不就讲个缘分嘛！认不认怕是不由你！我说：陛下，我佛虽然讲缘分，也不允许和尚找老婆啊。国王火了：这里是老子的天下，老子想收拾谁就收拾谁，老子让和尚娶老婆就得娶老婆，我把女儿嫁给你，是抬举你，你不要不识好歹！我说怕是如来知道了不答应。国王道：少拿如来压我，每年没有我拿出那么多钱财上供，他们能过得那么滋润？灵山的人哪个我不熟？！哪个没拿过我的东西、占过我的便宜？！国王喝令大内侍卫把我拿下，可被公主挡住了：老爸，都是一家人了，你还发火干什么？你不办通关手续，他们也走不了啊，等会回到孩儿的府上，怕是他高兴还来不及呢。

公主的府邸论规模比王宫差不了多少，就一个卧室也比几十间僧房还大，里边装饰得奢华异常。公主把我跟她反锁在卧室里，叫了红酒，算是不行婚礼先入洞房了。说实话，这个女生长得也不赖，清秀可人。她更完衣出来对我道：唐哥哥，你还挺能装啊！我说我没有装，是真的不可以。她笑道：等过了今晚，怕是不可以也变成可以了，老老实实让妹妹给你宽衣，再检查一下，看那个死太监有没有作弊。说着就要脱我的衣服，我赶忙躲开。好吧，既然唐哥哥害羞，那小妹妹就先来了！说着就把自己扒得只剩下一个红肚兜，然后含了口酒，喷到我的身上，说：唐哥哥还穿着衣服，是忍心看着小妹妹感冒啊。我说你怕感冒就赶紧穿上衣服吧。

公主突然变了脸：今天怕是不由你了！我说我要是被处理了，怎么有脸去见如来。她向我吹了一口气，瞬间我的衣服便没了，忽忽悠悠倒在床上。她骑在我身上浪声道：唐僧，唐哥哥，今天你是保不住了，我可以实话告诉你，我就是要破了你这身子！我说何必，处男多了，为难我干什么？她说：这是我的工作啊，你想知道我就告诉你，我不是什么天竺国的公主，我是月宫里的玉兔儿，上级这次派我来就是把你干掉，真的公主早被我弄死了！这个工作很不错啊，我也好喜欢，等破了你的身子，你那取经的事就等于白干了啊！

又是老君那帮人捣的鬼，使这种下三烂的招数！我说：这样对你也不好啊，年纪轻轻跟男人不三不四，以后怎么嫁人？她说：我们这种女孩还能嫁什么人？能给别人当个二奶就不错了！唐哥哥咱俩就别废话了，抓紧时间吧，办完事我还要回去交差呢。说着就准备对我下手。

没想到这时候悟空他们赶到了。他们在王室招待所里迟迟不见我回来，怕我出事，就偷偷摸进了公主府。那玉兔儿不是他们三个的对手，很快就被拿下锁了起来。悟空还忘不了挖苦我几句：唐老师怕是已经被处理了吧，红光满面挺像个新郎官。我说悟空休要胡说，幸亏你们来得及时。

我们几个抓着玉兔儿回到王室招待所，怕再生是非，连通关文书也来不及换，赶紧收拾了行李带着玉兔儿逃出天竺国都。天明时分，估摸离开天竺国都有百里地了，找了个僻静的山沟，稍作歇息。根据玉兔儿的口供，直接支配她来天竺国的，是她的主子嫦娥。至于嫦娥后边的主使，她就不知道了。可我心里明白得很！鉴于她只是个从犯，我主张放了她，可八戒坚决反对，他发誓说要把这个小婊子碎尸万段。显然，八戒是要发泄当年的仇恨。

我想制止他根本不听，没办法我只好命悟空阻止八戒别乱来，悟空说他不管。最后只有小沙过去劝阻八戒，两人没说几句就打了起来，看得出八戒是要跟小沙玩命。八戒两眼充血，疯子一般地吼：今天谁要挡着老子收拾这个小婊子，老子就让他死！小沙打不过八戒，只好任由他乱来。

八戒提着钢耙走到玉兔儿面前，看得出他内心的怒火在奔腾。玉兔儿求他饶命，说这事都是嫦娥让她干的，与自己无关。八戒给她一串耳光打得她七窍流血。就在他扬起钢耙准备把玉兔儿砸个粉碎时，他听见了那熟悉的声音。那个声音让他不舒服了几百年。

嫦娥来了，站在八戒面前，看着他道：大元帅别来无恙？何必下此毒手！八戒望着她，身体在剧烈颤抖。说实话，嫦娥长得很一般，也就是个半老徐娘，脸上还有好几个麻子，虽然穿着整形内衣，但各处的赘肉依然呼之欲出。不过从她的眼神和走路的样子看，这种女人在料理男人方面应该很有心得。

八戒恨得牙根发痒，道：老子憋了五百年了，就等着这一天！嫦娥道：过去的事就别提了，大家都有错！八戒说：为什么不要提，老子当年有什么对不起你，你那样对待我？嫦娥缓缓地说：元帅不要忘了，不是跟哪个女人都可以胡来的！八戒道：就算是当年我手气败，碰上了你这么个东西！不过今天你落在我手里，就别怪我不客气。嫦娥毕竟是见过大场面的，冷静地道：元帅要怎样？八戒说：我今天要把你跟那个小妖精一起碎尸万段！嫦娥想了想，笑着说：如果我愿意陪元帅一次，元帅能放过我们吗？

八戒笑了，笑得涕泪横流：哈哈，原来冰清玉洁的仙子，也这样作践自己啊，你以为你是什么？你是我见过的女人里最不值钱的一个！也就是装得挺像那么回事，我对你没兴趣了，一点点都没有！你滚吧，我不想弄脏了我的手！回去告诉那帮人，我猪八戒虽然不是个东西，但起码的尊严还有，不至于烂到这种地步！滚！嫦娥倒是很有风度，还过来跟我打了个招呼，就带着玉兔儿匆匆走了。

八戒一直站在原地，茫然地望着远方，很久很久。我不能确定他在想什么，也许几百年来，在他的心里有一个伤疤，从来没有像今天这样被触动过，那里有他的梦想与尊严，有另一个猪八戒，一个我们永远也看不见的猪八戒。

玄奘夜于天竺大人郡流丽村

第三十三封信

普贤菩萨也赤膊上阵

贞观二十二年　冬十月　辛卯

孟子曾说过，要成为世人景仰的大丈夫，就“必先苦其心志，劳其筋骨，饿其体肤，空乏其身，行拂乱其所为”。其实孟夫子忘了最重要的一条，就是必先被人吐口水、扔石头。我朋友说，凡英雄圣贤都经过非凡的洗礼。是啊，天天被唾，洗得还不彻底吗?

亲爱的观音老师：

最近可安好？听人说，灵山很近了，已经没有几天的路程。可我觉着灵山突然变得很远很远，比我离开长安时还远。曾经有一位长者告诉我，世上的距离有两种，一种是地上的距离，一种是心上的距离。离开长安的时候，虽然地上的距离很远，可心上的距离很近；而现在地上的距离近了，心上的距离却远了。我之所以要这样说，是因为离开长安的时候，我的心里充满了渴望，本以为历尽艰难，在灵山脚下我会激动不已。可是没有，真的没有，观音老师，只是感觉做了一个梦而已。也许这个故事太长太曲折了，已经耗尽了我们所有的热情，当故事到了高潮的时候，反而心里感到失落与空白。而就在灵山脚下，我们似乎是莽撞不受欢迎的闯入者，时刻准备着被人扫地出门。现在我们被关在一座寺院的马厩里，等待着审判。

我是趴在马槽上给您写这封信的。突然想起西方的圣人被他妈妈生在马槽里，我忍不住笑了。我也弄不明白我为什么要笑。那个人最后被钉死在十字架上，是被自己人钉死的[1]。据说在他被钉死的时候，他要拯救的人向他扔石头、吐口水，只有他的妈妈哭了，他却对着妈妈笑了！没有人能够真正明了，他为什么要笑！也许只有他的妈妈明了，儿子的笑与妈妈的眼泪一样悲凉。其实今天那些天天跪在他的圣像前祈祷的人，跟当年向他吐口水的人并没有什么本质的区别。他们吐口水是正常的，他们顶礼膜拜也是正常的。将来可能要顶礼膜拜的，现在他们正对着他吐口水呢！

[1] 详见《圣经·新约》马太福音28。

这就是人间的游戏。我华夏的圣人孔夫子曾惶惶如丧家之犬，现在最新鲜的冷猪肉也吃不完啊。孟子曾经说过，要成为世人景仰的大丈夫，就“必先苦其心志，劳其筋骨，饿其体肤，空乏其身，行拂乱其所为”。其实孟夫子忘了最重要的一条，就是必先被人吐口水、扔石头。我朋友说，凡英雄圣贤都经过非凡的洗礼。是啊，天天被唾，洗得还不彻底吗？

我们被关起来与一件命案有关，或者说悟空他们三个竟然在灵山脚下，制造了一起骇人听闻的血案。也许这是被安排好了的整场游戏的一个句号，但我们罪责难逃。发生这起血案的地方叫灵县，几百人死于非命。

事情要从寇家庄说起。寇家庄的村长是灵县首富，经营着很大的产业，每年光靠灵山上的香火订单，就赚了不少钱。他还开了好几家酒店，专门招待去灵山朝圣的人，收入也很不菲。跟李总裁不同，寇村长虽然有钱，却从不胡作非为，是正经的生意人。发财后也做了不少善事，比如说给寇家庄修路、建尊老院、资助失学儿童、善待僧侣等等，是当地有名的慈善家。我们到寇家庄投宿，他一万个欢迎。他说早就听说大唐是礼仪之邦，心里仰慕得很。今天有大唐的和尚来，实在是三生有幸，云云。

寇村长虽是生意人，但对文化也颇有研究，至少有着很浓厚的兴趣。在我大唐帝国这种人一般都自诩为“儒商”，老是嫌钱臭整天说自己其实是文化人。其实做商人也不丢人，造福桑梓，像陶朱公那样的，也是值得万世景仰啊，犯不着给自己贴上文化人的标签。连主张君子固穷的老夫子，也曾经表扬过在齐国搞市场经济很成功的管仲，认为他干得不错啊。之所以装儒商，在我大唐，唯一的解释就是他们被文化人出身的大小长官整怕了，用文化来包装包装，免得行贿的时候，人家嫌送的钱臭。

寇村长对我们的招待极为周全，并介绍老婆和儿子与我们见面。说实话，寇村长的老婆长得比终南山的黑熊好看不了多少，一嘴黄牙，而且目不识丁。听人说，虽然守着一个黄脸婆，寇村长从没有包过二奶。至于他经营酒店里名伎云集，那只是做生意而已。也许吧，有钱人能做到这一点的确也不容易了。

寇村长说我们到这里来取经，其实他们更羡慕我们大唐呢。并要求我回去的时候能够带着他的儿子到大唐去留学。我满口答应了。长安确实有很多留学生，但大多数是从扶桑和高丽来的，从天竺去的至少我还没有听说过。盛情难却，我们在寇家庄多呆了几日，就辞别上路。寇村长留恋不舍，还送给我们很多的财物，我婉言拒绝了。我说我们快到了，用不着了。

就在离开当晚，寇家庄就出了大事。一伙强盗洗劫了寇村长家，杀死了寇村长一门几百口，所有的财物被席卷一空。奇怪的是，寇村长的夫人与公子却幸免于难，说是当时在厢房里没有被强盗发现。第二天，寇夫人告到了衙门，县令发出布告，命令全城的巡捕四处捉拿我们。其实根本不用那么大动干戈，我们就在离城不远的路上。巡捕在路上围住我们，宣布了县令签署的逮捕令。悟空他们三个准备动手，被我阻止了。我想可能是误会，到衙门里说清楚不就行了。事实上这件事在衙门里恐怕永远是说不清楚的。

我们被押上衙门大堂。在我大唐，一般来说衙门大堂中央都挂着“天理人情国法”的牌子，四周贴满“坦白”、“肃静”等标语。关于“天理人情国法”，我朋友曾经进行过一番剖析，他认为，首先是天理人情，其次才是国法，可天理谁说得清楚？人情完全是为搞关系正名，最能解决问题的国法反倒成了其次。一切都是长官说了算，就算你按法当诛，可用天理人情解释一通就没事了，如果依国法没什么问题，可套上天理人情，你就没命了，这种设计实在是高明之至！我朋友进一步说，好的国家一般是“国法天理人情”，次之为“天理国法人情”，最坏的就是“人情天理国法”。而天竺国的大堂上连这些东西也没有，只有各种刑具（我们是把刑具藏在后边），要是不按照长官的意志老实交代，就先弄残废再说。

县令让我交代洗劫寇家庄的过程。我说我们根本就不知道有这回事。他说你们贪人钱财，草菅人命，简直禽兽不如，还不老实招来。悟空气得要命，冲上去要揍他，我赶紧拉住他：悟空，这是灵山地界，世尊脚下，别给自己惹麻烦！我对县令简单讲了在寇家庄的经过，我说：寇村长一家被杀我很难过，可我们真得什么也没做，你不能冤枉人啊。县令见我们不招，就吩咐手下用刑。悟空他们三个又要动手，被我制止了。就剩下最后几步，忍一下或许就过去了。用刑方法基本上跟大唐的衙门一样，没什么新意。等他们把我弄得差不多了，才让手下拖着我和悟空他们几个关在一起。

悟空气得眼里都快流血：唐老师，我们何必这样受欺负，老子不用吹灰之力就把他们灭了！我说悟空你要是还拿我当老师就千万别胡来，大家辛辛苦苦十几年，历尽千难万险才到了这里，不能功亏一篑啊。悟空说：妈的，要知道灵山也是这么个破地方，老子就不来了，大不了宰了这几个，大家散伙算了。八戒说反正苦也受了，现在散伙实在划不来。也的确委屈他们了，以他们的本事，那些巡捕算不了什么。要是往常，就算我怎样劝解也没用，怕是早把他们灭了，可现在是在灵山脚下！唉，原来到了我佛的圣地，比别处还难！

当晚我们跟一个牢子聊天，才知道了整个事件的真相。原来这灵县虽在灵山脚下，其实也不太平，有一股非常猖獗的强盗，抢人财物、淫人妻女无所不为。所有的商家都要给他们交保护费，比交给朝廷的税还多。这伙强盗之所以这样肆无忌惮，是因为他们来头不小，很少有人知道，这伙强盗的头子就是当下的县令大人！没有官府的支持，任何强盗都成不了气候。衙门的巡捕等于就是强盗的专业保镖。强盗县令早就盯上了首富寇家的财物，可是一直没有好的机会。寇村长声名在外，又跟灵山的人关系非凡，强盗县令不敢轻易下手。

作为阴谋的第一步，他把寇村长的老婆拉下了水。寇村长虽然为人正派，不乱搞男女关系，算是个好丈夫。可他身体不太好，加上事业心强，也就冷落了自己的老婆。别看寇夫人长得不怎么样，可勾引男人是一把好手（**丑女多做怪，古今大同。辛注**），寇村长在外边没有二奶，可他老婆在外边养着一堆二爷。其实村里的人都知道，也就是寇村长蒙在鼓里。对于当地的很多小帅哥小混混来说，寇夫人无疑就是他们的银行。虽然过程痛苦点，收入却不低。那县令也就投其所好，跟寇夫人勾搭成奸，一直谋划着干掉寇村长，霸占他的家产。谁说“丑妻家中宝”，那些歪嘴的女人玩起毒来比谁都厉害。看来女人好不好，厚道不厚道与长相并没有多大关系。

玩死自己丈夫的，怕是狐狸精占少数，大多是黄脸婆。

我们一到寇家庄，他们以为机会来了。就在我们离开当晚，县令派人血洗寇家庄，然后嫁祸于我们。强盗县令并非不知道悟空他们三个的厉害，他对齐天大圣的名头早就如雷贯耳，可仗着在灵山脚下有人撑腰，就无所畏惧，胡作非为，量我们不敢把他怎样。跟大唐没什么区别，天子脚下的官吏就是比别人蛮横！

可知道了事情的真相有什么用，就算是要上诉，告谁去，告到哪里去？也只好自认倒霉罢了。聊了会我就睡了，可悟空他们三个没有睡，他们忙了整整一夜。后来我才知道，他们趁我睡着时，偷偷地溜了出去。先到衙门找县令算账，县令不在，就把所有的衙役杀死，并悬挂在大堂上。然后由一个衙役领路，寻到了那帮强盗的基地，正好县令和寇夫人也在。他们正在喝酒快活，并请了几个姑娘在跳肚皮舞。悟空他们三个冲上去一顿猛砍，时间不长包括县令和寇夫人在内几百人全部被砍死。除了县令和寇夫人的尸体，其他所有的东西被他们放了把火烧成灰烬。他们还把郡守和寇大人的尸体扒光了悬挂在城楼上，并在他们的肚子上血书"奸夫""淫妇"四个大字。就这悟空还觉着不尽兴，建议回去把衙门放把火烧了，因为八戒说太困这才作罢。然后三个人回来倒头就睡。清晨我醒来时，他们还在呼呼大睡！

命案惊动了灵山。普贤和文殊带着大队人马气势汹汹、呼啸而来。我说悟空你看你们都干了些什么？这是伤天害理啊，我们还算什么出家人，简直就是刽子手嘛！这个混蛋还满不在乎：唐老师，我哪里受过这种鸟气？不就是杀了几个人吗？大不了回花果山去，一路上老是被这些混账整，老子就是要在家门口给他们点颜色看看。

小沙态度还行，认了错。八戒完全是一副死猪不怕开水烫的样子，说什么反正干也干了，说啥也没用，想怎么搞就怎么搞！观音老师啊，他们就是这个德行，你说我能把他们怎么样？

普贤与文殊菩萨这回总算抓住了把柄，我们等于是自投罗网。我不敢说这些事后边有他们主使，至少从表面上看，他们非常欢迎这份从天而降的重礼。他们把我们铐了起来，带到附近的一所寺庙里审讯。普贤菩萨阴着脸问我：唐僧，出家人慈悲为怀，佛界的纪律第一条就是不杀生，你不会不知道吧？！我说弟子知道。那你怎么解释发生在灵县的事，他问。我说：长官，都是我的错，我知罪！文殊菩萨在旁边笑道：这小子态度倒是蛮端正的。普贤菩萨又问：这事是谁主使的？我答道：是弟子主使的，弟子罪该万死！小沙插了一句：这件事情与唐老师无关，他不知道，是我们三个干的！普贤菩萨指了一下小沙的嘴，他马上变成了哑巴，说：我没问你！接着他又问八戒是不是他主使的，八戒直摇头，说他只是个听命干活的人！

普贤与文殊菩萨怕悟空破口大骂，早就封上了他的嘴。悟空只能在一边干着急。既然你承认是你主使的，那你为什么要这样干？普贤菩萨又问。我说：长官，我不知道！我真的不想解释什么，烦透了！你主使的你不知道！他厉声道。我还是那句话，是我主使的，可为什么要主使这件事情我不知道！那你要想想后果！他说。

我有点失去理智，冲普贤菩萨喊道：我他妈的已经玩够了，累了，什么也不想了，要怎样长官你随便，我有罪我应该千刀万剐！文殊菩萨突然道：老大，要不要扁他一顿？敢跟您讲粗话，素质这么差！看样子他真的要扁我。普贤摇摇手，说：先把这几个犯罪分子关起来，等向佛祖汇报完了再做决断！

所谓冤家路窄，躲也是躲不过去的，这次落在他们手中，证据确凿，怕是不会有好下场。我心里倒没有什么负担，千难万险，能走到今天，我已经心满意足了，这一辈子也算没有白活。人生就是个过程，结果其实也并不重要。苦过、死过、笑过、奋斗过，也就行了。只怕是又给您带去了很多麻烦，我给观音老师您的麻烦已经够多了，觉着心里挺愧疚。悟空他们三个跟了我十几年，落得这样的下场，我也心里很不忍。如果有可能，我是说如果，希望灵山惩处我一个人，能够宽恕他们，让他们回去过各自的日子吧。

西方的圣人耶稣在被钉死的时候，跟他一起被钉死的犯人还在嘲笑他，他宽恕了他的无理，并祈祷上帝宽恕那个犯人，因为他不知道。其实悟空他们也一样，在灵魂的最深处，他们也是不知道。

至于结果，一切都要看灵山的决定，只好在这马厩里等着了。闻惯了八戒的臭屁，有这碗酒垫底，马厩里的味道还算不错！

玄奘夜于灵山县灵山寺马厩

第三十四封信

灵山也绝非清净之地

贞观二十二年　冬十二月　丁亥

再伟大的思想，一旦与人性或神性中的弱点结合起来，就会产生各种怪胎，比没有思想更为可怕；任何一片圣地，一旦发生于其上的人的故事变异了，就会变成废墟，至少是精神的废墟。如果心里没有阳光，一万个太阳又能怎样。我们就是这样在黑夜中渴望着光明，又急不可耐地从光明中奔向黑暗。光明是美丽的传说，黑夜是我们心甘情愿的选择！

亲爱的观音老师：

好吗？过几日就要离开灵山了。风尘仆仆十几年，总算是有了个结果。此刻坐在灵山的禅房里，百感交集，心中有许多的话要讲给您听，却又无从谈起。窗外夜色皎洁，月亮很低，故乡已在万里之外！总想起朋友的那首诗：故人拿出旧文章，梦中关山已苍茫；身似浮萍随浪转，长安万里是他乡。真的是忍把他乡做故乡啊。

能在灵山上见到您真的很幸福。自从长安别后，十多年不曾晤面了，您依旧神采奕奕，而我却满面风尘。岁月无情啊，在长安初次相逢时，我还是一个意气风发的青年，如今却不敢去照镜子。也许生活的艰难会让人老得快些。

有机会能跟您促膝长谈是我一生的荣幸，至于那些道歉的话，就太见外了。您说让我来西天取经，实际上也有自己的私心。因为灵山要从菩萨中挑选一个晋升为佛，您跟普贤、文殊都是热门人选。您说只要取经成功，佛法得以在大唐传播，那么您就有了绝对优势。所以普贤与文殊就处处作梗，要把我毁在取经的路上。我很感谢您说出事情的真相，这是对我的真诚情意。您问我对您会不会有不好的看法，我说不会，我心里也是这样想的。因为不管怎样，您已经给了我很多，没有您，我是无论如何走不到今天的。也许在这个世界上，您是真正理解我的人。我更愿意记着您的另一句话：纵然有过多少的私欲，但在大唐弘法是我们真诚的愿望，这条路必须有人走过，这比所有的东西都重要！

我相信您对我是真诚的，对取经事业是真诚的。知道这些已经足够了。如果没有您的援手，即便在灵山脚下我们也寸步难行。听迦叶长者[1]说，这次要不是您在佛祖面前揭露真相，据理力争，恐怕我们早到地藏菩萨[2]那里报到去了。显然，普贤和文殊菩萨是做贼心虚，怕引火烧身，也就不敢继续在这个问题上大做文章了。他们机关算尽又得到了什么呢？到头来还不是一场空。不知道他们菩萨的果位，是如何修炼成的。好在您慈悲宽厚，否则把他们的那些糗事端给佛祖如来，怕是连菩萨的位子也保不住！

灵山真是个好地方。我朋友曾有点刻薄地说，天下的好山好水，基本上都被和尚和道士占着，多亏了有这些好山好水的帮忙，他们才把自己装扮得有点神仙样。当然，我希望我朋友说的不包括灵山。不过在灵山也遇到了一些麻烦，也就是一些小小的插曲而已。去大雷音寺的路上有很多绝妙的景致，本想过去看看，可到处都有人守着，要收门票。没想到在佛界圣地，也满是铜臭味了。有位导游告诉我，每天来灵山朝圣的人很多，观光业的收入相当客观，现在已经成为灵山的支柱产业。山涧旁是一排排的高档别墅，说是为附近的官员和有钱人度假（号称"灵修度假"）准备的，里边的各种娱乐设施一应俱全。路上还碰见许多寺庙，本来想进去烧炷香，可香火贵得惊人，大概是山下的几十倍（**古今中外，寺庙越有名，香火钱就越贵，普通老百姓去这些地方烧香都烧不起，这与我佛倡导的"众生平等"大为矛盾。辛注**）。寺庙里很热闹，

[1] 名摩诃迦叶，早年追随佛祖，为佛十大弟子之一，以"头陀第一"著称。身有金光，映蔽馀光使不现，故亦名饮光。传说在灵山会上，受佛正法眼藏，传佛心印，为禅宗初祖。

[2] 大乘佛教四大菩萨之一，有《地藏菩萨本愿经》。地狱的一把手，部下是十殿阎王。曾有豪言："我不入地狱，谁入地狱"、"众生度尽方证菩提；地狱未空誓不成佛"。

红男绿女们排着队等待卜卦，我想这笔收入也相当可观吧。

尽管人穷志短，处处碰壁。但大家的情绪还是很好，毕竟为了这一天走了整整十三年，用八戒的话说，生个儿子也准备着考秀才了！回头想想，十三年如一梦啊，所经历的艰辛，讲来谁会相信。一路上不知经受多少辛酸，留下了多少悔恨，还有数不清的死去的冤魂，那么多沉重而荒诞的故事。有多少次大家准备放弃，有多少次生命的花即将凋去。谁说得清，我们走过多少个日出日落，翻越了多少崇山峻岭，趟过多少大江大河。又有多少次被命运抛弃，却又在绝望的边缘上回来，重新开始。不知曾看过多少或狰狞或伪善或温和的面孔，为猜透每个面孔后的秘密曾有过多少个不眠之夜。

我们有一万次死去的机会，可我们活了下来；我们有一万个放弃的理由，可我们坚持了下来；我们有一万次失败的命运，可我们依然走完了全部的旅程。不管我们最终能得到什么，走在灵山的土地上，看着他们自得的笑容，我依然感到莫人的安慰。很多人死在了通往成功的路上，我们至少看到了结果，不管这结果是好是坏。如我朋友所说，生命只是个过程，最重要的不是这个过程是否圆满，而是这个过程是否完整。

在去雷音寺朝见佛祖前，我们先去佛祖办报到，然后被带到礼仪培训中心进行临时集训。结果因为报名费的事，悟空与培训中心主管罗汉发生了口角。大家都没有心理准备，本想在灵山圣地，应该全部是免费的。幸亏碰见一位好心的菩萨，托他的人情过了关。不过主管罗汉还是骂了我们几句：这么个穷鬼，不老实在家里窝着，到灵山来丢人现眼啊？培训的内容很简单，也就是怎么给佛祖作揖、怎么说话、不要随地大小便等等。

大雷音寺的确气势非凡。可比起天竺国王的大殿，规模还是要小一点。虽然也铺着金砖，也就是在青砖上镀了一层金而已。听人说，除非有特殊的礼仪，佛祖如来一般是不会在这里办公的，平时定期开放了给观光客参观。当然，门票价格相当不菲。看得出，灵山的长官基本上都到了，有八大菩萨、四大金刚、五百罗汉、三千揭谛、十八伽蓝等等，我第一眼就看见了您，本想打个招呼，但又觉着场合不对就免了。看来灵山的官僚体系也够臃肿了，难怪香火钱老是涨价，养活这些长官真是很不容易。

佛祖坐在莲花宝座上，春风满面，不过他的确应该减点肥了。按照惯例，下边的神仙齐声高唱：佛祖万岁万万岁！佛祖向下边挥挥手，朗声道：众爱卿平身。表演完了，就正式开始办公。佛祖宣我们上前，说：唐爱卿、小孙、小猪、小沙、小白，你们发扬了不怕牺牲吃苦耐劳的精神，我代表佛界中枢向你们表示热烈的欢迎，衷心的祝贺。佛祖讲完，下边掌声雷动。我说这些成绩都是在佛祖的领导下取得的，我们只是做了一些微不足道的工作。佛祖道：唐爱卿，你们一路上受的磨难我是清楚的，灵山的各位长官也是清楚的，干事业嘛，怎么能没有一点牺牲！然后他又问了大唐的一些事情，我做了简单的回答，这些您都是知道的。

佛祖听完道：李世民这小子绝对是个人精，有两下子，就是他手下那个魏征可不怎么样，老提意见，没有大局意识嘛！破坏天下太平的大好形势嘛！普贤这时候出列奏道：我最最伟大不朽的佛祖，像唐僧这样的栋梁之材，实在是我佛国的光荣，应该好好宣传，树个典型啊。佛祖说行，就由普贤安排，多做点报道，组织下边的菩萨、罗汉开座谈会，请唐爱卿做报告，云云。悟空没事找事，唾了普贤一口，道：你还好意思在那里胡说八道！要不是佛祖阻止，怕是他会骂一些更难听的。佛祖笑着对悟空道：小孙，有你这么跟上级说话的吗？你这个人啊业务上还行，就是纪律性太差，不讲卫生，一辈子不刷牙，口臭，随地大小便，以后一定要按照官员的标准来要求自己啊！经佛祖这么一说，悟空就不好意思再骂街了。

接着是所有的神仙都出来表态，赞颂了我们一番。然后由文殊菩萨来宣读佛国中枢的决定，决定说：大唐天高地厚，物广人稠，多贪多杀，多欺多诈，不遵佛教，不向善缘，不敬三光，不重五谷，不忠不孝，不义不仁，杀人害生，孽畜横行，罪恶累累，恶贯满盈，致使地狱鬼满为患，天地震惊。为普度苍生，经佛国中枢决定，赐《法》《论》《经》三藏佛经，共计35部，15144卷，着令弟子唐僧带回大唐，教化万民！说实话，听这个决定的时候我有点腿发软，真如决定上所言，李世民这小子怕是应该死上一万回了。就算是要突出传法的意义，也没必要把别人说得屁也不是嘛。没想到在灵山，也玩这种粗糙的逻辑。最后佛祖又关切地问了问我的身体，还特意吩咐太医院安排时间诊治一下我的前列腺炎。佛祖说：一定要爱护人才啊，尤其像唐爱卿这样万里求法的国际战士！

接下来的几天很忙，基本上都是普贤菩萨安排的活，他对我们照顾之周到真是让人感慨不已。看来普贤菩萨真是深得为官之道，拿得起放得下，做什么都不脸红。他私下里还招待我喝茶，对我说：其实很多事情都是误会，小唐啊，我向来是非常支持观音菩萨工作的，我们是最最亲密的战友，这一次也一样，大家都是螺丝钉嘛！我没有做声，也无话可说。他还拍着胸脯说以后有事找他，能帮的忙他万死不辞！报告会一共开了三场，题目是普贤菩萨定的，主要是介绍西行路上的先进事迹，宣扬无私奉献的取经精神。灵山的菩萨、罗汉都参加，报告会由普贤菩萨主持。做报告的主角是我，悟空、八戒和小沙各讲了几个时辰。其中最受欢迎、最轰动的是八戒的演讲：清心寡欲做个合格的出家人。八戒在演讲中主要讲述了在西行路上，他如何克服美色的诱惑，保持了一个干净出家人的本色。

八戒说：各位同仁，虽然那些靓妹用尽了所有的手段，我都没有被腐化，没有堕落，所有那些邪门歪道的东西都被我及时地、果断地消灭在萌芽状态。作为一名合格的出家人，一定要有抗腐蚀的能力，不被糖衣炮弹打倒的能力。怎么做到这一点呢？我的经验是我们时刻都要牢记佛法和纪律，牢记佛祖的教诲，时刻要提高自己的思想觉悟。我们是出家人，乱找女人，那不是禽兽吗？别说找，想也是不行的啊。我们有多少优秀的同仁经不起诱惑，被拉下了水，我为他们痛心啊！同仁们！……

开完报告会休整了几日，我就决定动身回长安。八戒和悟空很不情愿，他们说刚找到感觉，又要走了，起码也得等我们的文集出版了再走不迟啊。忘了告诉您，普贤正在组织一帮笔杆子，编辑我们演讲的文集，说是给佛界的菩萨、罗汉们做思想教育的教材。文集由佛祖题写书名，普贤菩萨亲自作序。亲手安排西天取经的您反倒一边站了。这样也好，您是不愿意凑这些热闹的。尽管他们不乐意，我还是决定动身，我来灵山是为了取经，而不是过模范和尚的瘾！

我们几个去灵山档案馆提取佛经，没想到碰了一鼻子灰。他们让我们交纳版权费！我说取经回去是为了普度众生，完全是公益性质，不是做生意啊。资料中心的主管罗汉说：你取经回去普度谁关我屁事，我是照章办事，不交版权费就休想把书拿走。我说开始让我来取经时没说过这些啊！他说这还用说吗？你们那里盗版猖獗，你以为我不知道？给我们造成了多大的经济损失，你知道吗？而且他开的价码对我们来说是个天文数字。我说没钱他就火了：没钱你跑到这里干什么？来抢劫啊！没钱早点滚，我还要跟西边的几个客户谈事，人家出的价码不比你们低，跟大唐比，人家不就是巴掌大的一个岛嘛！我说要不先把经给我们，等从大唐朝廷要了钱，再还给你们。一听这话他来劲了：少给我来这一套，以为我傻是不是？前几年来了几拨野和尚，也说是先拿了经回头把钱给我们，你看看，现在还挂着账呢！我可是让你们这些穷和尚给坑苦了，我现在只认钱，打白条子没门，没钱就走人。好像他不是和尚，难得他还是个罗汉！没办法，只好又麻烦您出面，打个五五折，版权费暂时由您垫付了。等回到长安，跟大唐朝廷要了钱，再还给您吧。

一切已经收拾妥当，只差动身了。今天去看望了迦叶和阿难[1]两位尊者。说实话，这几位老上级还真不错。现在很多官员越是年轻就越差劲，想起来让人心寒！迦叶和阿难尊者是最早跟着佛祖的难兄难弟，最艰难的日子就是他们三个一起走过的。我给两

[1] 全名阿难陀，佛祖的堂弟，为佛祖的十大弟子之一。阿难有欢喜、庆喜、无染之意，因诞生时正好为佛祖成道之日，所以他爸爸为其取名阿难，容貌端正清净，人见人爱，侍奉佛祖直至涅槃。

位尊者讲了祇树给孤独园的见闻，他们很伤感，只有长长的叹息。

迦叶尊者说：再伟大的思想，一旦与人性或神性中的弱点结合起来，就会产生各种怪胎，比没有思想更为可怕；任何一片圣地，一旦发生于其上的人的故事变异了，就会变成废墟，至少是精神的废墟。如果心里没有阳光，一万个太阳又能怎样。我们就是这样在黑夜中渴望着光明，又急不可耐地从光明中奔向黑暗。光明是美丽的传说，黑夜是我们心甘情愿的选择！

也许吧，我似乎能听懂他的话，但听懂了又能怎样。那个当年在菩提树下静静打坐的清秀青年，已经是两鬓白发，只有低沉、无可奈何的叹息。茶杯捧在他的手中，茶已经凉了，我走了。

夜色中月亮很低，很低，低得似乎伸手可以触摸。可这是当年的月亮吗？真正的故事到哪里去了，藏在灵山的哪一个角落？几万年来，真的没有人去找过它吗？

玄奘午后于灵山第二招待所

第三十五封信

佛经无用与天子之恨

贞观二十三年　春二月　乙卯

谁能想到，这就是当年叱咤风云、逐鹿中原、玩天下苍生于股掌之间的秦王李世民。无论是王侯将相，还是贩夫走卒，到了最后还不是一样，指点江山的君王比种田的村夫、平康里的姑娘又能高贵多少！

亲爱的观音老师：

您好！原谅我不辞而别，我是怕给您再添烦扰。取经路上已经够麻烦您了，还害得您为我们掏腰包，真是惭愧之至。想起在灵山与您畅谈的情景，点滴犹在眼前。人生就是这样，聚少离多，何况我这漂泊四海的流浪汉。不知道在灵山给您写的信收到了没有，如果言语间有不当之处，只好请您多多见谅。按照规定，在灵山我应该幸福得发狂，那是多少人梦寐以求的啊。可是我没有，尽管这不符合原则和惯例，因为该高兴的时候不高兴就是不守纪律，就是有问题。也许我就是这么个多愁善感的人吧，用悟空的话说，我是八竿子打不着的事想得太多了，人还是简单一点好！

我现在就在长安的僧舍里给您写信。还是以前的老房子，十几年没住人了，到处都是灰尘，基本上成了蜘蛛、苍蝇、臭虫、老鼠的离宫别馆。寺院在我走后的确也装修过，不过装修成五星级的是厕所和方丈办公室。方丈是我的学生，但现在不叫我小唐已经算客气了。寺院外的娱乐一条街这会儿正热闹，大街上满是穿着牛皮短裙的应召女郎，还有醉醺醺吆三喝四的寻欢客。听人说，最近李总裁准备把整条街买下来，与高丽、扶桑的投资商合作，建设一个规模巨大的国际娱乐中心，按照规划将有999个赌场，989个夜总会，应召女郎们不用再站大街，而是持证上岗，完全按照现代商业模式进行管理。在国际娱乐中心的广场上，将树起春秋时的模范政治家管仲的巨大雕像，他是娱乐业由民间走向国营的开拓者，性工作者尊奉的老祖宗[1]。

由于佛界交委的安排，回来很容易，大概一个时辰就到了长安。路上悟空八戒他们很激动，幻想着万人出城迎接的盛大场面。八戒还特意在自己的脸上扑了点粉。我想也是，至少规模不会比离开长安时要差，也为应付这种局面做好了心理准备。现在取经回来，怎么也算是衣锦还乡了，我的拜把子兄弟还不得好好表演一下，这是在臣民面前展示自己文治武功的绝好机会啊。

可事实正好相反。长安城的西门没有任何的欢迎仪式，只有附近一些赶集的农民骑着毛驴进进出出，或是从西域来的驼队从我们面前扬尘而去。悟空他们的失落可想而知，直骂大唐的人不知礼数，都是些忘恩负义的家伙。八戒问我：唐老师，不会是我们走错了门吧？！我说不会，从西边来的一般都走西门，你们不知道，这里是丝绸之路的起点，我们一路上碰到的那些女妖精穿的衣物，都是国际倒爷们从这里贩出去的，当然也包括李总裁的货。一般来说，国际倒爷们在洛阳谈好生意，备足了丝绸、茶叶等货，然后在长安办好手续踏上茫茫西行路。悟空说：可能大唐是礼仪之邦，比较含蓄，大概在城里面准备了欢迎仪式。

长安依旧，黄土马路上尘土飞扬，也落满了马粪，至于砖铺的宽阔大道，那是给皇帝陛下准备的御道，平常人烟稀少。马路上的景象还是如十三年前一样，一溜的灰瓦灰墙，看着像一块块结构整齐的牢房。曾经有人说，大唐的长安城就像由一个个小监狱拼成的大监狱。当然说这话的人被割了舌头，身上被剐了1000

[1] 清褚人获《坚瓠集》续集载：管子治齐，置女闾七百，征其夜合之资，以充国用。此即花粉钱之始也。

多刀。大街上的人对我等熟视无睹，只是悟空他们三个的长相吸引了不少人的注意。路人不时问我：你们是从哪里来的马戏团啊？我说我们不是马戏团，是从西天取经回来的和尚。有人才想起了我：就是当年那个唐玄奘吧，听人说早就死了，不会是诳我们吧。我拿出大老板的介绍信，他们才信了。不过表情冷淡，没有丝毫的激动。说实话，这种情形连我也觉着有些诧异。

先去礼部报到，接待我们的只是一个小胥吏。听他说今天有扶桑国的公主来，部里的长官都陪着公主去平康里看钢管舞去了。据说扶桑国对钢管舞非常感兴趣，派了很多艺人来长安学习。扶桑国王也是铁杆的钢管舞迷。手续很简单，把大概的情况写写就行了。然后他吩咐我们到附近的皇家招待所休息。我说这些珍贵的佛经怎么办，他说暂时就扔在库房里吧，正好有个放猪饲料的库房有些空地。我说这是佛经啊。他蛮不高兴地道：佛经怎么了？尚书大人小老婆的诗集还在那里堆着呢！悟空要揍他，我说算了我们还是回寺里歇息吧。

寺里很多和尚已经不在了，现在掌权的一帮年轻人我也不认识。他们的态度比礼部的小胥吏好不了多少。方丈，也就是我的学生不在，他去平康里陪扶桑公主看钢管舞去了。他们开始把佛经堆在院子里，我说这怎么行，下点雨不是全完了吗！他们说就这种破东西，还供到大雄宝殿上去吗？！我说这是我们辛辛苦苦从天竺取来的佛经啊，亏你们还是出家人！有个小和尚大不咧咧地道：现在谁还读这些东西？赚钱还来不及呢！不过等悟空把他们的牙全部敲下来，他们就老实了，把佛经搁到厢房里。然后安排我们食宿，四个人挤在我以前的老屋子里。他们说最近来度假的太太小姐太多，没有多余的房子。

晚上方丈回来了，喝得有点多！一见面就说：没办法，应酬太多，那几个扶桑小姑娘真能喝！我说少喝点不行吗？他摇着头道：这是工作啊，老唐，长官们都在，不喝不行啊！说了你不信，扶桑公主竟然跟礼部尚书腻歪！显然他说这些话是向我卖弄，他混得不错。不过对此我没有丁点兴趣。我问大家在长安被冷落的原因，他说：老唐，你是不知道，世界变化快啊，陛下前几年得了重病，身体不见好，其实也就是人老了嘛！整天有一堆道士给他炼长生不老的药，道士们现在可是抖得很啊，要不是我在衙门里人缘好，怕是早被清理出长安城了。陛下早对西天取经的事没兴趣了，早把你忘了，他现在整天就琢磨着怎么多活几天！听了这话大家有点心凉，悟空说：我说唐老师你有病你还不信！

其实方丈说的也不全对，陛下并没有忘了我。第二天他就派礼部侍郎来请我。大明宫依然气势磅礴、奢华异常，只是少了往日热闹的气氛。因为陛下病了，大家都装得很悲伤，不装着悲伤是要犯错误的。据说一次一个小太监笑了一下，就被大内侍卫拉出去活活打死。宫里弥漫着硫磺的味道，到处冒着青烟，不用问，是道士们在炼长生不老的药。据说为了表达对陛下的忠心，大唐的各级官吏家家都养着道士，装腔作势给陛下炼长生不老药。国学院所有的研究都停止，集中精力攻克这个难关。其实方法也简单，就是把硫磺等矿石跟其他稀奇古怪的玩意混在一起烧来烧去。也许在这些长生不老药的帮助下，陛下离死更快了。

陛下斜卧在龙榻上，他真的老了。胡子半白，乱七八糟，头发稀疏，已经秃顶，参加外事活动一般都要戴上进口的假发。他招呼我过去坐在床上，拉着我的手竟嘤嘤地哭了起来。谁能想到，这就是当年叱咤风云、逐鹿中原、玩天下苍生于股掌之间的秦王李世民。无论是王侯将相，还是贩夫走卒，到了最后还不是一样，指点江山的君王比种田的村夫、平康里的姑娘又能高贵多少！

他拉着我的手说：老弟，一去十三年，受苦了！我说没什么，您交给我的任务还没完成呢（就是给他弄几个小姑娘的事）！他苦笑道：就算是天仙也没用啊，老哥的身体早就不比从前了！他说：老弟，说句心里话，老哥知道自己快不行了！我说陛下万寿无疆，他们在给陛下炼长生不老的药呢！他摆摆手道：那都是扯淡的事，跟抓牌九没什么两样，老哥还没蠢到那种地步！可你也不能打击大家的积极性啊。说实话，皇帝可不是个好差事啊，坐在这个位子上等于把你放在火上烤，弄不好就要烧焦。他们都天天盯着你，表面上诚惶诚恐，心里想什么天知道，多少帝王就是被自己人干掉的啊。

休息了片刻，陛下又道：我现在不放心的是身后事！我说陛下可能太多心了！他说：老弟，不是老哥多心，我怕我死了这李家的江山未必保得住。我说不会，他直摇头：我本来是要把班交给李恪，可大家都反对，只好交给了李治，他不是当皇帝的料！我说凡事不是您说了算吗？他叹息道：老弟你不明白，老哥是说一不二，想干掉谁就干掉谁，为了犬子能在这个位子上坐得安稳，老哥已干掉不少了，可我不能全干掉啊，全干掉了就没人干活了。就算老哥把班交给李恪，他们都反对，也坐不安生啊[1]。我说其实李治也不错，是陛下要求太高了。他说：谁的种谁最清楚，李治太老实了，不够黑，也不够狠，手腕太软的人能当皇帝吗？再加

[1] 参见司马光《资治通鉴》197卷。

上身体不好，唉，有什么办法，老好人是做不成大事的，老哥给你说这些话没把你当外人。老哥是相信你的，别人老哥都不相信，一个人为了一件大家的事一干就是十几年，人品绝对没问题。老哥是希望你能够还俗，帮我看着这李家的江山不要被别人抢走了。我说我是化外之人，没心思也没能力管这些事情，现在佛经取来了，希望陛下能够在大唐弘扬光大。他说：老哥早把这世上的人和事看透了，"天下熙熙皆为利来，天下攘攘皆为利往"，弘什么法都没用，老哥也没精力管这些事了。听了他的话我没做争辩，再说什么也没有用。他一直坚持让我还俗为官的事我也没答应。他只好默认了，让我先回去休息，过几天还要找我。

回到寺里，望着取回的一堆佛经，我心中有种说不出的悲凉。但不知道这种悲凉从何而来，即便被妖精们绑在洞里准备红烧时，也从未这样强烈！

又是一个月圆之夜，月亮很高，我看见地上自己的影子很长，很长。只有它跟着我，徘徊在长安的小巷里。更声依然是那么熟悉，在这片灰白的城市里飘来飘去，所有的人都睡了，他们不曾听到。他们的梦中大概也不会有这单调的脚步声，它全部压在我的心上，逐渐被放大，在天地间鸣响。

玄奘夜于长安僧舍110房

第三十六封信

一声叹息无言的结局

贞观二十三年　春三月　丙申

任何人都没有天赋的权利把别人当作工具，任何人都没有天赋的权利为别人设计好必须参与的游戏，任何人都没有天赋的权利决定别人说什么想什么，任何人都没有天赋的权利占有或剥夺别人的存在。世界上没有偶像，人的尊严不应该受到亵渎，我们应该拒绝为某些人演出，生命的目的是为了找到自己。

亲爱的观音老师：

最近好吗？等您收到这封信的时候，我已经离开了长安，从此只有记忆长存在我们心中。您是了解我的，做出这样的决定多么不易。可是我不能也没有精力再让这个故事继续下去。真的，这几天夜夜难眠，想了很多。

悟空他们三个已经走了，再也听不到他们的声音，不管这声音曾经是如何刺耳，但少了它就觉着内心有一种无法言语的落寞。对于他们的决定，我多少有些意外，原以为悟空会回到花果山继续他黑社会的自由生活，八戒会回到高老庄找他念念不忘的老婆，小沙会漂泊天涯云游四海，小白会在东海等着他爸爸的位子。看来我是错了，他们都去了灵山，因为灵山上已经为他们准备好了各种款式的帽子。这都是他们应得的，毕竟他们付出了很多。人都会改变，没有多少诺言能经得起世俗的风尘。在灵山据说也为我准备了一顶够大的帽了，可我已经不需要了。这并不能证明什么，比如说谁比谁更加高尚，每一个人都有自己的路，我们只能听从内心的声音。

离别终归是伤感的，大家都流了眼泪，我也是。经过十几年的风风雨雨，再说什么已是多余，即便是一声保重。重要的是我们都曾经在彼此的生命中以某种姿态存在，我们成为彼此故事中无法挥去的部分。我们相逢在路上，一起走了很久，我们分手依然在路上，大家各自赶路。如果我们都不至于太健忘的话，总会回想起那些难忘的日出日落，在漫长旅途中疲惫的脚步，我们的眼泪和欢笑。至少我会是这样的，我会想起他们，他们伴着我度过了人生中最美好的年华。当生命开始凋落的时候，他们走了，走了好。

至于在大唐弘法的事业，您无须担心。一种思想能否在世俗社会中得到传播，并不取决于它是否足够智慧、足够深刻，而是取决于它能不能成为当政者手中有用的工具。所谓高僧的能量实际上被无限度地夸大了。我留在长安还是离开无关紧要，我的声音连这小小的寺院也穿透不了。我确信佛法能在大唐流播，是因为一个女人。她现在就住在寺院里，我们聊过天，她的内心有着强大的欲望和力量。陛下的预感是正确的，但是他剁错了人头。这个女人叫武媚娘，是陛下的小老婆，因为犯了错被赶到这里。可是她的手中有一张王牌，就是太子李治经常偷偷来看她并住在一起[1]。这个貌似柔弱的女子绝对有心计、有手段，前程不可限量。陛下已到了黄泉路口，李唐江山终将落到她的手中。请相信我的判断。这个女人具备一个优秀统治者的全部素质，比任何一个妖精都工于心计，都狠毒。当年她降伏烈马的旧事[2]，在大唐几乎是人尽皆知。对陛下来说，他的不幸就是这个女人不是他的儿子！当李唐攥到她手里时，佛法自然会在大唐滥觞。因为她需要一种思想工具来打击李唐的势力，也就会对被李唐认做祖宗的道教开刀。当佛法成为政治工具的

[1] 见司马光《资治通鉴》199卷载，“上初，王皇后无子，萧淑妃有宠，王后疾之。上之为太子也，入侍太宗，见才人武氏而悦之。太宗崩，武氏随众感业寺为尼。忌日，上诣寺行香，见之，武氏泣，上亦泣。”

[2] 见司马光《资治通鉴》206卷载，武则天讲：太宗有马名师子骢，肥逸无能调驭者。朕为宫女侍侧，言于太宗曰：‘妾能制之，然须三物，一铁鞭，二铁檛，三匕首。铁鞭击之不服，则以檛檛其首，又不服，则以匕首断其喉。’太宗壮朕之志。

时候，也自然就迅速发扬光大了。十多年前我不明白这些道理，现在明白了却感到悲凉至极。万里求法，最后也不过是递给一个陪着父子俩的女人一根棍子（武则天是太宗李世民与儿子李治的公共老婆，玄宗把他的儿媳妇杨玉环据为己有。类似例子在历史上不算稀奇。辛注），仅此而已。

我现在愈加感觉到，我是一个多余的人，也许在取经以前我已经是个多余的人了。因为我总是生活在游戏规则之外，至少不是心甘情愿地投身游戏之中。我并不是风景中的人，而是站在边上看风景。在这个世界上，当你尝试着寻找自己的时候，你会发现自己被疏离。你只是一个人，一个人站在生命的茫茫荒原上，有无数人从你的面前走过，你不愿加入他们的行列。你在等待另一种声音，这种声音折磨着你的灵魂，你徘徊于原地，无处可去。

从长安到灵山，不是一次精神的升华，而是一种堕落和放弃，让理想的火在世俗的风雨中熄灭。有无数只手拉你回故事中去，在一个个设定好的情节里演出。我们并不是我们自己，我们只是自己的演员，别人的道具。可是我已经累了，我现在拒绝演出，不想再继续这样的故事。以一种自己陌生的姿态混迹于世上，获取世俗的光环。我必须从舞台上谢幕，这个舞台是别人的，它本来就不属于我，我从没有感受到生命的喜悦与快乐。尽管我知道我的离去违反了佛界的原则，给别人攻击您的借口，但我只有深深的歉意。

回想这十几年的岁月，我开始明白，我们总是在不停的背叛与异化中行路，路上充满了嫉妒、征服、暴力、谎言和毁灭，这一切不是从潘多拉的盒子[1]里溜出来的，是我们自己亲手制造的。在人类的心灵尽头，在一个形而上学的高度，在哲人们对世界的思考里，一切并不是这样，而是宽容和爱。那是他们营造的光明的舞台，可是我们拒绝演出。

在西行的路上，充满了各种你死我活的斗争。表面上这是思想的交锋，实际根本与思想无关。在佛陀、老子、孔子乃至基督的心中，并不存在那种偏执与对立，他们的精神实质是相通的，也许在所有哲人的世界里，有着同样的阳光，同样的青草，同样浮荡在沧海与白云间温暖的声音。佛陀的"空"、老子的"自然"、孔子的"中庸"、基督的"宽恕"，难道不是一样东西？都是对生命与世俗欲望的超越，用智慧去消弭人类的罪恶，从而建立一个秩序、和谐、宽容，充满着真爱阳光的世界。

可是在那些断章取义惯于 YY 的文人笔下，在那些所谓的出家人手中，他们被对立了起来，甚至水火不容，最终变成各种款式的思想棍子，酿造了各种形态的罪恶。这些罪恶总是以各种冠冕堂皇的理由在大地上放任自流，在人类的命运中不停轮回。

他们的著作上落满灰尘，他们的精神被无数次异化，无数次肢解。智慧的阳光由清澈而浑浊，并遮盖了我们原本纯净的双眸。他们只是被供奉在祭坛上，享受着虚幻的尊荣，而这正是他们所唾弃的，是他们精神世界的反面。没有人在乎他们真正讲过什么，而是为了他们供奉着的那些石头、陶瓷、水泥、不锈钢的偶像斗

---

[1] 据古希腊神话，普罗米修斯盗天火给人类，宙斯为惩罚人类，命令赫菲斯托斯依照女神的形状用泥土塑了个叫潘多拉的年轻姑娘，将她嫁普罗米修斯的弟弟埃庇米修斯。潘出于好奇，打开了宙斯赠给她丈夫的盒子,各种恶习、疾病和灾祸从里面飞出。等她盖上盒子，里边只剩下了希望。

得你死我活。其实他们连同他们的故事成为一个个借口，被供奉的也不过是一个个工具。在这场阴谋或者说嘉年华会中，真正的哲人被谋杀了，我们在放弃中找到某种世俗的快乐。

我说这些并非要表达我对生命的绝望，不是的，我们还有机会。只要我们回到最本质的问题上去，只要我们懂得尊重任何一个个体的存在，我们就有希望。只有爱和宽容才能拯救这个世界，拯救我们自己。只要我们放弃那些自欺欺人的小聪明，重新树起对智慧的尊重，我们的生命就会充满阳光。无论以任何理由，暴力、专制、谎言都应该被谴责，被唾弃。任何人都没有天赋的权利把别人当做工具，任何人都没有天赋的权利为别人设计好必须参与的游戏，任何人都没有天赋的权利决定别人说什么想什么，任何人都没有天赋的权利占有或剥夺别人的存在。世界上没有偶像，人的尊严不应该受到亵渎，我们应该拒绝为某些人演出，生命的目的是为了找到自己。

我将离开这舞台，我要走了。有件事一直萦绕在心头，无法释怀。先前我以为是精神的堕落，今天我感觉那是幸福与希望。对我而言，任何世俗的光环比不上一个女人的等待。是的，她一直在等着我。在长安的僧舍里，堆满了十四年来她写给我的信。在信中她说：我不能确定你是否活着，可只要我活着，我就会等你。也许永远等不到你的回信，可我不知道，如果不给你写信，我的生命中还会有什么。

听寺里的和尚说，她在贞观二十一年的冬天来过长安，似乎病了，身体很单薄。她在我的僧舍中住了一夜，天未亮就匆匆离开。后来就再也没有见过，信也渐渐地少了。读着那些信我泪流满面，想在屋子里找一点她留下的痕迹，可什么也没有。她一个人来，一个人走，甚至一句多余的话也没有，只说是玄奘法师的朋友，我们很早就认识。她告诉寺里的僧人：如果有一天，他回来的话，请告诉他，有一位女孩子来找过他，她已经老了！

我想象不出她现在的样子，在我的印象中，依然是清秀的脸庞，安静的微笑，和微笑中淡淡的惆怅。我不能确定她现在流落何方，可我知道她总会在黄昏时分，向西凝望着暮色中的夕阳，也许在夜色爬上地平线的时候，有人会满脸灰尘地回来。在这个世界上，有多少人愿意用一生等一个人回来？有多少人？！

不管怎样，我想去找她。也许我永远也没有机会，在她凝望的暮色里出现，可只有在寻找的旅途中，我才能让自己解脱。命中注定我是个路人，我又要上路了。不过这一次没有任何人的安排，我只服从我心灵的声音，依从我自己。

在这最后的信里，我不知道应该说些什么。我不能确定您是否会支持我的选择，可我的心中永远长存您的温情，和对您的感谢。

长安又下雨了，雨很大。雨夜的长安很冷。有人弹着琵琶，忧伤的旋律在青砖灰瓦间缠绕。巷子里有匆忙的脚步声，应该是夜归的人吧。

玄奘夜于长安僧舍110房

尾　声：

唐僧到底归向何处

贞观23年，太宗李世民在长安病逝。

同年高宗李治即位。武则天成为李唐皇后，与李治一起君临天下，开始把大唐帝国的小命攥在手中。

天授元年，武则天废掉大唐，建立大周，残酷清算李唐宗族和文武大臣，包括她的亲生儿子。

作为思想工具，佛教在中国迅速膨胀，出现了空前繁荣。武则天自号弥勒下凡，出脂粉钱刻石造像，盛极一时。

虽然在以后的岁月里，也出现过武宗灭佛的风潮，但没有影响佛教在中国的滥觞。

道教不断被边缘化，为了抢夺地盘，佛道两家争斗不止，并经常酿成血案。

达摩东渡传法，创立禅宗。对佛法进行修正，与中国文化土壤相结合，完成了佛教的本土化。

儒家学者吸收禅宗思想，创立“理学”，宣扬“存天理，灭人欲”，开始漫长的思想专制。

至于玄奘法师的归处，众说纷纭，难有定论。

有人说他找到了那个女孩，生活在江南小镇，他们有三个孩子。

有人说他在寻找她的路上被强盗绑架，一共被砍了 346 刀。

有人说他没有找到那个女孩，独自隐居在终南山里寥落终生。

有人说他流落岭南，暮色中乘一页扁舟泛海而去，不知所终。

也有人说他去了西域，做边贸生意赚了很多钱，有一堆老婆。

有人说他留在长安，译经而终，留下巨著《大唐西域记》。

也许这都是传说，跟所有伟大的人一样，他最终要回到传说中去。唯一可以确定的是，他依然还在路上。

再解读：

孙悟空、唐僧、崇祯及其他

我少年时是个优等生，成绩很好，连我家灶台上也贴满在下赚来的各种奖状。按理说我应该是爱因斯坦或苏东坡等一流大师的粉丝，可事实正好相反。当时我心中的偶像是一个叫老胡的家伙。老胡并不老，是跟我一般大的小孩，所谓老胡是大家的尊称。老胡一直稳坐全班成绩倒数第一的宝座，平常的作业，都是以我为首的秘书班子完成的。但这丝毫不影响他在我心目中的崇高地位，用“高山仰止，景行行止，虽不能至，然心向往之”形容并不过分。老胡的不凡之处在于叛逆和卓尔不群。在母校夹皮沟完小，所有的江湖派别和古惑仔都对他俯首称臣。他带着我们打群架的英姿，至今难忘。更别说偷村里苞谷、烧烤校长家母鸡等一系列壮举。一次老胡不幸失手，被押上学校小土堆供人观摩，老胡在寒风中鼻涕横流、昂然挺立的气度，成为我童年生活中最震撼人心的记忆。我经常在梦中幻想着能成为老胡那样的英雄豪杰，但迫于母亲的淫威，到底也壮志未酬。只好跟在老胡屁股后边，做做绍兴师爷一般的小角色。

除了老胡，少年时另一位让我景仰的家伙就是齐天大圣。凡我生活学习的地方，总是贴着这位盖世英雄的招贴画。在我看来，齐天大圣是跟老胡一样的英雄豪杰，我行我素、无法无天，实在是最值得经历的美妙人生。跟我志同道合者也有不少。为了表达仰慕之情，我们时常在校园后的小树林里自拍自演《西游记》片段。毋庸置疑，老胡永远是齐天大圣的不二人选，曾经有人想竞争这个角色，但被老胡一顿暴打后只好去演了齐天大圣的把兄弟牛魔王。除过男一号，剩下的角色开放给大家，猪八戒和沙僧的竞争很激烈，妖精自然是大家都不愿干的，但最被唾弃的角色则是唐僧。这个角色总是不幸地降临在我的头上，让我倒霉的原因不过是学习最好，人也长得白净。演出中我受尽凌辱，大家以为像唐僧这样的东西活该如此，就连“妖精们”也对我不屑一顾。那是一段不堪回首的日子，是我童年的噩梦。最严重的时候，听见别人说起唐僧就以为是骂我，恨不得一头撞死。为了改变悲惨命运我机关算尽，包括偷来我爸的香烟向老胡行贿，但效果很差，因为老胡抽了我爸的烟照样让我演唐僧。

时间过得很快，与齐天大圣有关的日子已渐行渐远，变得模糊不清。《西游记》成了我小侄女的玩物，唯一不同的是有了各种花花绿绿的版本。大圣的造型也跟我童年时大相径庭，看上去很像当年上海滩的日本浪人。对于老胡的景仰，似乎也了无痕迹。跟所有口口声声故土难离的朋友一样，我也幸灾乐祸地离开了家乡，在西安继而北京谋生活。多年后，我曾经回去过一次，也见过老胡一面。我心目中的盖世英雄已经老了，因为把一个肉贩子（当年我们的学兄）打成植物人，他一直在一家劳改农场里搬运石头。我不是鲁迅先生，老胡也不是闰土，所以也没有什么“希望本无所谓有，无所谓无”的感慨。对他的际遇自然也不甚了了，只是寒暄了几句，留下几包烟，一走了之。有时我会对自己的冷漠表示吃惊，但很多事确实已经变了，比如额头的皱纹，我们的心。自然，在参加老乡会时，为了不至于被视为数典忘祖的异类，也经常装出游子的悲伤和对故土的无限眷恋。那些靠怀念家乡混饭吃的所谓作家，其心里大概也跟我一个德行吧，唯一的优点是把酸不溜秋的谎言讲得连自己也信了。

再一次想起与老胡、齐天大圣有关的事是2004年的秋天，当时有位同学，曾经在《西游记》中扮演牛魔王的家伙来信，说他在陕北富县一个偏僻的山村里教书，日子很寂寞，希望我寄一些自己的文章给他解闷。我翻阅了所有的文稿，除给领导写的报告就是商业计划书。我想牛魔王可能对全球化或企业兼并重组没多少兴趣，只好答应另外写一些有趣的东西给他。而在我们心中，最一致的记忆大致就是《西游记》，以及与之相关的共同走过的日子。于是我抱着玩笑的态度断断续续写了本书的36封信。也就是说，我写这些东西完全是开玩笑，希望给我童年的好友牛魔王，一个山村小教师寂寞的生活增添一些乐趣。结果却不尽如人意。牛魔王在来信中说，我所讲的故事固然很可笑，但笑着笑着就笑不出来了，而是感到更多的不安和压抑。他的话也让我不安，这实在不是我的本意。为此我向他做了深刻的检讨，建议换个题目，比如说《金瓶梅》什么的，也许读西门庆先生和潘金莲女士共同演绎的风流故事，除了下边紧张点，至少让大家感到轻松愉快一些。

我必须检讨为何用尽浑身解数，却把一个原本单纯搞笑的故事写得让牛魔王感到不安和压抑。一方面大致是自己才疏学浅，缺乏搞笑的天分；或者我自己的感觉出了问题，要么不幸如鲁迅先生，皮袍中总是藏着一些经常被忽略的“小”，不时会跳出来干扰我。

我想了很久，这一切大致与我当时住在东厂胡同有关吧。东厂胡同在东皇城根边上，实在没有什么特别之处，依然是破旧的四合院，胡同里镶嵌着几家小饭馆和为数不少的洗发屋，屋里有三三两两露着肥硕大腿的小姐，只需 10 块钱就可以把脑袋让她们揉上半小时。尽管我把脑袋送上去让她们揉过几回，但这不至于让我给牛魔王的信写得那么糟糕。唯一比较靠谱的理由是，与这条胡同相关的故事总触动我的神经，让我感到莫名的悲凉与不安。

2004 年是甲申 360 周年，360 年前陕北人李自成攻进了北京，崇祯皇帝跟太监王承恩一起在煤山吊死。曾威伏四海的大明朝事实上寿终正寝，所谓南明只是一场水准很低的闹剧而已。我曾在扬州梅花岭凭吊过史可法先生，坟前有清代诗人张尔荩“数点梅花亡国泪，二分明月故臣心”的句子。其实国已经亡了，何必为南明的几个混混拼上故臣的老命。据说李自成是党项皇族的后裔，说不定跟我 800 年前是一家，但我并没有与有荣焉的感觉，倒是对吊死的崇祯皇帝有着无限同情。60 年前，郭沫若先生写过一篇所谓的遵命文学[1]，对这段历史进行了检讨，尽管这篇文章曾轰动一时，但我基本上同意陈寅恪先生的意见，不敢恭维。

360 年后，为了表达对这位不幸帝王的同情，我准备写一篇类似的文章。为此我把明代的历史又读了一遍，读后无限感慨。大致是因为我一边读明史一边写这 36 封信，

[1] 参见《甲申300年祭》，郭沫若。

这些感慨就不自然地流窜到我的笔下了。据说张学良先生被把兄弟蒋介石办了后，在生命的凄风苦雨中曾精心地研读明史。这位有点粗糙的东北帅哥大致想从中寻找一些答案，至于他到底是否找到了他期待的答案我不得而知，但一个年轻时吸毒、胃部分切除的人能够活到100多岁，大致是把很多事情看通透了，也放下了。相信他对人生有很多他人所不能及的感悟，可惜他没有写成文字流传下来。

从我东厂胡同住所的阳台上，可以远远望见紫禁城后的景山，那是崇祯自尽的地方。那段时间，夜深时我总想起这个家伙光着一只脚、乱发覆面挂在树上的样子，这种低质量的死法让人不胜欷歔。至于城破前父子间悲情的离别，更让我禁不住潸然泪下。

城破前，崇祯把三个不懂事的儿子叫来，让他们脱掉身上的绫罗绸缎，换上粗布衣裳，对他们叮嘱：今天是太子，城破后你们就是小民一个，各自去逃命吧，不要留恋爸爸，爸爸要为社稷殉葬的。往后一定要小心，碰到做官的人，年龄大的要叫老爷，年轻的要称相公；遇到平民，年长的叫老爹，年轻的称老兄或长兄；见着文人要称先生，见着军人要称长官！离别时，崇祯哭喊：你们何其不幸，生在这帝王之家！

此时此刻，崇祯不过是一个慈爱的父亲而已，贵为帝王，竟不能让自己的骨肉苟全性命于乱世！更为悲凉的是，他至死都不明白，自己非亡国之君，却成了亡国之人。即便是用尽吃奶的劲也守不住祖宗留下的家业。其实他大可不必悲愤，只要看看那些口口声声“以天下为己任”、天天准备“死社稷”的文武大臣们像牲口一般被李自成点来数去，就知道这场闹剧早该结束了。能苟延残喘到甲申年，他已经无愧于列祖列宗了。

那段时候我总是想，是谁杀死了这位优秀的君王？是李自成？是皇太极？也许都不是，真正杀死他的是他深处其中的制度与文化，其核心就是政治黑洞效应。尽管这种制度与文化曾经创造过辉煌，但在政治黑洞效应的作用下，任何一个王朝都不可避免地走向灭亡。即使他的祖宗朱元璋，虽然采取了激烈的手段，似乎也拿政治黑洞效应没办法。何况朱家的子孙不可能都如朱元璋一般神武，遇到败家子就玩不下去了，比如说万历、嘉靖等等。等到了崇祯手中，已是无可救药的残局而已。

政治黑洞效应造成了绝对的腐败，形成了所谓的“灰性社会”。在灰性社会里，伪善、暴力和荒诞也就在所难免。因为只有伪善才能混下去，只有暴力才能洗牌进行调整，所有的故事总是表现得荒诞不经。也许东厂胡同是最能说明问题的地方，它是明代特务机关东厂的所在地。我住的那栋楼的地基就是东厂让人毛骨悚然的水牢，东厂首长魏忠贤大人也毗邻而居。魏忠贤是河间人，河间最有名的东西，除了驴肉火烧，就是魏忠贤这个活宝。尽管为正人君子们不齿，但魏公公绝非一般角色，且不说魏公公是高大威猛的帅哥，就亲手干掉下边的壮举，也非平常人的手段比拟。至于如魏忠贤一般的阉货何以玩弄天下于股掌之间，我的看法是“成也小鸡鸡，败也小鸡鸡”。

在帝国时代，皇帝是一切权力的源点。因为这是世界上最危险的职业，帝王们都患有严重的权力恐惧症。尽管表面上所谓“君臣一心”，但帝王很少相信“爱卿”们。皇帝总会信任太监，因为他们有独特的优势，没有下边，以中国的礼教传统，没有下边的人自然不会有非分之想。从来都是权臣取帝王而代之，没有太监做过皇帝。按照托马斯·阿德勒《缺陷器官的研究》的结论，虚荣、暴虐跟自卑相辅相成，没有下边的太监被天下人目为贱民，其自卑可想而知，一旦掌握权力，自然会以极端的方式发泄出来，在魏忠贤飞扬跋扈的背后，藏着一个何其悲凉的灵魂。因为没有下边，如魏公公一般尽管法力无边，权倾天下，终免不了毁灭的命运。因为天下人怎么可能接受一个没有下边的主子！崇祯上台三个月就诛灭魏公公势力，可不久又重新重用太监，引来正人君子的不满。其实在历史的荒诞后面总是隐藏着让人哭笑不得的真实逻辑，只是人们不明白或不想明白罢了。

干掉魏公公为崇祯皇帝赢得了满堂彩，但因为没有斩草除根，直到今天也为聪明人诟病。我想崇祯没有那么笨，他只是无可奈何罢了。真要斩草除根，怕是大明朝廷只剩下崇祯当光杆司令了。魏公公当权的时候，除过被干掉的几个，天下靠读“圣贤书”发达了的文武官员，没拍过魏公公马屁的，怕是找不出来几个。满世界的生祠，哪个不是圣人之徒的杰作？口口声声要拿文盲魏公公配祀圣人孔子，以《三朝要典》当《春秋》的恬不知耻的东西，哪个不自命道德模范圣子贤孙？孔夫子的教导跟项上的高帽子比，根本就不值一提。洋人读不懂中国的历史（房龙笔下最糟糕的部分就是对中国历史的叙述）。因为在政治黑洞效应的作用下，那些肩负天下兴亡的社会精英嘴上说的跟底下干的根本就是两回事，而这些人垄断了几千年的话语权。说他们思想僵化其实是抬举了，他们根本就不需要什么思想，不过是拿仁义道德做政治斗争的工具罢了。即便那些货真价实的道德模范，除了犟得像我家乡的骡子，又有多少经国安邦的本事呢？最后自己抹了脖子、在世人眼中疯疯癫癫的李卓吾先生在评价青天海瑞时说，这种“万年青草”“可以傲霜雪而不能任栋梁”。其实做到海瑞这样已经很不容易了。

在那段日子里，我时常想起崇祯皇帝坐在朝堂上的悲凉与无奈。他是个明白人，但也没有办法，只好看着这帮家伙整天引经据典相互攻击。跟大多数王朝一样，大明朝廷充满着极不和谐的气氛，为了各个官僚集团的利益，斗得你死我活。而面对政治、军事、经济、文化等实际问题，基本上束手无策。纵然有类似张居正这样的干才，往往也为正人君子们不齿。所谓东林党人、复社名士除了以道德之名行党同伐异之实，鲜有经纶天下的良策。负天下之望的钱牧斋，虽然文章锦绣，但这跟治国安邦有什么干系，最终当了满清的奴才，其实道德水准也靠不住。袁崇焕作为深负皇恩的朝廷重臣，竟然为"聊慰上意"，信口雌黄五年可收复辽东，视国家安危如儿戏；诛杀毛文龙，让亲者痛仇者快，等于送给敌人皇太极重礼；八旗军直取北京，拥有重兵却不主动截击，像狗一样尾随其后，以至战火燃烧到北京城下，举国震惊。广东骡子的眼光、格局、能力让人实在不敢恭维。可悲的是这种人却被天下人奉为楷模，崇祯却为此背上了黑锅，世道人心存于何地。为正人君子视为佞臣的杨嗣昌、温体仁一流人物，虽然才干卓著，但跟以道德模范标榜的官僚集团周旋已经够他们受的，哪有精力搞军事拼经济。领着一群如此格局的部下，在政治黑洞效应的严重制约下，崇祯不玩死简直就没有天理。

跟袁崇焕一样中了六合彩的，还有闯王李自成。跟前辈黄巢后辈洪秀全对照，李自成的造反没有什么新鲜玩意。不过是混不下去了，利用社会危机，组织流民揭竿而起，攻击官府，并发动广大农民一起造反。所谓农民起义其实也不过农民被他们利用走上不归路而已。后来加入了一些不得志、不甘心、没机会在朝廷里作威作福搞政治斗争的小知识分子，在他们的策划与鼓动下，生意就越做越大了。这种人其实没有多少建设的意愿和能力，过不了几天自然就寿终正寝。郭先生在他的大作里除了惋惜外，也替他们分析了失败的原因，如骄傲自满等等，但理论水准始终很让人担心。其实李自成的造反根本就是个闹剧。要经营天下一是需要大量能够管理朝政的干部，这显然不是造反者的强项；二是提不出任何具体治国安邦的策略，小知识分子的那点东西根本不够用；三是这种造反在普通老百姓看来根本就缺乏道德的合理性，所谓万民拥戴不过是个低级的谎言而已。尽管皇帝轮流做，但未必轮到他们的头上。

这种无谓的暴力活动除了生灵涂炭，让国家几百年累积的社会财富毁于一旦，并没有产生任何建设性的后果，而是导致社会更加动荡、百姓生活更加困苦、异族入侵骑在我们头上作威作福。可我们为何要付出如此大的历史代价玩这种没有任何效益、损人不利己的游戏呢？有人把晚明的造反活动跟现代的社会革命相类比，其实是很大的谬误。两者根本就不是一回事，必须严格区别开来，否则中国的历史书永远是一笔糊涂账。

在给我的童年好友牛魔王写这个故事的时候，老胡、齐天大圣、李自成、崇祯皇帝、张居正、袁崇焕、魏忠贤、唐僧等等这些人物经常在我的眼前晃来晃去，弄得我寝食难安，连夫妻生活的质量也急速下降，引起我老婆的极度不满，一连三个月都给我吃方便面。但我到底理不出什么头绪，真真假假乱作一团，就像我的这篇后记一样胡拉乱扯。记得很多年前，闻一多先生曾经说过一句很有水平的话，他说在中国人的灵魂中，始终活跃着三个东西：儒家、道家、土匪。鲁迅先生也有中国的国魂里总有官魂、匪魂这样的说法。

也许发生在我们历史与生命中的故事，真正的动因就是我们心灵中的这三个相互纠缠的东西，并成为我们顽固的心理习惯与生活方式。很多悲剧或闹剧都是它在作怪。如果真是这样，实在有反省与及时疗治的必要，免得又弄出什么乱子来。

我想所谓儒家、道家、土匪可能是“学而优则仕”“大智若愚”“造反有理”吧，相互交织深深融化在我们民族的血液中。换一种说法就是达则兼济天下、穷则独善其身、混不下去就造反。其实历史上所谓兼济天下有时只是个幌子，以治国平天下之名行祸国殃民之实；所谓独善其身不过是失宠了、斗败了、心里不爽就自欺欺人，采取事不关己、高高挂起的态度，趴在深山里等着黄驴车；所谓造反有理就是实在玩不下去了，只能通过暴力重新进行洗牌。所以碰到所谓高人名士的时候，大家要留个心眼，免得被耍了。上世纪初，杜威的高徒胡适之先生把“实用主义”进口到中国，以为发现了新大陆。其实胡先生没必要那么得意，因为中国也有自己最原生态的实用主义。洋人崇拜上帝，但我们不会把冷猪肉送给一个非亲非故的家伙。中国人也敬神仙，可对象总是能带给自己实际利益的那些东西。把实用主义放大到政治与文化中去，所演绎的故事表面上荒诞不经，实际则功夫扎实得很。试想没有“书中自有颜如玉，书中自有黄金屋”这样的诱惑，怕是没多少人愿意养浩然之气，连读圣贤书这样的表面工作也免了。

既然话说到这种份上，不妨再请出几个明星给大家演示一下。首先是以“难得糊涂”爆得大名的郑板桥。郑老师年轻时是个青蛙，“又好大言，自负太过”，发誓“不爱乌沙不爱钱”，俨然恃才傲物特立独行的高人，可一旦发达了便来个180度，大叫“而今牵得青云步，遮却当年一半羞”，总算是活回真实的自己了！据《新唐书・杜审言传》，杜甫的爷爷杜审言恃才放旷，自比屈原、王羲之一般的高人，可一旦蒙召（还是个篡位的娘们），就“蹈舞谢”，兴奋得手舞足蹈，得意忘形。李白大才子就更绝了，没发达的时候每每扬言“安能摧眉折腰事权贵”，可机会来了就马上“仰天大笑出门去，我辈岂是蓬蒿人”。什么气节情操，都他娘的裹脚布，扔一边去了。那些发达不了的，只好找个凉快的地方，委屈地“为天地立心，为生民立命，为往圣继绝学，为万世开太平”。所谓儒家、道家、土匪，达则兼济天下、穷则独善其身、玩不下就造反，乃至整个的历史文化，不从实用主义着手，永远也是弄不明白的。也许正是明白了这个道理，我逐渐对那些高人和英雄豪杰失去了兴趣，并感到无奈与悲凉。不幸的是，这种无奈与悲凉偷偷地渗进了我讲的故事，给牛魔王带来了不必要的不安与压抑。

按照惯例，类似后记的主要作用是讲讲创作的前因后果，交代自己的心路历程，阐述作品的重要意义和价值，比如添补了某项空白或影响世道人心等等，而我却离题万里，不知所云。其实连我自己也不知道我写的东西有什么价值，也许根本就是一个很不高明、讲失败了的玩笑而已。宋代的大学问家欧阳修在《归思录》中说钱思公“平生惟好读书，坐则读经史，卧则读小说，上厕则阅小辞”。捷克作家米兰·昆德拉还补充说，有些东西必须要站着读的。至于我写的这个东西，实在没有坐读的必要，至于站着读那更是不配。在当下的中国文坛，真正配得上站着读的，我以为应该是那些品红楼、品曹操、品文化、品孔修斯，或者苦旅出来的大作。也许在您失眠或蹲马桶的时候，不妨翻开这本书读读，聊为一笑。如果因此可以起到催眠、提高性生活质量、润肠通便的效果，那实在是功德无量，给足鄙人面子了。如果不幸如我的好友牛魔王，感到不安和压抑，导致性冷淡或者便秘，我也没什么太好的办法，也只好请各位多多海涵了。

1945年，中国现代漫画的老祖宗之一、漫画大师张光宇创作了《西游漫记》，随后由上海世界书局出版。即便在漫画滥觞的当下，那些冒牌的大师未必能跟他老人家相提并论。只可惜我们太健忘了，很少人再提及他的名字和作品。为了向这位已故的漫画大师致敬，让更多的人了解他独特的艺术风格，本书采用了《西游漫记》的部分漫画作为插图。至于张、吴两位老先生是否就《西游记》在天堂里吵得面红耳赤，只好等有一天我们也混到天堂里，再看个究竟吧。

在结束这啰啰唆唆的类似后记时，忽然想到已不时髦的鲁迅先生在《忽然想到》一文中讲过几句很不时髦的话，他说："试将记五代、南宋、明末的事情的，和现在的状况一比较，就当惊心动魄于何其相似之甚，仿佛时间的流逝，独与我们中国无关。现在的中华民国也还是五代，是宋末，是明季。"鲁迅的中华民国已经作废，我讲的故事也属于更为遥远的年代，但我还是有一些担心，只好如印度先贤泰戈尔所希望的——旧的夜过尽了吗？那就让它过尽了吧！

也希望我的好友牛魔王在偏僻的山村小学里，能够有平安祥和的人生。年龄不小了，是不是应该找个女人，准备着当孩子他爹。

辛可于北京东厂胡同

2009年10月10日

编辑手记：一弹指顷去来今

苏轼曾在三年中三次拜访文长老，目睹了文长老生、老、病、死这佛家所云的人生四苦。这生、老、病、死的一生，仿佛一弹指那样转瞬即逝、无常变换。而唐僧西行取经的这一旅程又何尝不是如一弹指那样刹那短暂呢？

前不久，在一本书中看到，西方人通过精密仪器测量出人在死去后，体重会立即减少 21 克，于是便将这 21 克看做是灵魂的重量。我不懂佛学，所以，我想，这个历经苦难，仍能以清澈的灵魂来淡然面对世间的唐僧，就重这 21 克。

纵观这 36 封信，唐僧历经了肉身的繁华喧嚣，灵魂与内心却是孤独苍凉。辛可大师辛辣、戏讽的文笔下，又掩藏了对人生、自由的索然。然而，置身于这茫茫的喧嚣中，我才真正体会到什么叫做浮生若梦。

在这样长久压抑、叛逆呼之欲出的生活状态下，能读到这样一本书，算是一种幸运。

最后，说句玩笑话，辛可大师不仅文笔好，长得也很帅。

闫　静

于北山脚下

唐僧写给观音的36封信

寻人启事

由于辛可大师翻译这本书中的36封信，冷落了夫人，最近忙于在家中写检查，未能来得及翻译"观音给唐僧的回信"。因此，我们代表辛可大师向社会寻找各大翻译高手，希望也能将观音老师的信件整理出版。

具体要求：

1、字数：5000字左右，未曾在媒体或书上公开发表过。如果是从未在博客、论坛、个人网站等网页上张贴过的纯粹新鲜创作，那就更完美了。

2、风格：希望您寄来的观音回信一定是观音老师写的书信，体现出观音老师应有气度、品格。不要伪造，就像现在有很多人喜欢伪造韩寒的文章，其实别人一眼就能看出来。每一封翻译的信件，应以《唐僧写给观音的36封信》为依据，可先试写一两封回信。

3、投稿：我们在西祠胡同的文艺论坛开辟了［一起吹牛逼］讨论版(http://b1257080.xici.net)，您可以到此与我们长期在线的"砖家"发帖小叙。当然，如果您不想投稿，只想小叙，我们也是十分欢迎的。如果您很忙，可将观音回信以 WORD 文件（请在 WORD 文件中附上作者真实姓名、身份证号码、详细通信地址、常用 email、联系电话——请不要将这些信息写在邮件里）发到: dolores_77@qq.com。如果您翻译的信件被我们“砖家”鉴定小组认定为真迹，我们会及时通知您。其余，则不再另行通知。活动截至 2011 年 5 月。

4、稿费：我们会根据信件翻译的质量，向您支付 300—500 元／千字的稿酬。

5、废话：尽管我们希望能够得到观音老师的真迹，但什么是“真迹”也是件说不清的事，毕竟我们的鉴定小组也只是所谓的“砖家”“叫兽”。但只要它有好的故事，还有好的讲述风格，我们就会鉴定为真迹。另外，请耐心对待自己的文字，最好能在写完后再细心品味一番。

PS：如果您有其他的意见和建议，又或另有惊世之作，可以投稿至：xdf2003@vip.163.com。